ちくま学芸文庫

新訂 江戸名所図会 I

市古夏生 鈴木健一 校訂

筑摩書房

目次

校訂者凡例

一、板本『江戸名所図会』（全七巻二十冊）を本文庫に収録するにあたって、『新訂 江戸名所図会』とする。

二、原本となる『江戸名所図会』には、初印本と後印本とがあるが、後者は改刻入木が施されており、これを訂正本と位置づけて底本とした。

三、本書は、旧仮名を残し、原文に忠実なテキストの作成につとめたが、広く一般の読者に提供するという意味から、読みやすくすることに留意して次のような改変を加えた。

(1) 適宜改行し、句読点を付した。

(2) 形式名詞・副詞・助詞・接続詞・慣用的動詞の一部などは仮名に改め、反対に、仮名が続く部分には適宜漢字を充てた。

(3) おもに常用漢字表に基づいて送り仮名を施した。

(4) 漢字は新字体を用い、異体字は通用のものに変えることを原則とした。
(5) 複数の表記が混在するものについてはこれを統一し、明らかに濁音と思われるものには濁点を付した。
(6) 原文の振り仮名は、適宜これを生かした。ただし、すべて新仮名で表記した。
(7) 原文中の漢文・漢詩は、読み下すことを原則とした。
四、原文中の文献には『 』を、引用には「 」を付した。ただし、長文や和歌の引用は、改行・字下げをして区別した。原文の割注には( )を、割注のなかの割注には〈 〉を付した。
五、難解な語句、人名・書名、元号などについては、適宜〔 〕のなかに簡略な注釈を施した。
六、挿絵はすべて収録することを原則とし、可能なかぎり相当する本文の近くに挿入した。また、挿絵中の書き入れは、原則として当該挿絵の下段に掲載した。

新訂　江戸名所図会　1

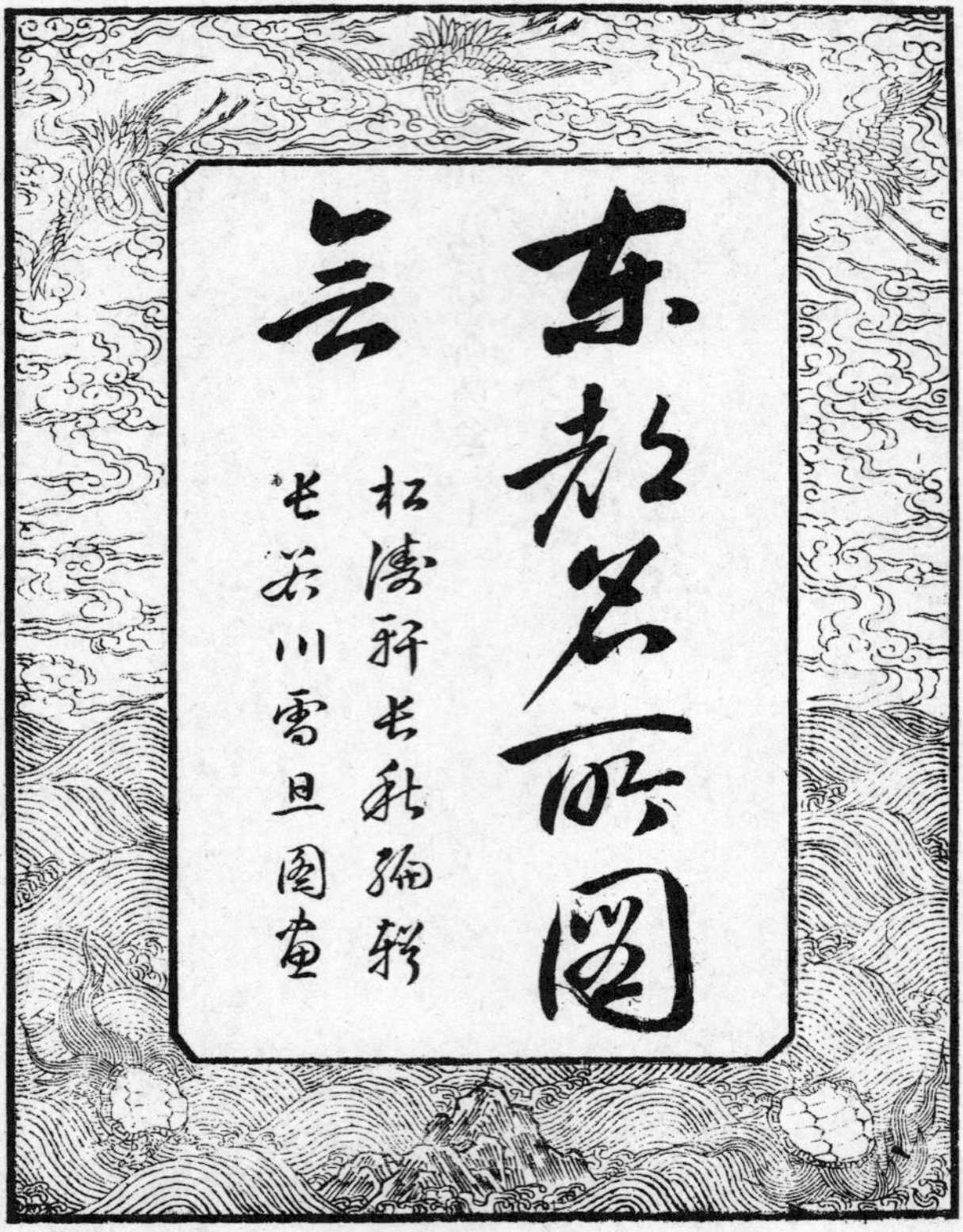
東都名所圖會
松濤軒長秋編輯
長谷川雪旦圖畫

東都名所図会　松濤軒長秋編輯　長谷川雪旦図画

序

『都名所図会《みやこめいしよずえ》』〔秋里籬島、一七八〇〕のはじめて出づるは、たまたま余成童のときにあり。一たびこれを閲してすなはち謂《おも》へらく、「これもつて臥游《がゆう》〔名所記や地図を見て、いながらにして旅行気分を味わうこと〕に供すべし」と。すなはち、江戸にまたこの輯《しゅう》なかるべからざればなり。

後数歳、これを西山《ゆうざん》大久保翁〔大久保忠寄、一七四二—?。幕臣〕に聞く。「斎藤幸雄《ゆきお》〔月岑祖父、一七三七—九九。神田雉町名主〕なる者あり。探勝の癖《へき》を有し、まさに『江戸名所図会』を撰し、採択やうやく遍《あまね》く、挿写すこぶる尽くせり。しかるに独り江戸に名所と称する者僅々僂指《きんきんろうし》〔ものを数えること〕に足らざるを病む」と。余謂《い》へらく、「およそ名所の称、本《もと》和歌者の流に出づるも、けだしその法を設《もう》くること謹厳画一《きんげんかくいつ》なり。たとひ山秀水麗《さんしゅうすいれい》ありてもつて吟詠に足るも、その古歌の取るところとならざる者は、これを名所と称するを得ず。これその世に汚隆《おりゅう》〔人に知られたり忘れられたりすること〕ありといへども要《かなら》ず雅馴《がじゅん》〔風雅の趣〕たるを失はざる所以《ゆえん》なればなり。しかるに名は賓《ひん》なり、実は主なり〔評判より事実が大事である〕。主、あに賓をもつて加損すべけんや。いはんや秋里氏〔秋里籬島、生没不詳〕の撰、ただいはゆる名所のみにあらず。神祠仏寺《しんしぶつじ》の説の怪誕《かいたん》〔信じられないでたらめ〕に係わり、紫陌綺街《しはくきがい》〔都の美しい市街〕の事の猥瑣《わいさ》〔煩雑で整理されていないこと〕に渉《わた》る者、また網羅して遺《のこ》さざるかな。いはんやまた江戸の地たる、武野〔武蔵野〕の曠《こう》、秩嶺《ちつれい》〔秩父山〕の峻、墨流《ぼくりゅう》〔隅田川〕の永、玉川〔多摩川〕の澄、邦域に絡繹《らくえき》し〔領内に途切れることなく分布し〕、霞関〔霞ケ関〕、忍岡〔上野台地〕の春に宜《よろ》しく、真土《まつち》〔待乳山〕、菴崎《いおさき》〔待乳山の対岸一帯〕の秋に宜《よろ》しく、郊坰《こうけい》〔郊外〕に衿帯《きんたい》し〔江戸を〕囲み〕、その勝、ほとんど上国〔上方〕に譲らざるをや。これまた何ぞ病むことのあらん」と。翁領《うなず》きてこれを是とす。

すでにして幸雄没す。翁また尋《つ》いで逝し、つひにその成否を知らず。しかりしかうして、秋里氏著すところの拾遺《しゅうい》と、和・河・泉・摂および一、二諸州名所図会なる者と、陸続として上梓《じょうし》し、盛んに世に行はる。余これにおいて、帳然《ちょうぜん》〔恨めしく嘆くさま〕として幸雄の輯の期を愆《あやま》ち、時を失ひしを恨む。

しかしてまた聞くならく、「その男幸孝《ゆきたか》〔一七七一―一八一八〕善《よ》くその志を追ひ、再捜三索し、蒐聚《しゅうしゅう》いよいよ広きも、なほいまだ世に公にせず。幸孝も、また文化戊寅〔一八一八〕をも

都名所圖會始出適在余成童
時一閲之即謂此可以供臥游
矣則江戸亦不可無是輯也後
數歳聞諸酉山大久保翁有齋
藤幸雄者有探勝之癖方撰江
戸名所畫會採擇稍遍描寫頗

文：池田冠山〔1767—1833。大名〕
書：市河米庵〔1779—1858。儒者・書家〕

って没し、またこれを男幸成《ゆきなり》〔月岑、一八〇四―七八〕に遺託す。幸成泣きてこれを受け、黽勉《びんべん》〔勉強〕怠らず、校讐《こうしゅう》〔比較し訂正すること〕力を極《きわ》め、つひにその功を竣《お》ふ」と。

このごろ、幸成突然門に抵《いた》り刺を通じ〔名刺を通じて面会を求める〕、その全帙《ぜんちつ》を出だしてこれを示し、かつ序言を需《もと》む。これけだし余の往日人を介してその成るを促せるによるなるべし。余、すなはち一閲し三歎す。西山翁と言ひしを追念すればここに三紀〔三六年〕なり。喜悲交集し、また幸雄・幸孝と西山翁と、みなその完成を観《み》ざりしを憾《うら》む。しかるにその年を歴《へ》しことかくのごとくそれ久しき所以《ゆえん》の者は、遺託を敬慎して、あへて軽挙せざればなり。すなはち死者にして知るあらば、必ずや、予の子もしくは孫、相続きてよくわが志を成せりと曰《い》はん。

そもそも、図会の撰、もとより臥游に供す。またもって童観に充《あ》つ。もっぱら大方〔世の識者〕に示す所以にあらず。もしそれ覧《み》る者の、その雅馴《がじゅん》ならざるを尤《とが》めば、すなはち類を知らずと謂《い》ふべし。余、更《あらた》めて作者のためにその由を分疏《ぶんそ》〔弁明〕していふ。

天保三年〔一八三二〕閏月〔閏十一月〕

冠山松平定常撰

河三亥書

海内《かいだい》（国内）の地名、古人の和歌に著《あらわ》る者、宗祇《そうぎ》（一四二一―一五〇二。連歌師、『名所方角抄』の編者）・澄月（『歌枕名寄』の編者）の徒、攬《らん》して（総覧統括して）これを輯《しゅう》し、これを名所と称す。山川の険易《けんえき》、風俗の済慝《せいとく》（善し悪し）、名物の同異、坐して識《し》るべきなり。わが江戸の名所、古人の和歌に顕《あらわ》れて、当今に晦《くら》き者少なからず。多磨川の調布《ちょうふ》は、『延喜式《えんぎしき》』（九二七）に著れ、霞関は『武蔵風土記』に載り、堀兼《ほりかね》の井は、紀貫之《きのつらゆき》（八六六？―九四五）・僧西行《さいぎょう》（一一一八―九〇）の歌に彰《あらわ》る。みな名所の古《いにし》へに顕《あき》らかにして、いまその蹤《しょう》を失ふ者なり。考古の士過《よ》ぎりてこれを訪ぬるに及びて、林壑《りんがく》再びその閟《ひ》を啓《ひら》き、泉石《せんこく》再びその奇を炫《かがや》かす。しかれども勝情《しょうじょう》（山水の風色を楽しむ心）なき者には、すなはちあたはざるなり。

斎藤幸雄は勝情あり、勝具《しょうぐ》（健脚）あり。江戸の勝区・名蹤《めいしょう》、榛叢荒墟《しんそうこうきょ》（荒れた雑木林や丘）の間に棄《す》てられて、識《し》るべからざる者、絶谷《ぜっこく》を捜《さぐ》り、窮林《きゅうりん》を披《ひら》き、あるはこれを故老に訪《とぶら》ひ、あるはこれを断碑《だんぴ》（こわれた石碑）に徴す。また、史伝・地誌、諸家名所和歌、紀行の書より、もつて稗説《はいせつ》・野乗《やじょう》（つまらない小説・野史）に及ぶ。いやしくももつて考鏡《こうきょう》（かんがみ、かえりみること）に資するに足る者あれば、必ず博採総括《はくさいそうかつ》して、湮淪《いんりん》（うずもれかくれていること）して問ふべからざるの蹟を闡発《せんぱつ》（世間にはっきりと知らせる）せり。その名所はすなはちこれを絵事に著し、山河を尺幅《しゃくふく》〔小さな画〕に収め、万象を筆端《ひったん》に駈《はし》らす。またもって臥游《がゆう》に当つべし。これにおいて、百年湮晦《いんかい》の勝区、英雄百戦の故処、名士烈女の芳躅《ほうちょく》〔前人のよい行跡〕、燦然《さんぜん》としてまたその奇を炫《かがや》かす。いはゆる物おのづから見《あらわ》るることあたはず、人を待ちてもって彰《あらわ》るる者の験《しるし》なり。いまだ書に成すに及ばず。遽疾《きょしつ》にして〔急に〕逝す。識《し》る者、これを惜しむ。

嗣子《しし》幸孝、克《よ》く先緒を纘《つ》ぎ、そのいまだ備はらざるを補ふ。余が先人〔亀田鵬斎、一七五二—一八二六。儒者〕、幸孝と交はりを締《むす》ぶことすでに久し。かつてこれが序をなすを約すも、幸孝享年永からず、また継ぎて館を捐《す》つ〔死ぬ〕。ああ幸孝なんすれぞ性に稟《ひん》するところの者厚くして、年に享するところの者独り薄き。ことに痛惋《つうわん》〔いたみ悲しむこと〕に勝《た》へざるなり。いまの幸成に及びて、よく遺誡《いかい》を承《う》け、一人をもって二世の編纂《へんさん》に任ず。巻帙《かんちつ》いよいよ繁《しげ》く採掇《さいてつ》〔採用収録〕また博《ひろ》くして、補輯《ほしゅう》ことごとく審《つまび》らかなり。契勘《けいかん》〔考勘調査〕必ず当たり、はじめて克《よ》くこの浩澣《こうかん》〔書物の冊数の多いこと〕の編をなす。謂《い》ひつべし聿脩《いっしゅう》〔祖先の徳をのべ修める〕人ありと。逝く者憾《うら》みなきかな。すなはち人を走らせ序を余に徴す。時に余が先人簀《さく》を易《か》へて〔死んで〕去ること、けだし八稔《はちねん》なり。しかして余、薄技《はくぎ》〔つまらぬわざ〕をもって、浪《みだ》りに先人の任に代ふ。大方の誚《しょう》〔お叱り〕、もとより免れざるところなり。

海内地名著於古人和歌者宗祇
澄月之徒攬而輯之稱之名所山川
之險易風俗之淑慝名物之同異
可坐而識也吾江戸名所顯於古人
和歌而晦於當今者不少矣多磨
川調布著於延喜式霞關載於
武藏風土記堀兼井聞於紀貫

文：亀田綾瀬〔1778—1853。儒者〕
書：牧野信

天保癸巳〔一八三三〕春三月

江戸　亀田長梓謹識

牧野信書

あらがねの土てふものは、とこしへに動くことなきことわりながら、年月の移りゆくにつけては、山崩れ海あせて、変はりゆくことなきにしもあらぬは、そのあたならん国々にとりては、大きなる騒ぎにはありぬべけれど、そも大塊《たいかい》〔天地自然〕のうへより見れば、まことに、「九牛の毛ひとつにも及ばず〔ものの数にもならない〕」とか言ひけん諺の類《たぐい》になん等しかるべき。

されば、昔より名に聞こえたるところどころも、なほ、おのづからしかも〔そのように〕なりゆき、あるは、たよりにつけて、田とも溝とも、あるは、軒を並ぶる市人のすみかとも移ろひきぬることなれば、あまたの世を経ての後には、ただ名ばかりはむなしう残れるものから、あらぬ趣《おもむき》になりもてきぬること、ここ〔この国〕のみにしもあらず、異国《ことくに》にも数へ尽くしがたうなんあるべき。

されば、いまの世よりしては、そことしもまさしく指して、ここなりけんとは知りがたきこと多かれど、なほ、そのすぢのことども書い記したるものら、そこここにちりぼひ残りてあれば、それにつきて考へあはすれば、当たらずといへど遠からずと言ひけん境にはいたるべきこと、また少なからずおぼゆるよ。

ここに、藤原幸雄といふ翁ありて、思へらく、「いにしへのことは、みなしか成りきぬ。

いまこの二百年ばかりのことだに、日にそへて、この大江戸の賑はひゆくにつけて、もとありつるところどころを、ここかしこに移されたることいと多かるを、それだにはた知る人まれなれば、かくて、いよいよますますに栄えゆきてんには、市人の家をしも置き並べんに所狭《ところせ》くして、いま見及ぶところをしも、また移されもしたまふべき御代の賑はひにしあれば、いかでいま見るさま、つばらに〔詳しく〕書き記し集めてん」。

　近きころ何某主《なにがしぬし》〔秋里籬島〕、内日刺《うちひさす》〔都の枕詞〕都の名に聞こえたるところどころを委《くわ》しう記し、絵など描《か》かせて、世に著されて後、大和なる、河内なる、摂津国なる、紀伊国なる、つぎつぎに出で来ぬるは、まことに世の中に住みと住む人、なりはひ捨てて、出で立たん愁ひもなく、沓代《くつしろ》〔旅費〕費やさん煩ひもなく、ただゐながらに行き見たらん心地すべければ、「遠くあそばされ」とのたまひけん聖《ひじり》の御心《みこころ》にもかなふべきはし〔端緒〕にもなりぬべければ、世の中の人のためには、まことに大きなる功《いさお》〔手柄〕ならんかしとて、思ひ起こされしなりとぞ。されど、はこやの山〔仙人の住む山。仙人は一二〇歳の長寿を保つとされた〕を半ばとか聞きつる齢《よわい》なれば、こと多きにや耐へざりけん、つひに果たすともなくて過ぎられき。

　さるを、その子幸孝うけつぎて、いかで本意《ほい》のごと果たしてんと、ここら馳《は》せめぐりてものしつるそのまぎれに、いかに取り落としけん、としごろかいつめおかれしうちなる一巻を失ひき。さるを、本所石原《ほんじょいしはら》のわたりなる番場てふところに、妙源寺海煉《みょうげんじかいれん》上人〔円中院日詔、一七六六―一八三四。のち身延山久遠寺五九世〕とて、貴《とうと》き聖《ひじり》おはしけり。もとより、世の中は思ひはなれて、山水の清くいさぎよきに心をすまし、ことばの花の妙《たえ》にかぐはしきを衣にしめて、もてあそびものとしたまへるが、つねにわが門踏みならしおはする〔自分のところに教えを受けにきている〕ついでに、この二年ばかりをち〔以前〕なりき、わが住む寺のことなど、委《くわ》しう懇《ねもご》ろにとひあきらめて帰りし人の忘れたりけん、かかる一巻なん落ちゐたる。「あはれ、かばかりにも心入れたるものを」と思へば、いとほしくて、月ごろ、修行《すぎよう》し歩《あり》くにも首にかけて、「その人と見知りたる人あらば返し与へてん」と思へど、みちかひ〔道で行き合うこと〕にてもさる人とおぼえたるはなく、歌詠む人々に逢ふときは、「かかること思ひ立ちたる人やある」と問ひ合はせなどしつれど、ふつに〔全然〕尋ね出でねば、「いままでにかくは思へどかひなし。かくばかりにも心尽くしたるものを」と語られたれば、「いでそはおのが知りたる人になん」と言へば、聖喜ぼひて、「そは年ごろの本意《ほい》かなひたり。いとうれし。さらば、返しやりてん。その人に違《たが》はずば取らせたまひてよ」とて、ふところより出だされたるを、やがて〔ただちに〕みづから持《も》てゆきて、「けふは、しかじかのことありて来つ」と言ふを、湯あみしてありけるが聞きつけて、さながらに走り出でて、「あなうれし。この巻失ひしより、さるべき折につけては、かたがたとあなぐり求むれど〔努力して捜したが〕、忘れぬることはあやにくなるものにて、あまた度《たび》かたぶけど〔不審に思って考えたが〕、そこなりけんとは思ひ寄らぬものなるよ。親のしたためたまへるものにしあれば、いかで身に代へてもと思へど、すべなくて過ごしつるを」など言ひて、いと喜ぼひて、うれしと思ひたるけしきなりければ、帰りてその由《よし》つばらに述ぶれば、「われもこの年ごろめぐりあひて、その人なりけりと知らば返し与へてんと思ひつるかひありて」と喜ばれたるおももち、まことありてあはれにありがたかりき。さる心もちたまへればこそ、つひに身延山《みのぶさん》の貫主《かんしゅ》と崇められたまひて、去年の春、かの御山には移りたまへるなれ。こはくだくだしう、ここに記すべきことにしもあらねど、上人のありがたかりし御心ざしをも、述ばへまほしく思へば、およばぬ筆のつたなさをも忘れてのことなりけり。

まことやこの幸孝主《ぬし》は、市人の長〔町名主〕だちて、うたへごと〔訴訟〕まかなひつかふなるがうへに、ぜさいもの奉る納屋〔青物役所〕あづかりてさへ勤められたれば、かたがたにつけて遁《のが》るべき暇《ひま》なさに、はつかなる〔わずかな〕暇《いとま》得るをりをりのたのみのみにて過ぐされつるほどに、この主もふと思ひがけなういみじき病にかかりて、よもつ国〔あの世〕にまかられたるは、たれ人か惜しまざらんや。

しかはあれど、そのいたつき〔努力〕空《むな》しからざらしめじと、さきはひたまふ神〔幸福にしてくださる神〕やましましけん、その子幸成主《ぬし》、清うあらため書きて、いまかく世に広うなりゆかんこと、このふたりの主たちのみたましも、天がけりて見たまはば、いかばかり喜び思

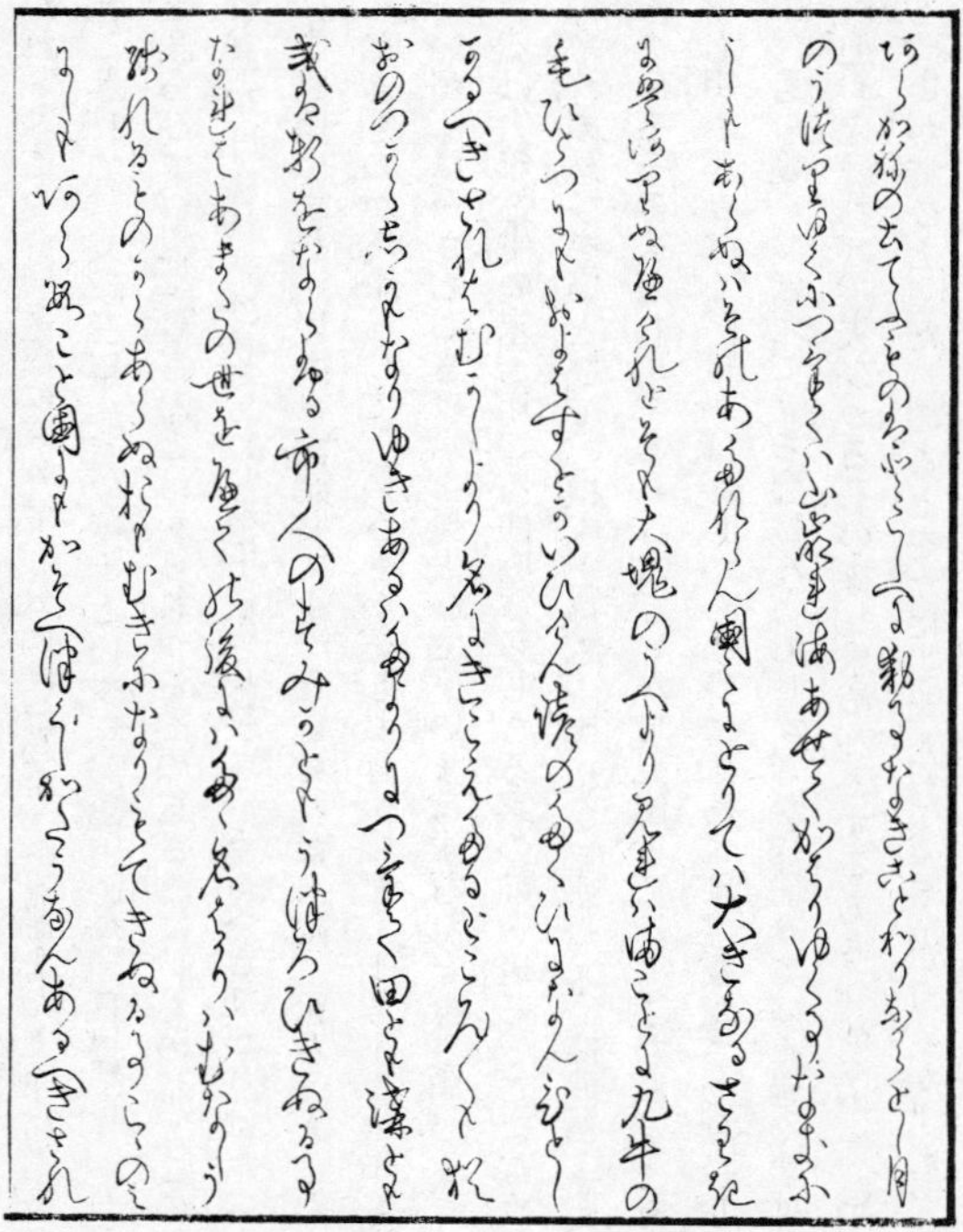

文：片岡寛光〔1778—1838。国学者〕

はざらんや。あはれ世の人、いかばかりめでもてはやさざらんや。

かれ〔そこで〕、いま板にゑりて、公《おおやけ》にせばやとて、齢《よわい》まだ二十《はたち》にも及ばざりしころより思ひ起こされて、文政三年〔一八二〇〕といふ年、亀田《かめだ》の翁〔亀田鵬斎、一七五二―一八二六。儒者〕など語らひて、世に著《あらわ》さんとはかられつるそのきざみに、おのれ、この父主〔幸成の父、幸孝〕より、「明《あ》け暮れ訪ひ訪はれし友にはあらねど、さるべきゆかりはたなきにしもあらねば、端《はし》にまれ奥にまれ、いささか記してよ」と乞はれたれば、否むべきなからひにしもあらねば、つたなきものから筆とりて、いささか記しおきつれど、十あまりの年も経ぬることにしあれば、いづくにかさしおきけん、見失ひて、いまは求むれど探り出づべきたよりなし。

さるは去年弥生《こぞやよい》の末、年ごろ住みならしたる家の前・後ろ、こよなうかまびすしう、よからぬ糸竹《いとたけ》の愁ひをいとひて、根岸《ねぎし》といふ山里にかごかなる〔閑静な〕すみか求めて、移ろひ、隠ろへぬるそのまぎれにやありけん、いかで見出でてんと求むれど、もとより病がちにて、何事も思ふかひなく、はかばかしからぬ身にしあれば、友たちの歌むしろ〔歌会の席〕などにだに、もの憂くおぼえて立ち会はんともせず、かき籠《こも》りてのみ過ぐすに、いまは老の苦しささへ迫《せ》め来つれば、失ひつるもの探し求めんとする力さへなく、気むづかしければ〔億劫なので〕、いかでひとくだりのことをだにしたたむべき。かう、かよわく病がちになりて、ただみづからを養ふのみを、たけきものにて明かし暮らせば、いまことさらにしたためんにはいと煩はしう、いかで遁れてんと失ひたる由《よし》あらはしつれど、この主の母君〔幸成の母、ひさ〕おはして、よしさらば、墨ひきてなりとも得させよ、と責めらるるを、もどき〔抵抗し〕聞こえんだに心地むつかしければ、ただひとくだり、筆とる手さへ、力なき蛙《かえる》の子のやうにてなん。

そもそも、この幸雄の翁といふは、わが浄有翁《じょうゆう》〔養父片岡仁左衛門、佐久間町名主〕とは隔てなき友どちにて、仏の道をも心に入れて、相ともに行ひ、唐人《からびと》の教へ〔儒教〕をも忘るるまなく強う守りて、相ともに力入れられたる翁にしあれば、さる心より思ひ起こされてのことにしあれば、いかで、身延山の貫首など、世にもくすしう〔奇特な〕情けある御方のやうなる幸ひにしも、あひ奉らざらんや。

天保三年〔一八三二〕といふ年の五月はじめ

片岡の寛光《ひろみつ》

このごろ、世に広うもてとどろかし聞こゆる、国つ名所《などころ》図絵てふ書ぞ、しかもこの国つ文字〔平仮名〕して、女児等にもいとめやすう〔読みやすく〕、はたこよなき心慰《なぐ》さ〔娯楽〕なり。そは、うち日さす都あたりを初めにて、あしびきの大和路より、おしてる浪速《なにわ》の浦づたひ、河内《こうち》・和泉《いずみ》もともに、名におへるところどころ選びものして、五つの国全《また》く、それが余りには、神風の伊勢の国〔『伊勢参宮名所図会』〕、東路の五十まり三つ〔『東海道名所図会』〕の駅々《うまやうまや》も、洩《も》るかたなく、まさしに〔実際通りに〕絵描きつ、事の由《よし》をもっぱらに書《か》い集めて、その境えしらぬ人にたよりせんのいさを〔成果〕は、実に都人《みやこびと》の雅《みや》びの心よりなれるわざにて、いと雄々しく〔立派〕なも。

おのれゑびす心にして、かれをまねぶとにはあらねど、その大江戸に住める身にして、この辺り知らであらむもうたて〔情けなく〕心苦しくて、年月、いゆきめぐらひぬる処々《ところどころ》書い集めぬれば、さすがに書かましくもなりぬるにこそ。されどなまなまの言の葉にとふてんも、やさしみ多かなれば、そのままにうちおきぬるを、萩の屋のあるじは、こをしも見たまひて、「いとよし、とく桜木にゑりて〔出版する〕よ」など、をりにふれつつそそのかし聞こゆるも否みがたければ、心起こしつ。しぬびしぬびに、このことをしも思ひたちぬるは、むさしあ

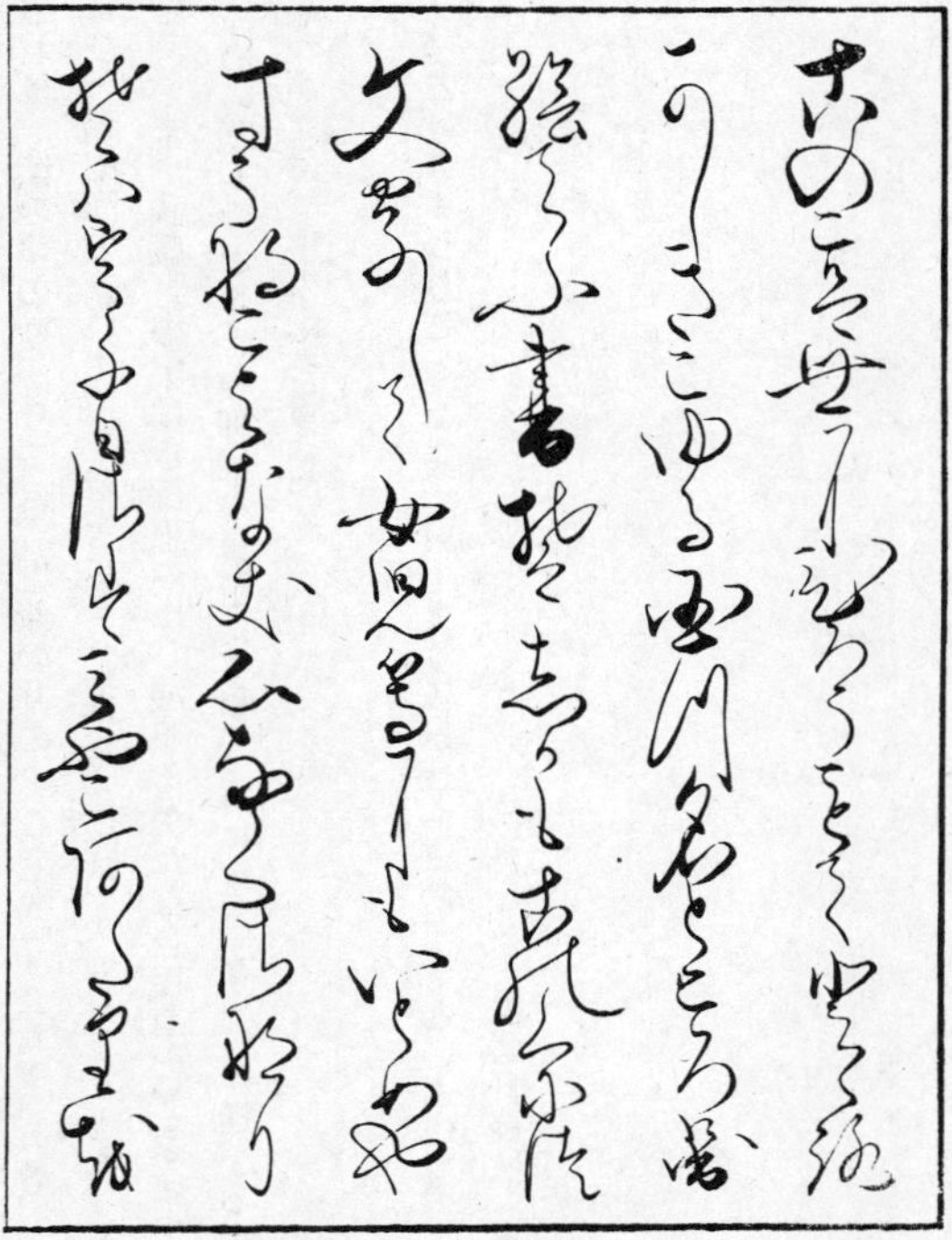

文：斎藤幸雄〔1737―99。月岑の祖父〕

ぶみ〔「さすが」の枕詞〕さすがにまけぬこの国人のさがなるべし。

されば、紫の草のゆかりには、堀兼《ほりかね》の井のそこ〔「底」と「其所《そこ》」の懸詞〕とも知らず尋ねめぐらひ、隅田河《すみだがわ》の流れに遠き昔をたどりては、葛飾《かつしか》のかつみしことも、洩らさじとなん書い集む。いまや武蔵野の広けき御恵《おおんめぐ》みに、洩るるかたなき民草《たみくさ》の、家居つきづきしく〔調和して〕、霞の関も戸ざしせぬ御代〔世の中が平和で、戸に錠をしない〕に逢へるを喜ぼひて、この書の端《はし》つかたに、事の由を書きつく。

ゆるけきまつりごと〔寛政〕も十まり二とせ〔一八〇〇〕といふ年

松濤軒長秋〔斎藤幸雄〕しるす

凡例

およそ、この編の次序《じじょ》は、大城《たいじょう》をもって首《はじめ》とし、余《よ》は南方《なんぽう》に回環《かいかん》するまで、北斗七星《ほくとしちせい》の位《くらい》に配当《はいとう》して、すべて七巻《しちかん》をもって全部とす。

およそ、江戸の地は、広大盛壮にして、名流高士の芳躅《ほうちょく》は、蔚然《うつぜん》として史冊《しさつ》を照曜《しょうよう》し、琳宮梵刹《きゅうぼんせつ》は林のごとく聯《つら》なりて、ことごとく擬《かぞ》へ挙ぐるに遑《いとま》なし。ゆゑに、そのうちにも、由致《ゆち》あるを撰びて録《しる》す。

あるいは、伝記亡びて証《しょう》としがたきものは、土人の口碑《こうひ》に存するものを、取りて証《しるし》とし、あるいは無根《ぶこん》の浮説《ふせつ》にして、言妖妄《ことようもう》に渉《わた》るものは、これを省く。

しかりといへども、人口に膾炙《かいしゃ》して伝称《でんしょう》の久しきものは、いま強《あなが》ちに添删《てんさん》、評隲《ひょうしつ》を加ふるにあたはずして、しばらくそのままを載《の》す。

大伽藍《だいがらん》といへども、その来歴事実を亡失《ぼうしつ》して、詳《つまび》らかにすることあたはず。かつ小祠支院《しょうししいん》の類《たぐい》、新建勧請《しんこんかんじょう》のものは、ことごとくこれを闕《か》きて、攷古《こうこ》博物《はくぶつ》の士に訪《と》ひ、他日後輯《こうしゅう》の成るに及びて、附載《ふさい》せんと欲《ほっ》するのみ。

およそ、方位を示すには、前位《ぜんい》に循《したが》ふて某《それがし》の東西南北にありと標《しる》す。また、左右とあるは、その地に至らんとする儔《ともがら》の左右をいふ。覧《み》るもの、これを推《お》して標準とせよ。

およそ、引用の書、全文《ぜんもん》を載せずして、その綱要《こうよう》のみを撮《と》りて、主意を摘《てき》するものは、紙《かみ》員《かず》あまたにして、覧《み》るもの厭倦《えんけん》の心を生ぜんことを恐《おそ》るるがゆゑなり。次に、神社仏刹《ぶっせつ》に伝ふるところの仏像、宝塔、書画、諸什器《しょじゅうき》の類《たぐい》、神奇附会《しんきふかい》に渉《わた》りて、真贋決《しんがんけつ》すべからざるは、社司《しゃし》寺僧の言ひ伝ふるところに任せて記す。

また、『武蔵風土記』の残編《ざんぺん》は、偽書《ぎしょ》なりといへども、古来より世に伝へたる書《しょ》なれば、しばらくこれを引き用ゆ。その取捨に至りては、覧《み》る人の意《こころ》にあるのみ。

およそ、神社仏閣の幅員方域《ふくいんほういき》を図《ず》するは、もつぱら当今の形勢《かたち》を摸写《うつ》す。かつ、地図の間に、四時遊観《しいじゆうかん》の形勢《ありさま》を絵《えが》くに、その態度、風俗、服飾《ふくしょく》、容儀《ようぎ》、これまた当今の形容《かたち》を図す。旧地に基《もと》づいて画《が》するものは、おのおの時を分かてり。これ、その地の風光を潤色《じゅんしょく》して、他《た》邦《ほう》の人をして、東都盛大の繁栄なることを知らしめ、かつ童蒙《どうもう》の観覧に倦《う》むことなからしめんがためなり。

およそ、この地名所のうち、武蔵野、隅田川二所《にしょ》をもつて、第一の勝槩《しょうがい》とす。ゆゑに隅田川をば、両岸に分かちて、六、七の二巻に配せり。西岸には、芙蓉《ふよう》の白峰《はくほう》雲間に聳《そび》え、東岸には筑波の翠鬟晩霞《すいかんばんか》に蘸《ひた》して、山水《さんすい》の風致《ふうち》備《そな》はり、縦観《じゅうかん》の美この地に停《とど》まるか。よって両岸の全勢《ぜんせい》を眸中《ぼうちゅう》に収《おさ》めんと欲せば、この両巻を対照して、その全局を知るべし。およそ、真間《まま》の旧跡は、下総《しもうさ》の地にして、武蔵にあらずといへども、わづかに利根川を隔《へだ》つるのみにして、実に『万葉集』以降《このかた》の芳蹟《ほうせき》なり。かつ文人墨客《ぼっかく》、吟筐《ぎんきょう》を負ひて、游笻《ゆうきゅう》を曳《ひ》くものは、必ずその風光を賞して、第一の壮観とす。ここにおいて、『鎌倉志《かまくらし》』〔『新編鎌倉志』河井恒久、一六八五〕の例に倣《なら》ひて、併せ記して、この記のうちに収む。覧《み》るもの、これを諒《さっ》せよ。

附言

この書は、祖父〔幸雄〕が寛政〔一七八九―一八〇一〕中の編にして、父県麻呂《あがたまろ》〔幸孝〕が删補《さんぽ》、文化〔一八〇四―一八〕の末に至りてなり、文政〔一八一八―三〇〕のいまに至りて上梓の功を終はりぬ。およそ、年序を経ること三十有余年、江都蕃昌《はんじょう》に随ひて、神社寺院、境地沿革するものすこぶる多し。一向の小祠も、須臾《しゅゆ》に壮麗たる大社となり、わづかの草菴も巍然《ぎぜん》たる荘厳となれるもの少なからず。あるいは祝融《しゅくゆう》の災ひ〔火災〕に罹《かか》りて、楼門回廊を焼失し、礎石のみ存するの類、興廃枚挙すべからず。しかりといへども、ときどきこれを改むることあたはず。ゆゑに今時の体に差《たが》へるもの多し。見るもの、いぶかることなかれ。

斎藤月岑《げっしん》識

巻之一　天枢之部

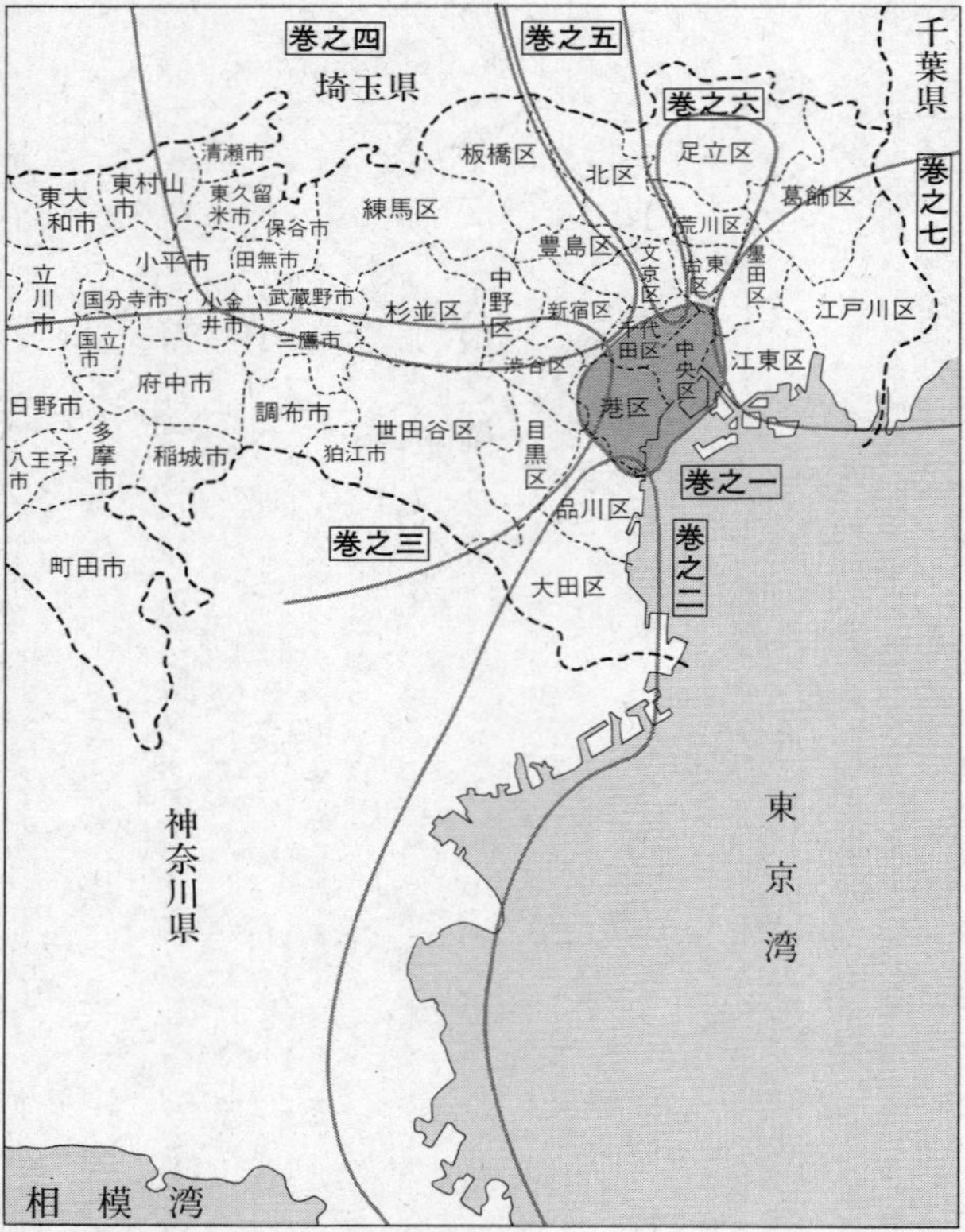

『江戸名所図会』全七巻の採録地域

天枢《てんすう》之部　目録

武蔵《むさし》　東海道に属す。『和名類聚抄《わみょうるいじゅしょう》』〔源順、一〇世紀〕に曰く、「牟佐之《むさし》の国府《こくふ》、多磨郡《たまごおり》にあり」と云々（武蔵国、上古《いにしえ》は東山道のうちに入る。光仁《こうにん》天皇の宝亀二年辛亥〔七七一〕冬十月己卯、太政官奏して東海道に属せしむるよし、『続日本紀』〔七九七〕に見えたり）。久良《くらき》・都筑《つづき》・多磨《たま》・橘樹《たちばな》・荏原《えばら》・豊島《としま》・足立《あだち》・新座《にいくら》・入間《いるま》・高麗《こま》・比企《ひき》・横見《よこみ》・埼玉《さいたま》・大《おお》里《さと》・男衾《おぶすま》・幡羅《はら》・榛沢《はんざわ》・那珂《なか》・児玉《こだま》・賀美《かみ》・秩父《ちちぶ》・葛餝《かつしか》等、以上二十二郡なり（『拾芥抄《しゅうがいしょう》』〔洞院公賢、一三四二〕に、大県《おおがた》・東海《とうかい》・那珂《なか》等の三郡を加へ、葛飾を除きて二十四郡とすれども詳《つまび》らかならず。貞享三年丙寅〔一六八六〕三月、利根川の西を割りて、武蔵国に属せしむ。昔は本所《ほんじょ》・葛西《かさい》の辺、浅草の川を国界として、川より東の地は、一円に下総国《しもうさのくに》なりしを、右にいふごとく、いまは葛飾郡《かつしかごおり》の半ばを割りて、利根川のもつて西を武蔵の国の葛餝郡とす。もつて東を下総の国の葛餝郡とす。『和名抄』〔『和名類聚抄』〕に、武蔵国管《かん》二十一とありて、葛餝郡なし。いま、これを加へて二十二郡とす。『和名抄』葛餝を加止志加《かししか》と訓ず。同書に多磨も、多波《たは》と訓じたり）。『古事記』、牟邪志《むさし》に作る。『旧事記《くじき》』、胸刺《むさし》に作る（『万葉集』に牟射志《むさし》に作る）。同じく、むさしと称す。その義は、『風土記抄《ふどきしょう》』にいふ、「武蔵の国、秩父の嶺《たけ》は、その勢ひ勇者の怒

日本武尊《やまとたけのみこと》東夷征代《とうゐせいばつ》の時《とき》武具《ぶぐ》を秩父《ちゝぶ》岩倉山《いはくらやま》に收《をさ》め玉ふ是武藏國号《むさしこくがう》の濫觴《らんしやう》なり
倭健武容猛
征西又伐東
腰間十束劒
草薙偃威風
春齋子

日本武尊東夷征伐のとき、武具を秩父岩倉山に収めたまふ。これ武蔵国号の濫觴《はじめ》なり。倭健《やまとたける》戎にして容猛／西に征きまた東を伐つ／腰間十束の剣／草薙威風を偃《なび》かす　春斎子

り立てるがごとし。日本武尊《やまとたけのみこと》、この山に東夷《とうい》征伐の祈願をこめたまひ、その後《のち》東夷ことごとく平治せしかば、その武器を秩父岩倉山《いわくらやま》に納めたまふ。よりて、この国をむさしと称せしとなり。その後、称徳《しょうとく》天皇の神護景雲二年〔七六八〕、武蔵の国より白雉《はくち》を献じけるが、公卿《くぎょう》の奏せし言《ことば》に、『武を戢《おさ》め文を崇《たっと》ぶの祥《しょう》なり』といふ。よりて、この国を、武蔵の字をもつて、嘉名《かめい》となしたまふ」といふ（『続日本紀』「称徳紀」に云《いわ》く、「神護景雲二年六月癸巳云々、武蔵国橘樹郡《たちばなごおり》の人飛鳥部吉志五百国《あすかべのきしいおくに》、同国久良郡《くらき》において白雉を獲て献ず。すなはち郡郷に下し、これを議せしむ。奏して云《いわ》く、雉《きじ》はこれ良臣一心忠貞の応。白色はすなはち聖朝重光照臨の符。国武蔵と号することは、すでに武を戢《おさ》め文を崇《たっと》ぶの祥を呈す」とあるは、もと牟邪志の三字を、好《よ》き字に改め、二字に定め、武蔵と書きて、志の文字を略《はぶ》かれしより、この白雉の瑞《ずい》につきて、武蔵の二字を祝して奏したる詞《ことば》より、いまの名になれるとなり）。東照宮様《とうしょうぐうさま》〔徳川家康、一五四二―一六一六〕当国に大城《おおき》をしめ、鴻業《こうぎょう》の基《もとい》を闢《ひら》きたまひしより、四海つひに干戈《かんか》〔戦争〕の労を忘れ、万民長《とこしな》へに太平の化《か》に浴するは、すなはちこれ天意のしからしむるところにして、国の号もおのづから昇平の御代《みよ》に応じたるなるべし。

『家集』〔『人麿集』〕

物名　むさし

枝《し》折りせむさして尋ねよあし引の山の遠《おち》にてあとはとどめつ　柿本人丸

江戸　豊島郡峡田領《としまごおりはけたりよう》とす。その封境《ほうきょう》、往古《そのかみ》は広くあらざるに似たり（白石先生〔新井白石、一六五七—一七二四。儒者〕の説に、江戸は庄の名なるべし云々。按《あん》ずるに、中古《なかむかし》庄と唱へしは、郷のことをいふなるべし。郷里《ごうり》ともに、佐登《さと》と訓ず。『令義解《りょうぎげ》』〔八三四〕に云《いわ》く、「およそ五十戸里となす」と云々。しかるときは、佐《さ》は狭《さ》、登《と》は処《ところ》の略にして、広大ならざるの意にとりていふなるべし）。『武蔵国風土記』に荏土《えど》に作る。伝へいふ、この地は、大江《おおえ》に臨むゆゑに江戸と称せりといふ（『甲陽軍鑑《こうようぐんかん》』〔江戸初期〕に、江戸の辺りを中武蔵《なかむさし》と唱ふるとあり。『義経記《ぎけいき》』に云く、江戸太郎重長《しげなが》〔一二世紀末〕は、八箇国の大福長者とあり。しかるときは、江戸の地は、その頃なべて、重長領せしなるべし。

南向亭《なんこうてい》〔酒井忠昌、一八世紀中頃〕いふ、平川一水を隔《へだ》てて、いまの三の丸の地は江戸の郷《ごう》、日輪寺《にちりんじ》の方《かた》は神田《かんだ》郷なりと。ここに平川《ひらかわ》といふは、いまの飯田町《いいだまち》の下よりつづく入堀《いれぼり》の水脈これなりと〈なほ菰《まこも》が淵《ふち》の条下とてらし合はせて見るべし〉。また、同じ説に、いまの御城《おんしろ》の辺《あた》り、いにしへ江戸となへし地なるべし。摂州大坂御城内の雁木坂《がんぎざか》、旧名を大坂と号《なつ》く。後世御城の号に呼ばれしより、かの地の惣名となる。江戸の名もこの類《たぐい》なるべしと云々。

寛永二十年〔一六四三〕開板の『あづまめぐり』といふ冊子《そうし》に、「行くへいかにと白露の、葉末にむすぶ浅草を、うち越《こ》えゆけばほどもなく、むさしの江戸につきにけり」とあるも、

江戸《えと》東南《ひかしみなみ》の市街《いちまち》より内海《うちうみ》を望《のそ》む圖《つ》
本牧
佃ジマ
日本橋

江戸東南の市街《いちまち》より内海を望む図

上《かみ》の意にひとし。よつて、いにしへの封域《ほういき》、いまのごとくに広大ならざるをしるべし）。
天正〔一五七三―九二〕このかた、江戸をもつて御居城の地となしたまふ。ゆゑに日を重ね、月を追ひ、ますます繁昌におよび、いまは経緯《けいい》十里におよんで、すべて江戸と称せり。万国列侯の藩邸、市鄽商賈《してんしょうこ》〔商店〕の家屋鱗差《りんし》して、縦横四衢《しく》に充満し、万戸千門甍《いらか》を連ねたり。実に海陸の大都会にして、扶桑《ふそう》第一の名境《めいきょう》といひつべし。

江戸大城《おおき》の基立《きりゅう》　人皇百三代後花園《ごはなぞの》帝〔一四一九―七一〕の御宇《ぎょう》、鎌倉の管領上杉修理太夫《かんれいうえすぎしゅりのたいふ》定政《さだまさ》〔一四四三―九四〕の老臣太田左衛門太夫《おおたさえもんのたいふ》源《みなもとの》持資《もちすけ》入道道灌《どうかん》〔一四三二―八六〕（持資の伝、第五巻稲付静勝寺《いなつきせいしょうじ》の条下に詳《つまび》らかなり）、当国荏原郡《えばらごおり》品川の館《たち》にありしとき、勝地《しょうち》たるゆゑをもつて、豊島郡《としまごおり》江戸の地に城営を闢《ひら》かんとし、康正二年丙子〔一四五六〕経始《けいし》し、長禄元年丁丑〔一四五七〕功成りて、道灌ここに移り住す（『江戸名所記』〔浅井了意、一六六二〕等の説に、「父資清《すけきよ》入道道真《どうしん》〔一四一一―九二〕築くところにして、その子左衛門太夫持資相継ぎて居城とす」といふといへども、いまだ詳《つまび》らかならず。『鎌倉大草紙《おおぞうし》』〔室町末に成るか〕に、「長禄元年〔一四五七〕四月、上杉修理太夫持朝《もちとも》入道〔一四一六―六七〕、武州河越《かわごえ》の城を取り立てらる。太田備中入道は岩付《いわつき》の城を取り立て、同左衛門太夫は江戸の城を取り立てたる」とあり。これを証とすべし。また、ある書《ふみ》に云《いわ》く、千代田・宝田・祝《いわい》の里といふところをもつて城地にとると。また一説に、千代田・斉田《さいた》・宝田等の三氏をして、武州江戸・河越・岩付等に城塁を築かしむ、とありて、一ならず。あるいは地名とし、あるいは人名とす。大道寺《だいどうじ》友山《ゆうざん》〔一六三九―一七三〇。兵法家〕翁いふ、天正〔一五七三―九二〕より以来は千代田城《ちよだのしろ》と申しけると云々。その昔、持資城中に燕所《えんしょ》〔くつろぎ楽しむ場〕の室をいとなみ、軒の南を静勝《せいしょう》と号《なつ》く。東を泊船《はくせん》と呼び、西を含雪《がんせつ》と唱ふ。その頃道灌の招《まね》きに応じて、万里《ばんり》居士《こじ》〔万里集九、一四二八―？〕江戸城に入り、山水の美を眺望《ちょうもう》し、「窓は西嶺千秋の雪を含み、門は東呉万里舟を繋《つな》ぐ」といふ古人〔杜甫〕の詩を引きて、おほいに称揚せり〈なほ、この地の美景は『江亭記《こうていき》』の文中に詳らかなり〉。

しかるに文明十八年丙午〔一四八六〕、持資讒害《ざんがい》せられし後は、定政の手に属す。よって執《しゅ》行《ぎょう》なりける〈『武蔵志料《むさししりょう》』〔山岡浚明、一八世紀中頃〕に執事とも〉。曾我兵庫頭《そがひょうごのかみ》の子、同じく豊《ぶん》後守《ごのかみ》をしてこの城を守らしむ〈『鎌倉大草紙』に、「文明九年〔一四七七〕江戸の城に、上杉刑部少輔朝昌《ぎょうぶしょうゆうともまさ》・三浦助義同《みうらのすけよしあつ》・千葉次郎自胤《よりたね》等を籠《こ》め置く」とあり。按《あん》ずるに、その頃長尾《ながお》景春《かげはる》〔一四四三―一五一四〕、武州にありて兵を催す。ゆゑに道灌、軍事にいとまなし。鎌倉にありしゆゑ、江戸の城には、これらの人を居《す》ゑ置きしなるべし〉。その後、定政の子同じく五郎朝良《ともよし》〔？―一五一八〕・同じく修理太夫《しゅりのたいふ》朝興《ともおき》〔一四八八―一五三七〕、ともに相続いてこの城にありしが、大永四年甲申〔一五二四〕〈正月十三日〉、北条左京太夫氏綱《うじつな》〔一四八七―一五四一〕が

元旦諸侯
登城之圖
藩邦玉帛此朝宗
關險何須百二重
四海道通含渤澥
中原嶽秀有芙蓉
城地日暖晴雲適
邸第春分淑景從
回望鬱葱佳氣裡
車如流水馬如龍
服元喬

元旦諸侯登城の図　藩邦の玉帛ここに朝宗す／関険何ぞ須《もち》ひん百二重に／四海道通じて渤澥を含み／中原岳秀でて芙蓉あり／城地日暖かにして晴雲迥《はる》かに／邸第の春分けて淑景従ふ／回望す鬱葱たる佳気の裡《うち》／車は流水のごとく馬は竜のごとし　服元喬〔服部南郭〕

ために攻落され、朝興おほいに敗走して、河越の城に移る。これより後は氏綱家人《けにん》、富永神《とみながしん》四郎《しろう》（『小田原記』四郎左衛門）政直《まさなお》・遠山四郎左衛門（『小田原記』四郎兵衛）某《それがし》らを城代《じょうだい》として、ここに籠め置き、氏康〔一五一五―七一〕・氏政〔一五三八―九〇〕・氏直〔一五六二―九一〕に至るまで、すべて四代の間北条家に属す（この間遠山・富永両家より代々これを衛護す〈『諸城変遷録』には遠山丹波守直景〔?―一五三三〕城代とあり〉。しかるに永禄〔一五五八―七〇〕の始め、遠山丹波守〔遠山綱景、?―一五六四〕・富永三郎左衛門〔正しくは、四郎左衛門。一五〇九―六四〕両人、北総国府台《こうのだい》に戦死して、天正〔一五七三―九二〕の頃は北条治部丞、遠山左衛門〔?―一五八〇〕等城代たり。同十八年〔一五九〇〕北条家滅亡の頃、遠山左衛門佐景政は、小田原に籠城し、その弟河村兵部《の》少輔・同じく甥遠山丹波守当城を守る）。

天正十八年庚寅秋（七月十一日）、その家没落せしよりこのかた、永く御当家の御居城と定めさせられ、同年八月朔日、江戸の大城へ台駕《たいが》を移させたまふ。その頃まではわづかばかりの城営たりしに、慶長年間〔一五九六―一六一五〕御城廓の地を広めさせたまひ、ただいまのごとく巍々然《ぎぎぜん》として、万世不易《ばんせいふえき》の大城《おおき》とはなれりける。

『江亭記』

江戸城静勝軒《せいしょうけん》に寄題する詩の序

武州江戸城は、太田左金吾道灌源公が肇《はじ》めて築くところなり。関より以東、公と肩を差《なら》ぶる者鮮《すくな》し。もとより一世の雄なり。威愛相兼ね、風流籍甚《せきじん》なり。このごろ騒乱以来、王命を欽《つつし》みて承《う》くる者、八州のうちわづかに三州。三州の安危は武《ぶ》の一州に係《かか》り、武の安危は公の一城に係る。二十四郡ただ一人と謂《い》ひつべし。

それ、城の地たるや、海陸の饒《ゆたか》なる、舟車の会ふ、他州異郡もって加ふるなし。塁の高さ十余丈、懸崖峭立《けんがいしょうりつ》、固むるに繚垣《りょうえん》をもってする者、数十里ばかり。外に巨溝浚塹《しゅんざん》あり、みな泉脈《せんみゃく》の瀦《ちょ》に徹《とお》りもって粼碧《りんぺき》たり。巨材を架してこれが橋となし、もって出入の備となす。しかしてその門を鉄にし、その墻《かき》を石にし、その径を礎《いしだた》み、左盤右紆《さばんうう》、聿《ここ》にその塁に升《のぼ》る。公の軒《けん》はその中に峙《そばだ》ち、閣《かく》はその後に踞《うずくま》る。直舎その側に翼し、戍楼《じゅつろう》・保障《ほしょう》・庫《こ》庾《ゆ》・厩廠《きゅうしょう》の属《たぐい》、屋《おく》をなす者若干なり。

西のかた望むときんば原野を逾《こ》えて、雪嶺天に界し、三万丈白玉の屛風《びょうぶ》のごとき者、東のかた視《み》るときんば墟落《きょらく》を阻《へだ》てて、瀛海《えいかい》天を蘸《ひた》し、三万頃《けい》の碧瑠璃《へきるり》の田のごとき者、南のかた嚮《むか》ふときんば浩乎《こうこ》たる原野の、寛舒広衍《かんじょこうえん》、平蕪《へいぶ》茵《しとね》のごとく布《し》き、一目千里、野と海と接し、海と天と連《つら》なる者、これみな公の几案《きあん》の間の一物のみ。ゆゑをもって軒の南を静《せい》勝《しょう》と名《なつ》け、東を泊船《はくせん》と名《なつ》け、西を含雪《がんせつ》と名く。公ここに息《いこ》ひここに遊ぶ。すなはち一日早《そう》午晩《ごばん》の異《い》、一年春夏秋の変、千態万状几《き》を拍《う》って翫《もてあそ》ぶべき者、互ひに出で更《かわ》るがはる呈《あらわ》すといへども、これを出だしこれを呈す所以《ゆえん》の者はおよそ三なり。東瀛晨霞《とうえいしんか》の絢如《けんじょ》たる、南野薫風《くんぷう》の颯如《さつじょ》たる、西嶺秋月の皎如《こうじょ》たるは、天の与ふるところなり。遠くしては漚波《おうは》の曙《あけぼの》に島嶼《とうしょ》分かれ、鴉背《あはい》の曛《たそがれ》に岡巒《こうらん》の紫なる、近くしては腴田《ゆでん》旁《かたわ》らに環《めぐ》り、陂水《はすい》つねに足る。それの林の樵《きこ》りつべく、それの叢《くさむら》の蘇《くさぎ》るべきは、地の献ずるところなり。

城の東畔に河あり。その流れ曲折して南のかた海に入る。商旅大小の風帆《ふうはん》、漁猟来去《らいきょ》の夜篝《やこう》は、竹樹烟雲《ちくじゅえんうん》の際に隠見《いんけん》出没し、高橋の下に到つて、纜《ともづな》を繋《つな》ぎ櫂《かい》を閣《お》く。鱗《うろこ》のごとくに集まり蚊《か》のごとくに合し、日々市を成す。すなはち房の米、常《じょう》の茶、信の銅、越の竹箭《ちくせん》、相《そう》の旗旄《きぼう》・騎卒、泉の珠・犀・異香より、塩魚・漆《うるし》・枲《あさ》・梔《くちなし》・筋〔茜《あかね》の誤りか〕・膠《にかわ》・薬餌《やくじ》の衆《おお》きに至るまで、彙聚《いしゅう》区別せざるなきは、人の頼るところなり。

ああ、この室を出でずして、天地人を収め、もつてわが有となす。韙《おお》いなるかな。

ここにおいてか、その揺ぎて正《せい》を散ぜんことを懼《おそ》れ、その躁《そう》にして常《じょう》を失はんことを慮《おもんぱか》つて、戸《こ》を杜《と》ざし目を瞑《と》ぢて、厚養して已《や》まず。これを言に発するときんば、清《す》める者は歌詞と成り、和なる者は政化と成る。しかして後、すなはちその神《しん》を定め、すなはちその気を寧《やす》んじて、神と気と合ふ。しかして太清《たいせい》を輿《よ》となし、元気を馬となして、玄々《げんげん》無窮の域に逍遥《しょうよう》するときんば、鬼神といへどもその機を測ることあたはざるなり。青牛真人曰《い》へることあり。躁は寒に勝ち、静は熱に勝つ。清浄にして天下の正たりと。蘇濟城これを解して曰《いわ》く、成つて欠《か》けず、盈《み》ちて冲《むな》しからず、譬《たと》へば躁の静なることあたはず、静の躁なることあたはざるがごときのみ。それ躁はよく寒に勝ちて、熱に勝つことあたはず。静はよく熱に勝ちて、寒に勝つことあたはず。みな一偏に滞って、その正にあらざるや、ただ泊然清浄一に染まず、成るにあらず、欠くるにあらず、盈《み》つるにあらず、沖《むな》しきにあらず、しかして後勝たずといふところなく、もって天下の正たるべしと。いまや公の守るところをもって軒に扁《なつ》く。ただ熱に勝つのみにあらず、勝たずといふところなきときんば、宇宙の間《あいだ》公と相争って相戦ふ者、いまだこれあらざるなり。いはゆるもって天下の正たるべき者なり。そのこれを知らざる者は、みな謂ふ、公の威愛よく人をして忻懼《きんく》せしむと。

含雪泊船のごときは、浣花《かんか》老人が蜀《しょく》中倦遊《けんゆう》の境なり。題扁《だいへん》に及ぶところ、この地のこの景に同じきをもって、摘《と》ってもって名となす。公にありてはすなはち吟中の一風流のみ。聴松村庵翁、幼より老に至って鴻藻片章《こうそうへんしょう》天下を被《おお》ひ、その名の喧伝《けんでん》する者ここに六十余年なり。これをもって公、翁の詩をその上に題することを需《もと》めんと欲する者、けだしまた年あり。丙申の夏たまたま人を介して詩及び跋《ばつ》を請ひ、かつ能言《のうげん》の二、三子に属して後に題し、板に書して室に掛け、関左《かんさ》〔関東〕の人をしてこれを歌はしめんことを要《もと》む。翁予に告げて曰く、我いまだかつて東遊せず。奚《なん》ぞもって一辞を措《お》くことを得んや。幸に子《し》が目撃するところを述べてもって序せば可なりと。予退譲《たいじょう》するも允《ゆる》さず。けだし予が序は乗葦《じょうい》なり。翁の詩と跋とは呉鼎《ごてい》なり。つひに聞見するところの者をもって、次《じ》してこれが序となす。

文明八年丙申〔一四七六〕秋八月

伝へ聞く静勝軒中の景
野は闊《ひろ》く青丘は蔕芥《たいかい》を呑《の》み
商帆は平蕪《へいぶ》より過ぐるに似たり
われ老いて期することなし泊船の処
兵鼓声中受降《じゅこう》を築く
風帆多少詩を載《の》せて去り
籍々《せきせき》たる威名関より以東
鼓鼙《こへい》起こらず辺城静かなり
江戸城高うして攀《よ》づべからず

羣玉峰叟簫菴竜統《ぐんぎょくほうそうしょうあんりょうとう》

村菴霊彦

四面の窓扉一々開く
天は晴れて碧海《へきかい》は蓬萊《ほうらい》を望む
漁火は遠樹より来《きた》るがごとし
関心す西嶺の堆塊《たいかい》を成すを

雪樵景茝《せっしょうけいし》

聞く君客を延《ひ》いて日に窓に臨むと
雪を吹く士峰は晴れて江に堕《お》つ

黙雲竜沢

また知る天下英雄あることを
駆《か》って江山をして轂中《こくちゅう》に入らしむ

補菴景三

我が公の豪気東関に甲たり

三州の富士天辺の雪　収めて青油幕下の山と作《な》る
簾菴竜統

雲は雪嶺に連《つら》なり水は呉に連なる　城上の軒窓は画図を開く
最も愛す留行《りゅうこう》の地に似たるの日　碧天《へきてん》野に低《た》れて平蕪《へいぶ》に入る

古今壮遊の士の、四方に志ある者は、必ず関左〔関東〕山東の地を経歴するをもって先《さき》となす。およそ関左に遊ぶ者は、必ずもって富士の山を見、武蔵野を過《よぎ》り、隅田河を渡り、筑波山に登る。すなはちみな四方観遊の美に誇るなり。予壮年のとき、跂《き》してこれを望む。しかれどもいまは耄《ぼう》せり。初志を遂《と》ぐる者、百に一を獲《え》ず。これをもって恨となす。

このごろ聞く、太田左金吾源公は、関左の豪英なり。武州江戸城に守りて国に功ありと。けだし武の州たるや、武を用ふるをもって名となす。甲兵四十万、卒に応ずること響のごとし。すなはち山東の名邦なり。江戸の城はここにおいてかあり。その要に雄拠《ゆうきよ》して、その塁を堅備す。一人険《けん》に当たれば万虜《ばんりよ》も進まざる所以《ゆえん》は、またすなはち武州の名城なるなり。いはんやこの城は最も勝景を鍾《あつ》めて、寔《まこと》に天下の稀とするところなり。睥睨《へいげい》の隙《ひま》、地の形勢に随《したが》って、かれに楼館あれば、これに台榭《だいしゃ》あり。とくに一軒を置いて、扁して静勝の軒と曰《い》ふ。これその甲たるなり。亭を泊船と曰ひ、斎を含雪と曰ふ。おのおのその附庸《ふよう》なり。

もしそれ軒によって燕坐《えんざ》し、四面を回瞻《かいせん》するときんば、西北に富士山あり、武蔵野あり、東南に隅田河あり、筑波山あり。これすなはち四方の観のこの一城にあるなり。しかして一城の勝は、またこの一軒にあるなり。これによって四方に志あるの士、また遠遊を欲せず、ただ一たびこの城に登ってこの軒に到ることを願ふも、またそれ理の当然なるなり。しかしていま金吾公、その客の西上する者に託して、京師諸人の題詠を求め、まさにその軒《けん》の楣《び》間《かん》の詩《し》板《はん》を藻飾《そうしょく》せんとす。命《めい》を得て題を同じくする者は予と五人なり。しかれどもこの五人の中、東遊してその地をみづから歴《へ》たる者は、ただ統正宗〔正宗竜統〕一人のみ。ゆゑに序をもって正宗に属し、つぶさに前に陳《つら》ねて、知らざる者に告げ、往きてこれを観るがごとくならしむ。ここにおいて予に就《つ》いてもって後題を求む。あへて拒辞《きょじ》せず、すなはち正宗に聞くところの説を用《も》つて、篇末に附す。かつまた金吾公に伝語す、予耄せるの後といへども、しかも跂望《きぼう》の志尚ありと。

文明八年竜集丙申〔一四七六〕八月初吉、岩栖の村菴に書す

希世霊彦

左金吾源大夫の江亭に寄題す

士嶺天を衝《つ》く東海の瀾《なみ》
一由旬《ゆじゅん》の雪梅花《ばいか》の鶻《こつ》
華構《かこう》江に臨んで天宇《てんう》低《た》る
髩端《ひんたん》雪白なり漁竿《ぎょかん》の客
華館攸《ところ》を相《み》る主もまた賢なり
東溟《とうめい》は戸を浸《ひた》し波は地に黏《つ》く
珠履三千門下の客
誰に凴《よ》ってか説与《せつよ》せん蘇夫子《そふうし》
士嶺の東湘水《しょうすい》の北
閭閻《りよえん》地を撲《う》って民庶《みんしょ》を育す
鷗渚鷺《おうしよろ》汀《てい》春昼静にして
丹青画き難し戦図《せんと》の外

湘山暮樵得么《しょうざんぼしょうとくよう》

静中の勝景画中の看《かん》
載《の》せて前湾に泊《はく》すれば晩照残る

武陵〔武蔵国〕興徳

北帆南楫《なんしゅう》日西に斜《なな》めなり
万頃《ばんけい》の玻瓈《はり》は斎《さい》に釣るべし

相陽〔相模国〕中栄

江干《こうかん》ここに試む武城の絃《げん》
西嶺は窓に当たって雪は天に界す
玉楼十二洞中の僊《せん》
赤壁《せきへき》誇るを休《や》めよ前後の篇

河陽〔河内国〕東勧

一亭新《あら》たに架して高城にあり
経籍《けいせき》は床に満ち俊英を羅《つら》ぬ
竹籬《ちくり》茅舎暮《ぼうしゃぼ》光《こう》晴る
帷幄《いあく》籌《はかりごと》を運《めぐ》らす張氏《ちょうし》の情《じょう》

左金吾源大夫江亭記

関左の形勝の雄は、武をもって冠《かん》となす。武は大国なり。その山木奇傑にして、要嶮を兼ぬる者、江戸はその武の冠たるものか。相府《そうふ》を距《へだ》たること連幞《れんばく》百里ばかり。緑蕪《りょくぶ》白沙、海に並びてもって北す。玉簪《ぎょくしん》の山、羅帯《らたい》の水、跋渉《ばっしょう》して勌《う》むを忘れ、日のまさに晩《く》れんとするを覚えざるなり。翠壁丹崖《すいへきたんがい》、屹然《きつぜん》としてもって高く峙《そばだ》ち、珍卉佳木《ちんきかぼく》、蔚然《うつぜん》として中に秀《ひい》づ。すなはち左金吾公源大夫築くところの新城なり。

攀《よ》ぢてもって躋《のぼ》り、俯《ふ》してもって臨む。四面斗絶《とぜつ》、直下百丈、東南の佳山水は歴々もって杖履《じょうり》の下《もと》にあり。南顧するときんば品川の流は溶々漾々《ようようようよう》としてもって碧《へき》を染む。人家は北南に鱗差《りんし》して、白掄〔未詳〕紅楼は鶴立翬飛《かくりつきひ》し、もってその中に翼然《よくぜん》たり。東武の一都会にして、揚〔揚州〕一、益〔益州〕二の亜称あるなり。東望するときんば平川は縹緲《ひょうびょう》にして長堤緩《ゆる》く廻《めぐ》り、水石瑰偉《かいい》として佳気蔚芬《うつぷん》たり。これを浅草の浜と謂ひ、白花大士遊化《ゆうげ》の場、巨殿宝坊の輪奐《りんかん》、もって数十里瀛《うみ》〔正しくは、嬴《えい》〕に掩映《えんえい》す。補洛《ふらく》の妙境にして神人の幻ずるところといふ。その後はすなはち滄洲茫乎《そうしゅうぼうこ》として百川《ひゃくせん》海に会《かい》す。呉楚《ごそ》東南に圻《わか》れ、乾坤《けんこん》日夜に浮かぶとは、すなはちこれか。その前はすなはち谷岩出没して原野莽蒼《ぼうそう》たり。天塹《てんざん》の高きこと幾多仞《いくたじん》、一夫《いっぷ》関《かん》に当たるときんば百万ももって近づくべからず。世すなはちこの地の面勢は実に一方の金湯《きんとう》の最《さい》たるを知る。ともに二あるところなきなり。昔、周室中微し、諸侯の患《わずら》ひあり。仲山甫《ちゅうざんぽ》、東方に城《きず》き、国人安んじてもつて集まるや、宣王おほいに興る。公のここに柵《さく》するや、外は敵の喉襟《こうきん》を扼《やく》し、内は武府の腹背に拠り、東民これに頼《よ》る。公の功、仲山甫に顔行《がんこう》する者と謂ひつべし。

城上に閒燕《かんえん》の室を置き、扁して静勝と曰ふ。静勝はけだし兵家の機密か。その西檐《せいえん》に当たりては、富士峰の雪あり。天芙蓉《ふよう》を削りて、もつて玉立すること三万余丈。その窓を含雪と曰ふなり。南檻《なんかん》に凭《よ》るときんば積水《せきすい》天を涵《ひた》し、沙觜《さし》洪潮《こうちょう》を含吐《がんと》し、もつて暁夕に出縮す。群山は岸を隔て、雲鬟《うんかん》は濃翠を梳《くしけず》り洗ひ、しかして陰晴に隠見す。自然無軸《むじく》の画なり。鳧渚鷗汀《ふしょおうてい》、漁家民屋、沈藉《ちんしゃ》してもつて雑処す。沙戸水扉、人は朴にして地は清し。旅船の泊するところたるや、青竜赤雀《せきじゃく》、舳艫《じくろ》相銜《あいふく》み、蘭棹桂槳《らんとうけいしょう》、舸《か》経舫緯《けいぼうい》織るがごとくにして、欸乃《あいだい》の声断ゆることなきなり。江情湖思寔《まこと》に楽しいかな。

小亭を締《むす》びて、泊船と曰ふ。字を浣花《かんか》の詩史に摘《と》る。その人の襟宇《きんう》瀟洒《しょうしゃ》にして、意を騒《そう》雅《が》の域に措《お》くこと、語らずしてもて知るべきのみ。ここにおいて、湘中《しょうちゅう》の僧郎にして詩をもつてその道に鳴る者、あるは公の逸韻を慕嚮《ぼけい》し、あるはその山水の美に歆羨《きんせん》し、もつて詩を寄せ志を言ふ。金薤琳琅《きんかいりんろう》、その音玲瓏《れいろう》として章を成す。余もまた、錚々《そうそう》を余響《よきょう》に寓《ぐう》す。魚目の珠に入り燕石《えんせき》の璞《たま》を濫《みだ》すは、志にあらざるも、公のこれを求むるや厳なり。重ねて紙尾の書をもって命ぜらる。余は朴にして野なる者、文何ぞこれあらんや。しかれども督責遏《や》まず、韡避《たひ》するに地なし。猝《にわか》に鈍を磨き朽を鐫《え》り、もって聊《いささ》かしばらくその景象の曼《まん》乙《いつ》を槩記《おおむねしる》すとしかいふ。文明丙申〔一四七六〕の秋の抄《はじめ》なり。

湘山暮樵得么

文明六年〔一四七四〕六月十七日、江戸城において、道灌歌合《どうかんうたあわせ》を興行す。これを江戸《えど》歌合と呼べり。その人々にいはく、

心敬《しんきよう》　資雄《すけお》　平盛《ひらもり》　音誉《おんよ》　道灌《どうかん》　珠阿《しゆあ》　孝範《たかのり》　資俊《すけとし》　好継《よしつぐ》　快承《かいしよう》　卜巌《ぼくがん》　資常《すけつね》　宗信《むねのぶ》　瑞泉坊《ずいせんぼう》　恵仲《えちゆう》　資忠《すけただ》　長治《ながはる》（以上十七人。判者は心敬僧都、講師は平盛なり）。

『孝範家集』

二月十三日いつも聖廟法楽とて静勝軒（太田道灌）にて一読はべりしに、梅の盛《さかり》

うすくこき色香もわかぬ梅の花ひとつにかをる春の曙《あけぼの》　孝範

宗長《そうちよう》〔一四四八―一五三二。連歌師〕『東土産《あずまのつと》』〔一五〇九。紀行〕

折ふしうちうちに申し伝ふる人ありて、江戸の館《たち》に六、七日逗留におよべり。連歌三百韻あり。

霜さむき松ゆく田鶴《たず》の朝日かな　　上杉建芳

遠山にこころは雪の朝戸かな

雪は今朝水につもれるみぞれかな

一日づつ隔てて面白かりし会席なり、云々。

わが庵は松原続き海ちかくふじの高根を軒端にぞ見る　　道　灌

この和歌は太田道灌、静勝軒の含雪亭にありて詠じけるといふ。

宗牧《そうぼく》〔?―一五四五。連歌師〕『東国紀行』〔一五四五〕

四日、天気よくて江戸の城につきたり。遠山甲斐守〔遠山綱景、?―一五六四〕に人遣《つか》はしたれば、驚きながら、まづ旅宿のことといひつけられたり。ことに亭主宗三《そうさん》とて、和泉堺衆《いずみさかいしゅ》なれば、時宜《じぎ》心やすし。城より使ひ、明後日上総国《かずさのくに》へ出陣のこと侍るとも、むりに一座懇《こん》望《もう》のよしあり。「いろいろ故障めいわくのよし、再往《さいおう》なれども了簡に及ばず。しかれば、せめて昼つかたより始められよかし」など申して、一順《いちじゅん》のためとて筆も取りあへず、

玉すだれ花にあけゆく千里かな

この城の遠望、下には、籌《はかりごと》を帷幄《いあく》の中《うち》に運《めぐ》らし、勝つことを千里の外《ほか》に決す、このこころをいささか祝したるばかりなり。

また六日、太田越前守〔太田資高、?―一五四七。道灌の孫〕興行のこと申し来《きた》れり。これは

小田原にての兼約《けんやく》と申しながら、すでに明日、息《そく》弥太郎出陣なれば、取り乱しさぞ侍らむ、されども斟酌《しんしやく》同心あるまじき執心なれば、発句のもよほしにおよばず。

　花にみぬ朝露ふくむ色香かな

見えたるままなるべし。一座は、とくはてたるに、盃いろいろ、弥太郎出陣をもいはず、連歌の心だて見えたり。立ちかねて舎弟西堂のえさりがたく、例の酩酊《めいてい》、「この帰さに、富士見の亭一見すべし」と申したれば、富永《とみなが》もとへ会席よりたたれて、またれたるほどなり。これまた、小田原よりかねがね仰せられたることにて、掃除などの□□□《本ノママ》迎ひの岡松いくむらとなく、入江かけたる□□□《本ノママ》も、ひとつに、流れみちたるひろへさ忍び、用心こころやすげなり。暮れはてたれば富士も見えず、おもかげ、さながら中空《なかぞら》なりけむ。武蔵野の眺望《ちようもう》ここにつくしたるべし。東の矢倉、また菟玖波山《つくばやま》の亭《てい》とや、遠浦《えんぽ》の帰帆《きはん》むさし野を走るかとみえたるに、さしのぼる夕月夜《ゆうづくよ》、盃にうつりたれば、

　国々も君がなびかす白雲のはたてにかすむ山はふじのね

　明くる出陣、また、太守へ詠進しかるべきよし。おのおの異見のことにて、はばかりを忌《い》まれたり。七日には、はたらきの軍勢、あとさきに立ち侍り云々(始めに四日とあるは天文十四年〔一五四五〕三月なり)。

吹上御庭《ふきあげおんにわ》　旧名を局沢《つぼねざわ》といふ（按《あん》ずるに、吹上とは、江河に臨んで高き地をいふなるべし。駿州富士川の辺り、武州荒川の辺り、吹上といへるところあり。また、江戸小《こ》石川氷《いしかわひ》川《かわ》明神の南の地、旧名を吹上といふも、小石川の水流の低きに臨めるところなるゆゑに、しか号《なづ》くるならん。その外、相州藤沢の辺《へん》、武州鴻巣《こうのす》の辺に、みなこの名あり）。

松原小路《まつばらこうじ》　田安御門の内なり。昔この地松原にてありしを、結城黄門公《ゆうきこうもん》〔結城秀康、一五七四―一六〇七。徳川家康の次男〕御館《おんやかた》を建てられて、木立《こだち》の御館《ごてん》と呼《よ》びけるとぞ（往古《そのかみ》、太田道灌〔一四三二―八六〕、「わが庵《いお》は松原つづき海近く」と詠ぜし和歌によりて、しか名づくるといへり。ある人いふ、この南に増上寺《ぞうじょうじ》の黒本尊《くろほぞん》の御堂《みどう》ありしとなり。よって考ふるに、寛永九年〔一六三二〕の江戸図に、いまの代官町朝鮮馬場《だいかんちょうちょうせんばば》の辺りに、国師やしきと記してあるは、観智国師《かんちこくし》〔源誉存応、一五四四―一六二〇。増上寺一二世〕のやしきを略していふならん。昔、黒本尊も、このところに安置してありしなるべし）。

梅林坂《ばいりんざか》　平川口《ひらかわぐち》御門の内にあり。文明十年〔一六七八〕の夏、太田持資《もちすけ》〔太田道灌、一四三二―八六〕、ある日一室にありて、午睡《ごすい》のうち霊夢を感じ、翌日菅公《かんこう》〔菅原道真、八四五―九〇三〕親筆の画像を得て、ここに勧請《かんじょう》し、梅樹数百株《ちゅう》を栽《う》う。よって梅林坂の号ありといふ（その菅神の宮は、いま糀町平川町《こうじまちひらかわちょう》にある平川天満宮これなり。三巻の初め、平川天神の条下につまびらかなり）。平河は、往古《そのかみ》、上下《かみしも》とふたつにわかれてありし由《よし》、小田原北条家の古文書に見えたり（本所《ほんじょ》の法恩寺《ほうおんじ》、赤坂の浄土寺《じょうどじ》等の寺院、昔はこのところにありしとなり）。

八代曾河岸《やよすがし》　和田倉御門の外の御堀端《おんほりばた》をいふ。天正〔一五七三―九二〕以前は、この地波打ち際にて、漁者の住家《すみか》のみなりしとぞ。その後日比谷町《ひびやちょう》といひて、肴店《さかなだな》多き町屋《まちや》となりしに、慶長〔一五九六―一六一五〕の頃ヤンヤウスハチクワン〔Jan Joosten 一五五六?―一六二三。オランダの船員〕といへる異国人に、この地を賜《たま》ふとぞ（『名所咄《ばなし》』〔『江戸名所咄』一六九四〕に八重数《やえす》に作り、また『江戸雀《すずめ》』〔菱川師宣画、一六七七〕に八重洲《やえす》とし、『紫の一本《ひともと》』〔戸田茂睡、一六八三〕に弥与三《やよさ》に作る。また『江戸砂子《すなご》』〔菊岡沾涼、一七三二〕治容子《やようす》とも書くとあり。『事跡合考《じせきがっこう》』〔柏崎具元、一八世紀中頃〕には弥養子《やようす》に作りたり。ある人いふ、慶長十九年甲寅〔一六一四〕九月一日、阿蘭陀人《おらんだじん》来る。耶養子《やようす》、虎の子二匹を柳営《りゅうえい》〔将軍〕に奉ると云々。また一書に、耶揚子は吉利支丹《きりしたん》御制禁のとき、御忠節をなせし蛮人なりといへり。『事跡合考』にいふ、「日比谷町は芝口へ遷《うつ》され、肴屋のありし町は京橋の新肴町《しんさかなちょう》これなり。また、弥左衛門町《やざえもんちょう》・畳《たたみ》町《ちょう》などいふも同じところにありしとなり。新肴町の一名を内町と唱ふるも、御《ご》城内の町といふ古俗の唱《とな》へなり」と云々。いま、八丁堀《はっちょうぼり》に日比谷町といふあり。これもその地より出でたる町なるべし）。

竜《たつ》の口《くち》　和田倉御門の東、御溝《おんほり》の余水《よすい》を落とす。このところまで潮《しお》さし入りあり。昔、この辺りを平田《ひらた》村《むら》といひしといふ。同所南の角《かど》、松平右京兆第宅《うきょうちょうていたく》のうちに、平田明神の社あり（祭る神詳《つまび》らかならず。いまは稲荷《いなり》を勧請《かんじょう》す）。また、この地、その昔は、蒲生《がもう》飛驒守氏《うじ》郷《さと》〔一五五六―九五〕の宅地なりといひ伝ふ（竜の口・虎の門・梅林坂《ばいりんざか》・竹橋、これを合はせて営中の竜虎梅竹と称しあへり）。

道三橋《どうさんばし》　細川侯藩邸の北の通りより常盤橋《ときわばし》の方《かた》へ渡る橋の号とす。昔、この橋の南に、典《てん》薬寮《やくりょう》の御《おん》医官今大路《いまおおじ》家《け》〔曲直瀬道三（玄朔）、一五四九―一六三二〕の第宅《ていたく》ありしとなり（ゆゑに、このところを道三河岸《どうさんがし》といふ。延宝〔一六七三―八一〕の図に内河岸《うちがし》とあり。慶長〔一五九六―一六一五〕の頃は、柳町《やなぎちょう》といひし傾城町《けいせいまち》なりしとなり。慶長十二年〔一六〇七〕の図に、町屋とのみ記してあり）。俗間伝へいふ、あるとき大将軍家、道三をめさる。少し遅々《ちち》したりければ、御咎《とが》めありしとき、「御《おん》堀をめぐるゆゑに、その道遠し」と申し上げければ、その後この橋をかけしめたまふとなり（『江戸名所ばなし』〔一六九四〕に、「道三河岸南北ともに、道三をはじめ医術の面々、本道・外科・針立衆《はりたてしゅ》まで、軒を並べて住宅す」と云々。寛文〔一六六一—一七三〕江戸絵図に、この橋を彦次郎橋《ひこじろうばし》としるしてあり。また、大道寺友山《だいどうじゆうざん》〔一六三九—一七三〇。兵法家〕翁云《いわ》く、道三河岸、御《ご》入国〔徳川家康の江戸入城、一五九〇〕の頃、材木渡世の者、軒をならべてありしが、後年、かの地武家のやしきとなりけるゆゑ、御城《おんしろ》の外、東の方へ移さるる。いまの本材木町《ほんざいもくちょう》これなりと云々〕。

銭瓶橋《ぜにがめばし》　常盤橋《ときわばし》と呉服橋《ごふくばし》の間にあり。昔、はじめてこの橋を架《わた》すとき、銭の入りたる瓶《かめ》を掘《ほ》り得しゆゑ、号《な》とすと。一説に、昔、このところにて、永楽銭《えいらくせん》の引き替へありしゆゑに、銭替橋《ぜにかえばし》と唱へしとなり。また、『江戸総鹿子《そうかのこ》』〔立羽不角、一六八九〕に云《いわ》く、「昔、この地にて、銭を売るもの市をたて、毎日《ひごと》に両替せしに、後は銭売《ぜにう》り多くなりければ、たがひに渡世のためにもなるまじとて、仲間《なかま》を定めける。よってその頃銭買《ぜにかい》ばしといひける」と云々〔『江戸鹿子』〔藤田理兵衛、一六八七〕・『江戸雀』〔菱川師宣画、一六七七〕等の冊子《そうし》に、銭亀橋に作るは、さらによりどころなきに似たり。寛永十八年〔一六四一〕印本『そぞろもの語《がたり》』といへる冊子に、「天正十九年〔一五九一〕の夏、伊勢の与市といへる者、銭瓶橋の辺りに洗湯《せんとう》風呂を一つ立つる。風呂銭は永楽一銭なり」とあれば、銭瓶橋に作ることも久しとしるべし〕。

常盤橋《ときわばし》　御本丸《ごほんまる》の大手より東の方《かた》、本町《ほんちょう》への出口にして、御門あり。橋の東詰北の方に、御高札を建てらる。『金葉集』〔一二世紀の勅撰集〕に、「色かへぬ松によそへてあづま路の常盤の橋にかかる藤波」といへる古歌の意《こころ》を、松平の御称号にとりまじへ、御代《みよ》を賀し奉りての号なりといへり（按《あん》ずるに、この橋の旧名を大橋といひ伝ふるは誤なり。慶長十二年〔一六〇七〕の江戸絵図に、いまの御本丸の下乗橋《げじょうばし》を、大橋としるしてあり。同じ図に、常盤橋をば浅草口橋《あさくさくちばし》としるせり。よって常盤橋の、大橋にあらざることをしるべし）。

一石橋《いちこくばし》　日本橋《にほんばし》より二丁ばかり西の方、同じ川筋にかかる。この橋の南北に、後藤氏《ごとううじ》両家（金座後藤庄三郎《しょうざぶろう》、呉服所後藤縫殿助《ぬいのすけ》）の宅あるゆゑに、その昔、五斗《ごと》五斗といふ秀句にて、俗に一石橋と号《なつ》けしとなり（寛永〔一六二四―四四〕の江戸絵図には、後藤橋とあり。斗の音トウなり。その頃は五斗《ごとう》といひしなるべし）。また、この橋上《きょうじょう》より、日本橋・江戸橋・呉服橋・銭瓶橋・道三橋・常盤橋・鍛冶橋等を顧望《こもう》するゆゑに、この一石橋を加へて、ともに八《やつ》橋《はし》といふとぞ（この橋の南詰、東の方《かた》へ行く河岸を西河岸町《にしかしまち》といふ。檜木《ひのき》問屋《といや》多く住するゆゑに、檜木河岸ともよべり。また、菱垣廻船問屋《ひがきかいせんといや》その外、諸方への舟宿多し）。

日本橋《にほんばし》　南北へ架《わた》す。長さおよそ二十八間、南の橋詰西の方《かた》に、御高札を建てらる。欄檻《らんかん》葱宝珠《ぎぼうしゅ》の銘に、「万治元年戊戌〔一六五八〕九月造立《ぞうりゅう》」と鐫《せん》す。この橋を日本橋といふは、旭日《あさひ》

八見橋《やつみはし》
一石《いつこく》はしの異名《いみやう》
ありこの橋上《きやうしやう》より
眺望《てうぼう》すれバ
常盤橋《ときハばし》
銭瓶橋《ぜにかめ》
道三橋《だうさん》
呉服橋《ごふく》
日本橋《にほん》
江戸橋《えど》
鍛冶橋《かぢ》
ともに見ゆる
一石橋《いつこくはし》を加へて
八見《やつみ》はしと云ふ
日本橋と江戸橋
の図ハ次に出せバ
こゝに省く
道三橋
銭瓶橋
常盤橋

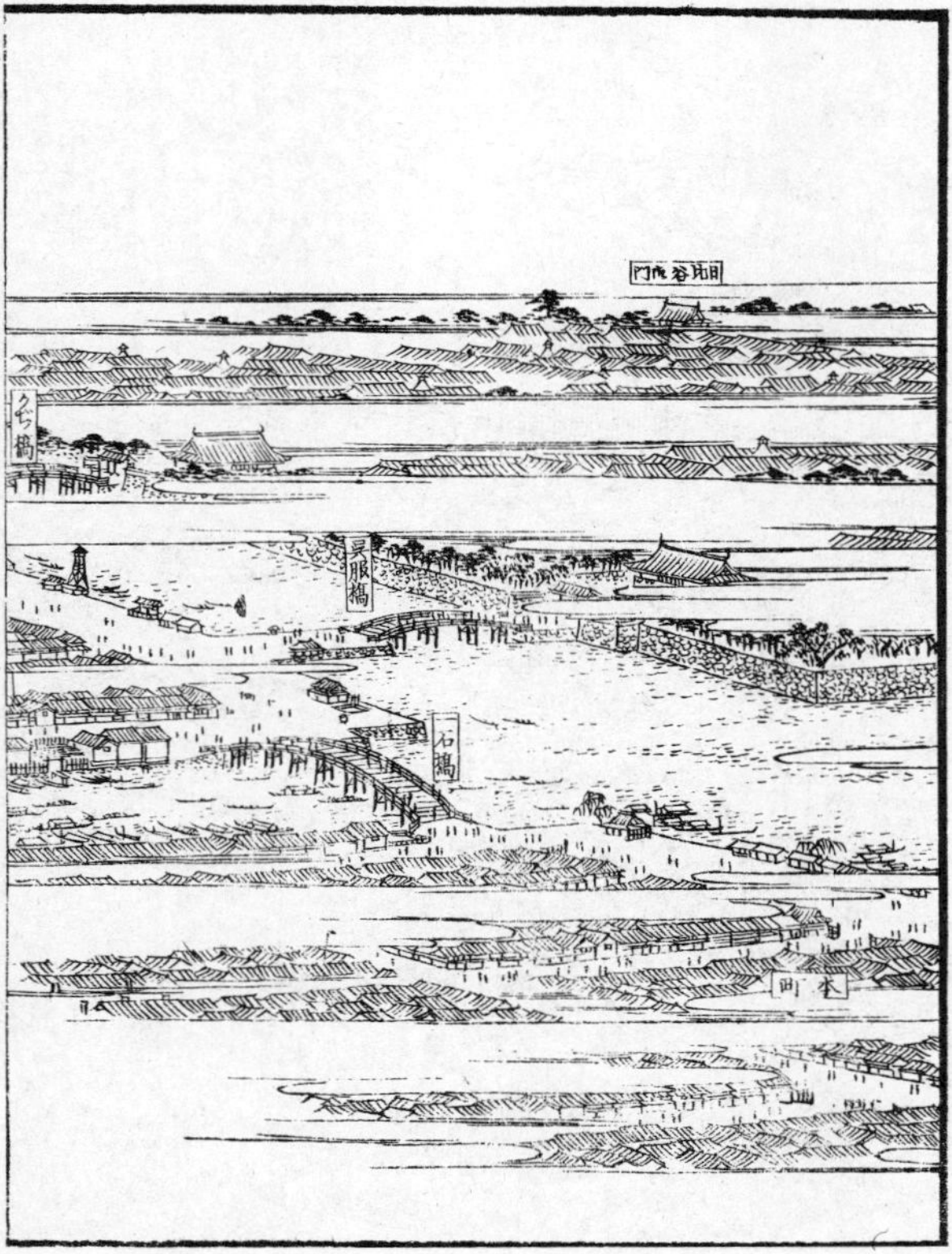

八見橋《やつみばし》　一石ばしの異名なり。この橋上より顧望すれば、常盤橋・銭瓶橋・道三橋・呉服橋・日本橋・江戸橋・鍛冶橋、ことごとくみゆ。一石橋を加へて八見ばしとはいふなり。日本橋と江戸橋の図は次に出づるをもつてここに省く。

日本橋《にほんばし》
自是太平無事客
東関行盡幾山川
武江城上慶雲静
日本橋頭人氣熾
翠帯紅衣常絡繹
玉鞍金轡毎駢闐
相如題柱知何意
富貴従来元在天
山崎闇斎
西河岸

日本橋　おのづからこれ太平無事の客／東関行き尽くす幾山川／武江城上慶雲静かに／日本橋頭人気煽るなり／翠帯紅衣つねに絡繹／玉鞍金轡つねに駢闐《べいてん》たり／相如柱に題す知りぬ何の意ぞ／富貴従来元天にあり　山崎闇斎

東海を出づるを、親しく見るゆゑにしか号《なづ》くるといへり（『事跡合考《じせきがっこう》』〔柏崎具元、一八世紀中頃〕にいふ、「日本橋のかかりしは、慶長十七年〔一六一二〕の後か」とありて、その考へを記せり。されど『北条五代記』〔三浦浄心、一六四一〕永楽銭制禁のことを記せし条下に、「慶長十一年のとし〔一六〇六〕極月八日、武州江戸日本橋に高札を建つる」とあるときは、慶長十七年より以前なりとしるべし）。この地は江戸の中央にして、諸方への行程も、このところより定めしむ。橋上の往来は、貴となく賤となく、絡繹《らくえき》として間断《かんだん》なし。また、橋下《きょうか》を漕ぎつたふ魚船の出入り、旦《あした》より暮れに至るまで、嗷々《ごうごう》として囂《かまびす》し（北の橋詰を、室町《むろまち》一丁目と号く。この町の巽《たつみ》〔南東〕の角《かど》を尼店《あまだな》といふは、尼崎屋又右衛門《あまがさきやまたえもん》拝領の町屋なるゆゑに、略してかくよびならはせり。このところは漆器の類《たぐい》、すべて旅行の具、および荷馬《にうま》の装束をあきなふ鄽《みせ》多し。その西の横小路《よここうじ》を品川町裏河岸《しながわちょううらがし》と号く。釘銕物《くぎかなもの》の店多きゆゑに、釘店《くぎたな》といふ。また、東の河岸を船町《ふなちょう》といふ。魚家《ぎょか》ありて日ごとに市を立つる）。

魚市《うおいち》　船町《ふなちょう》・小田原町《おだわらちょう》・安針町《あんじんちょう》等の間、ことごとく鮮魚の肆《いちぐら》なり。遠近の浦々より海陸のけじめもなく、鱗魚《りんぎょ》をここに運送して、日夜に市を立ててはなはだ賑《にぎ》はへり。

鎌倉を生きて出でけんはつがつを　芭蕉

帆をかぶる鯛のさわぎや薫る風　其角

祇園会御旅所《ぎおんえおんたびしょ》　大伝馬町《おおでんまちょう》二丁目の乾《いぬい》〔北西〕の角《すみ》にあり（このところは、すべて両側ともに、呉服物の問屋《といや》のみ住す。この街に、年々正月・十月の十九日の夜《よ》は、夷講《えびすこう》の儲《もう》けとして、魚《うお》の市を立てて、はなはだにぎはへり）。その宮所《みやどころ》は、神田明神の地にありて、祭神は五男三女なり（これを八王子と称す）。毎歳六月五日、本社よりここに神幸ありて、同八日帰輿《きよ》す。また、小船町《こふなちょう》を旅所《たびしょ》とするものは、同十日に神幸ありて、同十三日帰社なり。これも宮居《みやい》は、神田明神の社地にありて、祭る神は奇稲田姫《くしいなだひめ》にして、これを本御前《もとごぜん》と称せり。いづれも旅所に遷幸の間は、日夜参詣群集して、一時の賑《にぎ》はひなり。

通町《とおりちょう》　北の方《かた》、筋違橋《すじかいばし》の内、神田須田町《かんだすだちょう》より南へ、今川橋・日本橋・中橋・京橋・新橋を経て、金杉橋《かなすぎばし》の辺りまでの惣名《そうみょう》にして、町幅《まちはば》十間余あり。

浮世小路《うきよしょうじ》　室町《むろまち》三丁目の間の東の横小路《よここうじ》をいふ。されど、そのゆゑをしらず（ある人いふ、畳表・浮世臥座《ござ》商ふ店《みせ》あるゆゑにいふとも、または、風呂屋遊女の居たりしゆゑともいへり）。

かえで
日本橋
うをいち
魚市

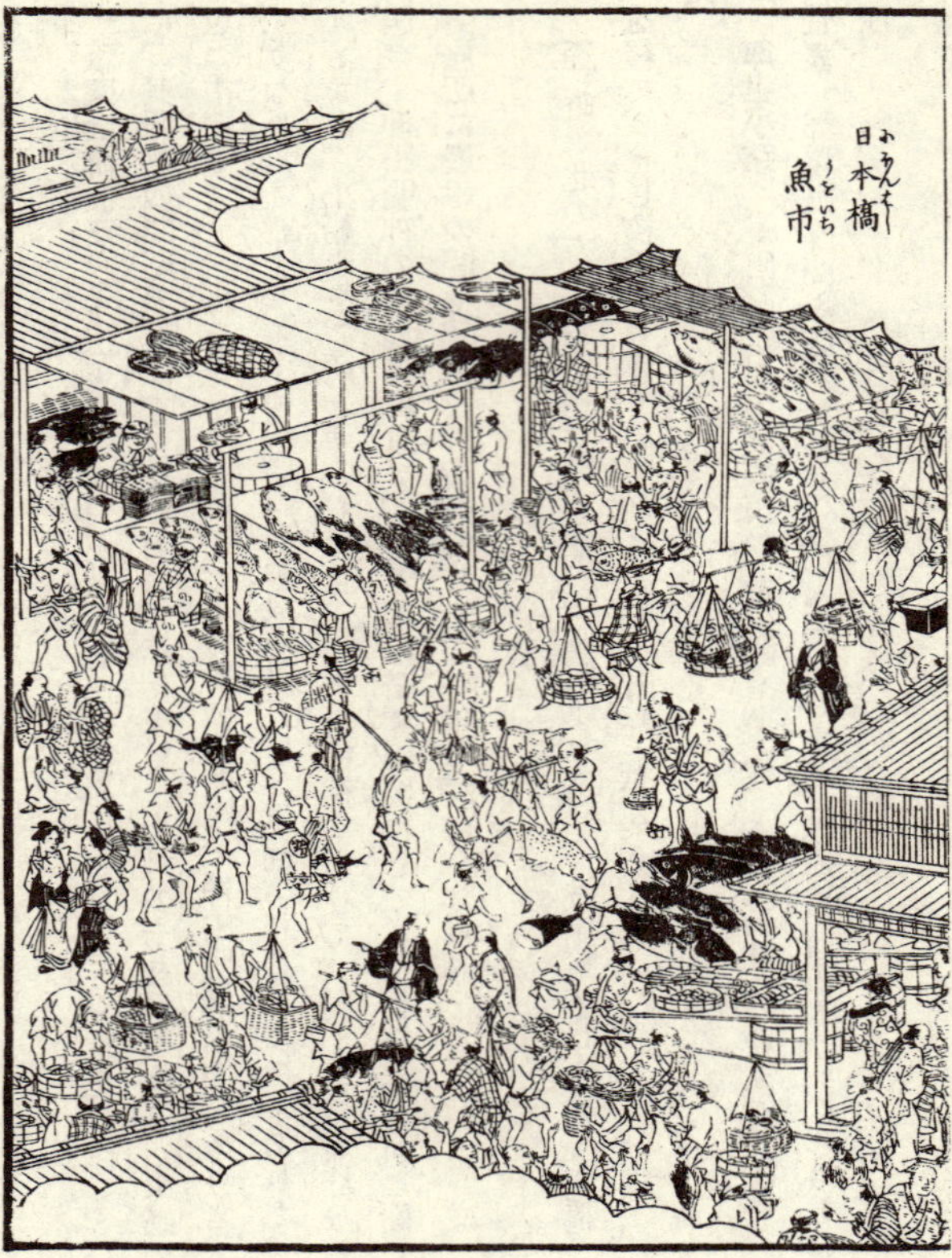

日本橋魚市

駿河町
三井呉服店舗

名ぞの
きるゝ
ともゝ
ぜん
石二の
山宝

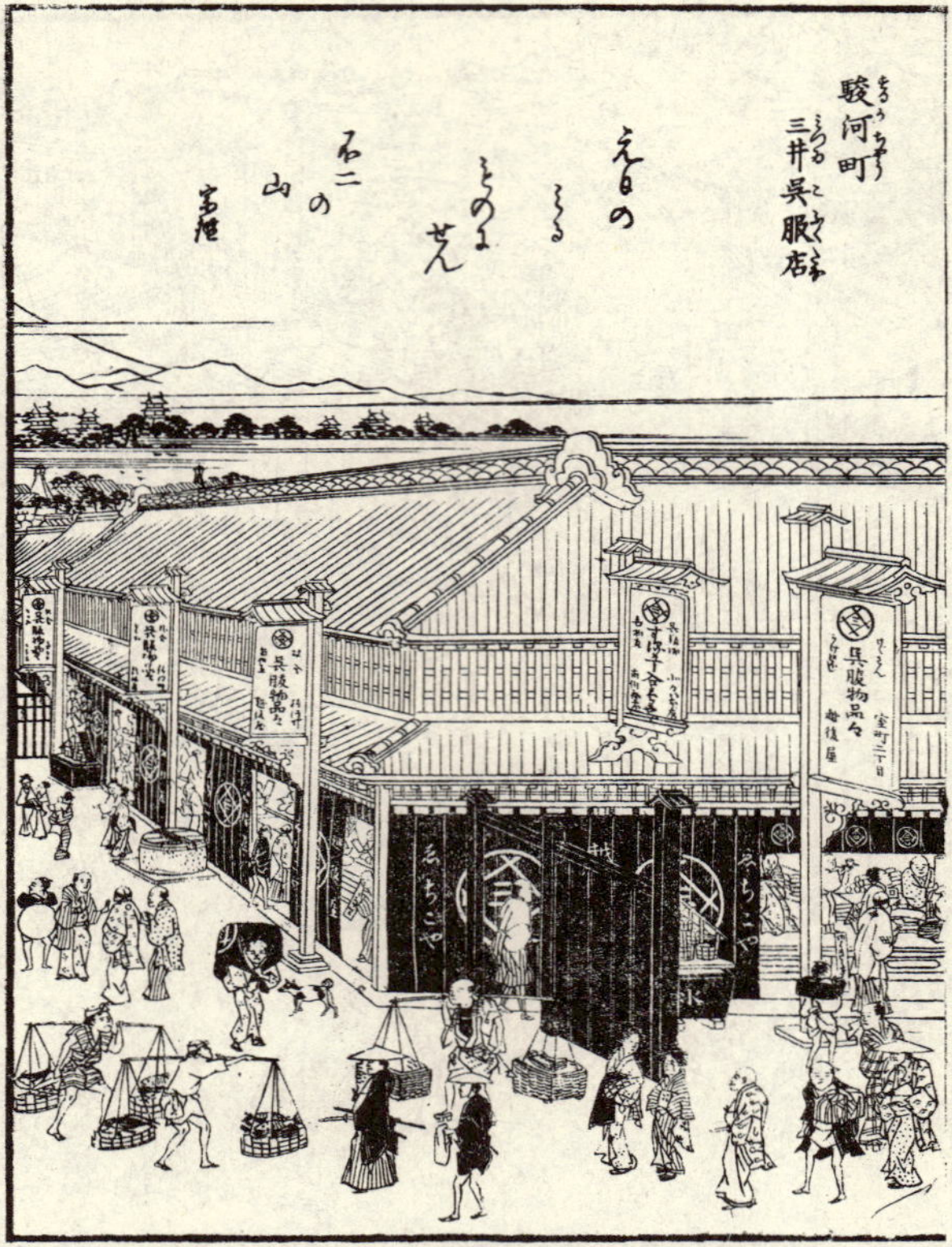

駿河町　三井呉服店　元日のみるものにせん不二の山　宗鑑

本町《ほんちやう》
薬種店《やくしゆだな》
壹番
貳番
参番
四番

本町　薬種店

大傳馬町
木綿店
丸屋
丸屋
丸屋
丸屋

大伝馬町　木綿店

祇園会　大伝馬町御旅所　『五元集』天王の御旅所を拝す　里の子の夜宮にいさむ鼓かな　其角

十軒店《じっけんだな》 本町《ほんちょう》と石町《こくちょう》の間の大通りをいふ。桃の佳節を待ち得ては、大裡雛《だいりびな》・裸人形・手道具等の鄽《みせ》、軒端《のきば》を並べたり。端午《たんご》には、冑《かぶと》人形・菖蒲《しょうぶ》刀ここに市を立てて、その賑《にぎ》はひ、をさをさ弥生《やよい》の雛市《ひないち》におとらず。また、年の暮れに至れば、春を迎ふる破魔弓《はまゆみ》・手毬《てまり》・破胡板《はごいた》を商ふ。ともに、その市の繁昌、言語《げんぎょ》に述べ尽くすべからず、実に太平の美ともいはんかし(その余、尾張町《おわりちょう》・浅草茅町《かやちょう》・池《いけ》の端仲町《はたなかちょう》・麹町《こうじまち》・駒込《こまごみ》などにも雛市あれども、このところの市にはしかず)。

時《とき》の鐘《かね》 石町《こくちょう》三丁目の小路《こうじ》にあり。辻源七《つじげんしち》といへる者これを役《やく》す。この鐘、初めは御城内にありしとなり(その余、都城の繞《めぐ》りにありて、候時《こうじ》を報ずるもの、すべて八ケ所なり。いはゆる、浅草寺《せんそうじ》・本所横川町《ほんじよよこかわちょう》・上野・芝切通《しばきりとおし》・市谷八幡《いちがやはちまん》・目白不動《めじろふどう》・赤坂田町《あかさかたまちじょうまんじ》成満寺・四谷《よつや》天竜寺《てんりゅうじ》等なり)。

銘に曰く、「宝永辛卯〔一七一一〕四月中浣〔中旬〕鋳物御大工椎名伊予・藤原重休」。

按《あん》ずるに、宝永七年〔一七一〇〕十二月十九日、誓願寺《せいがんじ》前より出火し、石町のあたり焼亡す。その頃この鐘も焼けたりしゆゑに、翌《あく》る宝永八年、鋳直《い》されしなり。

福田村《ふくだむら》の旧跡 本石町《ほんこくちょう》一、二町・本銀町《ほんしろがねちょう》一、二町の辺り、その旧跡なりといひ伝ふ(大

小舟町《こふなちやう》
祇園會《ぎをんゑ》
御旅所《おたびしよ》
天王御祭禮
天王御祭禮

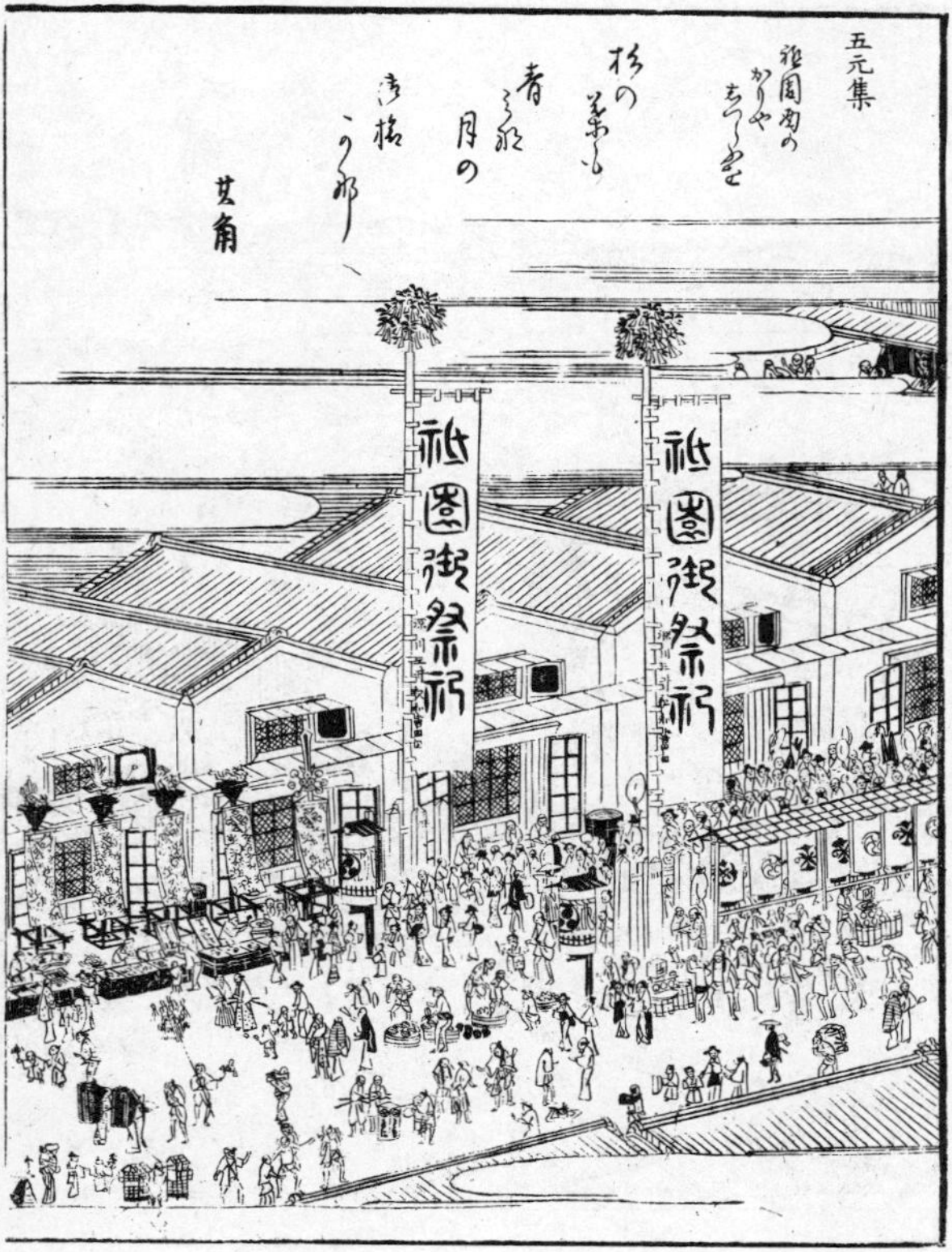

小舟町　祇園会御旅所　『五元集』祇園酉のかりやしつらふを　杉の葉も青みな月の御旅かな　其角

堀留《ほりとめ》

堀留

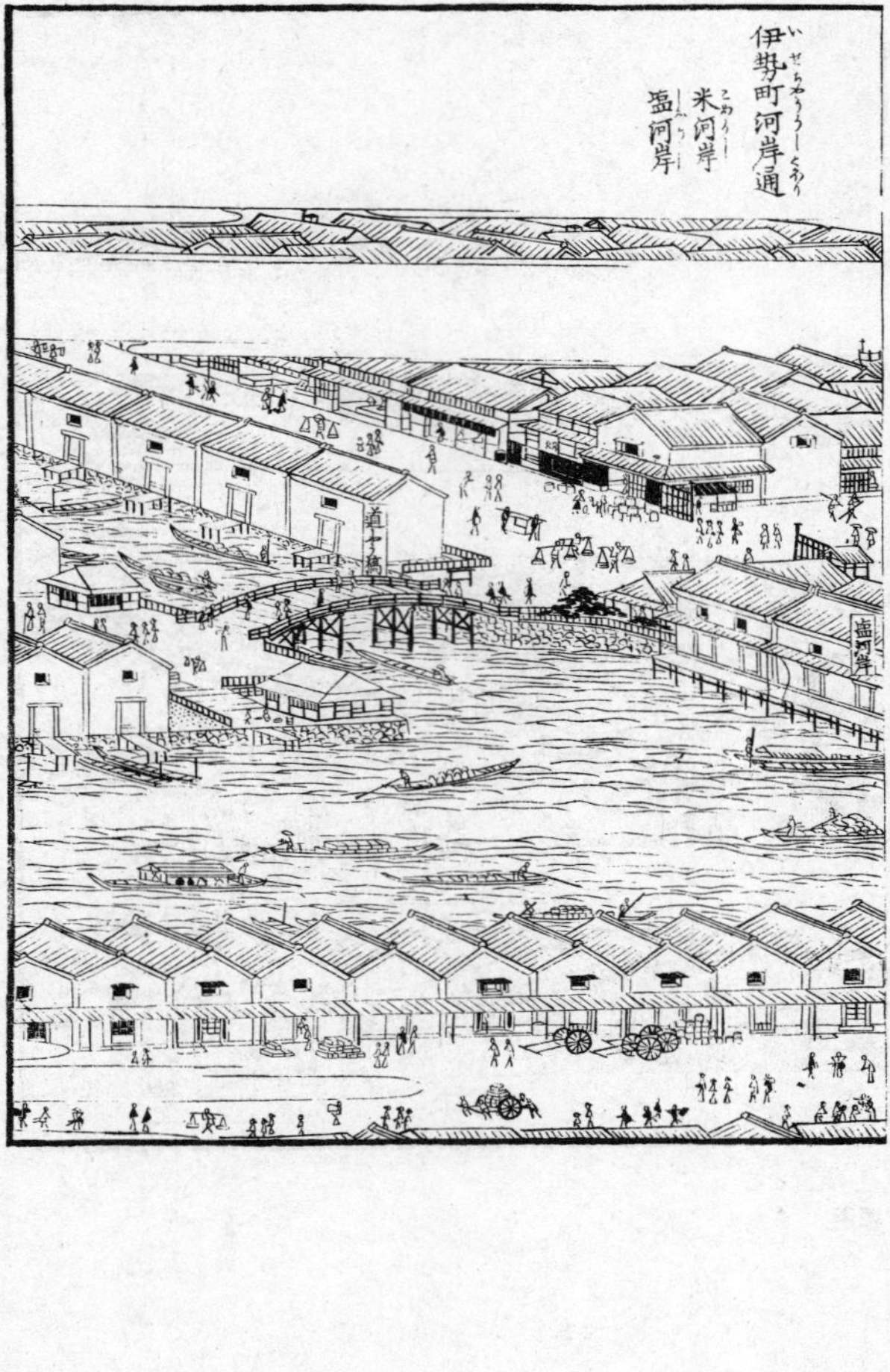
伊勢町河岸通《いせちやうかしとふり》
米河岸《こめかし》
塩河岸《しほかし》
塩河岸

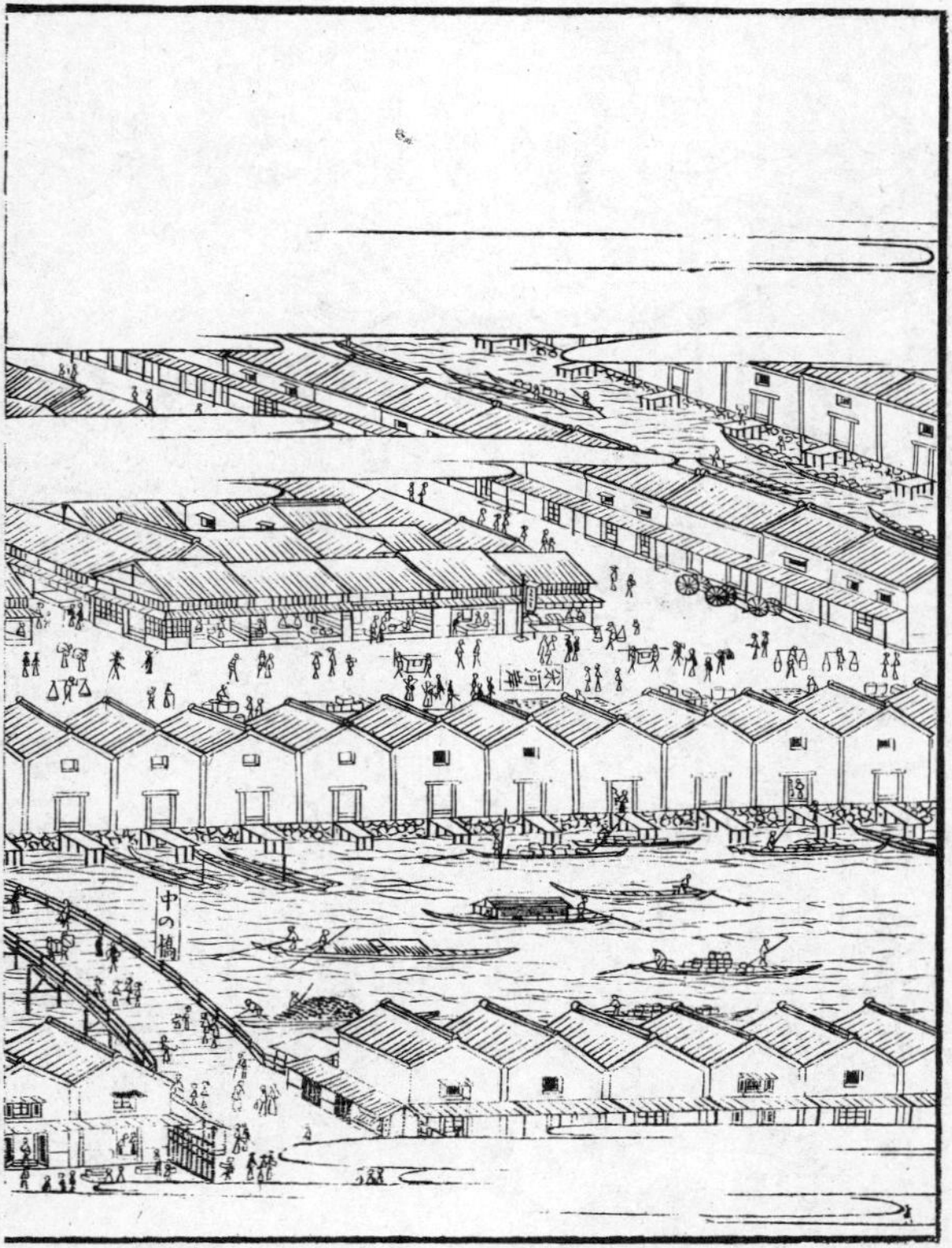

伊勢町河岸通　米河岸・塩河岸

十軒店《じつけんだな》雛市《ひないち》
内裏雛
人形天皇の
御宇とかや
芭蕉

十軒店雛市　内裏雛人形天皇の御宇かとよ　芭蕉

久保主水《もんど》屋敷内に、福田稲荷《いなり》と称する宮居あり。むかし福田村といひし頃の鎮守なり。いま、本銀町一丁目に白旗《しらはた》稲荷とて、三宝院派《さんぼういんは》大寿院《だいじゆいん》もちの宮は、おのづから別なり)。

千代田村《ちよだむら》の旧跡　鉄炮町《てつぽうちよう》のあたり、昔の千代田村なりといへり(いま、小伝馬町《こでんまちよう》の裏の小路《こうじ》に、千代田稲荷といふ小社《こみや》あり。相殿に諏訪《すわ》明神を勧請《かんじよう》す。この地の里正宮辺《なぬしみやなべ》某《それがし》、昔忍《しのぶ》が岡《おか》の麓より、宅地に移すとなり。霊験奇瑞《れいげんきずい》すこぶる多しといへり。ある人いふ、この宮は、寛正〔一四六〇―六六〕中、太田道灌〔一四三二―八六〕の弟千代田若狭守《わかさのかみ》の勧請なるゆゑに、この名ありと。されども、道灌に若狭守といへる同胞《はらから》あることを考へず。また、系図にもこの名見えず)。

本銀町《ほんしろがねちよう》の封疆《どて》　明暦年間〔一六五五―五八〕火災を除かしめんがために、これを築《つ》かしむ(いま、霊巌島《れいがんじま》に、銀町および塩町《しおちよう》と号くる町屋あるは、このところより引きたるなり)。いまは同所二丁目、三丁目の辺り、わづかにその形を残せり(延宝八年〔一六八〇〕の江戸絵図に、銀町一丁目より大門《おおもん》通りのところまで、石垣の土手をしるして、松の並木を画《えが》けり。『紫の一本《ひともと》』〔戸田茂睡、一六八三〕といへる冊子に、「一本松や六本松、白銀町には八丁つづいたまつばら越えて、とうたひし」と云々)。

今川橋《いまがわばし》　本銀町《ほんしろがねちょう》の大通りより元乗物町《もとのりものちょう》へ渡る橋をいふ。この堀を神田堀《かんだぼり》と号《なつ》く。元禄《げんろく》四年辛未〔一六九一〕掘り割りたりとぞ。その頃この地の里正《なぬし》を今川某《それがし》といひければ、すぐに橋の号《な》に呼びけるといふ。いま、この橋詰の左右に陶器鄽《せとものだな》あり。また、この北詰の西の河岸《かし》を、主水《もんど》河岸と字《あざな》す。御菓子司《づかさ》、大久保主水の宅あるゆゑにしかいへり。宅の前に井あり。主水《もんど》の井といふ。昔は御茶《おんちゃ》の水にも、めさせられしとなり（『再校江府《えふ》名跡志』〔『再校江戸砂子』一七七二〕に、一石橋《いちこくばし》の北の橋詰に大久保主水が亭あり。寛永〔一六二四―四四〕の頃、大樹〔将軍家光〕、御船にてかの地を通らせたまふ頃、主水の宅を問はせたまひ、また、半井卜養《なからいぼくよう》〔一六〇七―七八。幕医・狂歌師〕に一首仕るべき由《よし》仰せ事ありければ、卜養とりあへず、「大橋を通らぬみこも通れかし主水が餅《もち》を口によせばや」と申し上げけるとなり。ただし、その家の伝ふるところ、いかなるやしらず）。

神田明神《かんだみょうじん》の旧地　神田橋の内、一橋御館《ひとつばしおんやかた》〔徳川宗尹邸、一七四〇築〕のうちにありて、御手洗《みたらし》などいまなほ存すとなり（隔年九月十五日、祭礼のときは、神輿《しんよ》をここに渡し奉りて、奉幣の式あり）。この辺り、旧名《きゅうみょう》を芝崎村《しばざきむら》といふ（小田原北条家の古文書に、太田大膳亮《だいぜんのすけ》所領のうちに、江戸芝崎一跡といふ名を注せり）。その昔は、浅草の日輪寺《にちりんじ》も芝崎道場《しばざきどうじょう》といひ

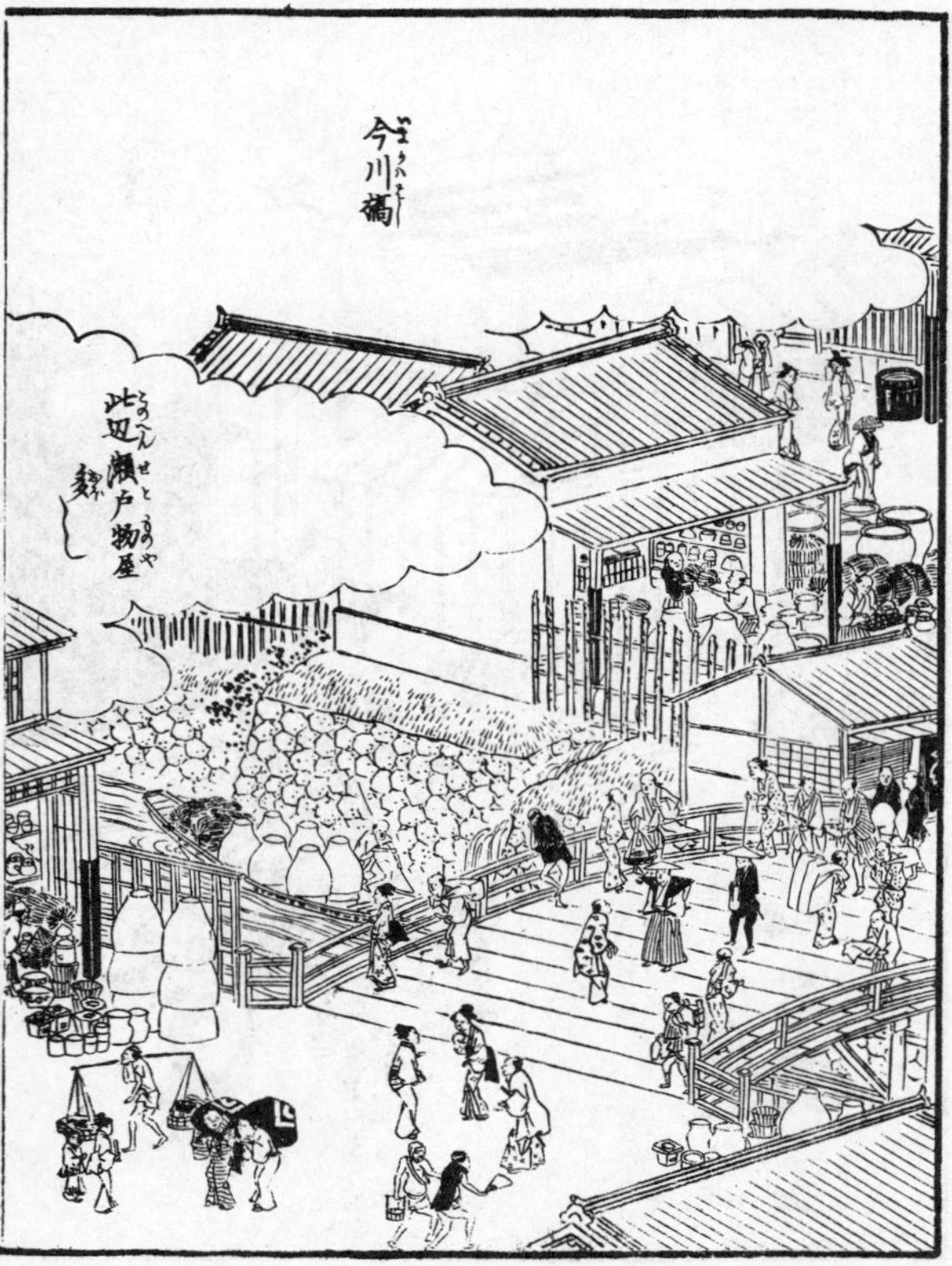

今川橋　この辺瀬戸物屋多し。

主水の井

て、このところにありしなり。また、神田と号《なづ》くることは、伝へいふ、往古《そのかみ》諸国、伊勢大神宮へ新稲《にいいね》を奉るゆゑに、国中その稲を植うるの地ありて、これを神田《かんだ》あるひは神田・御田《みとしろ》と唱へしとなり。この地は、当国の神田《しんでん》なりしゆゑ、大己貴命《おおあなむちのみこと》は五穀の神《しん》なればとて、ここに斎《いつきまつ》りて神田明神と号《なづ》け奉りしとぞ。

神田橋《かんだばし》 大手より神田への出口に架《わた》す御門あり。昔、この地に土井《どい》大炊侯《おおいこう》の第宅《ていたく》ありしゆゑに、また、大炊殿橋《おおいどのばし》とも号したるとなり（『事跡合考《じせきがっこう》』〔柏崎具元、一八世紀中頃〕に云《いわ》く、「昔は神田橋の外に茅商人《かやあきんど》あまた住す。いまの八丁堀《はっちょうぼり》の茅場町《かやばちょう》これなり。また、その後《のち》、本所《ほん》《じょ》にも遷さるる。いま本所の茅場町といふは、このゆゑなり」と云々）。この御門の外の町を、すべて神田と号《なづ》く。

護持院《ごじいん》の旧地 神田橋と一橋《ひとつばし》との間、御溝《おんほり》の外の芝生をいふ。このところは、大塚護持院《おおつかごじいん》の旧址《きゅうし》なり（元禄年間〔一六八八―一七〇四〕、柳原《やなぎはら》の南にありし知足院《ちそくいん》を引きて、護持院と号《なづ》けられ、殿堂御建立《こんりゅう》ありしが、享保回禄〔一七二〇年の大火〕の後、大塚《おおつか》の地へ移され、後明地《あきち》となる）。林泉《りんせん》の形残りてすこぶる佳景なり。夏秋《かしゅう》の間は、これを開かせられ、都下の人ここに遊ぶことをゆるさる。冬春《とうしゅん》の間は、ときとして大将軍家ここに御遊猟《ごゆうりょう》あり。ゆゑに、このところを新駒《しんこま》が原とも唱ふるとなり。世俗は護持院の原と呼べり。

菰が淵《まこもふち》 元飯田町《もといいだまち》の東の入堀《いりほり》を、しか号《なつ》く。蟋蟀橋《きりぎりすばし》といふは、同所北の方の小溝《こみぞ》に架《わた》す石橋《いしばし》の号なり。また、小川町《おがわまち》より九段坂《くだんざか》へ向かふところの橋を、いま、魚板橋《まないたばし》と唱ふ（また、俎橋《まないたばし》に作る）。されど、その所以《ゆえん》をしらず（『江戸名勝志』〔藤原之廉、一七三三〕に、この川を飯田川といふとしるせり）。世継稲荷《よつぎいなり》は、飯田町の中坂《なかざか》にあり。文安〔一四四四―四九〕の頃より、この地に鎮座ありし、といひ伝ふ（南向亭〔酒井忠昌、一八世紀中頃〕云《いわ》く、天正〔一五七三―九二〕の始め、いまだ御廓《おんくるわ》の結構、出で来ざる先は、雉子橋《きじばし》の外、北の方の柊木坂《ひいらぎざか》の下まで入江にて、その頃は、市谷長円寺谷《いちがやちようえんじだに》に大沼ありて、いまの揚場町《あげばちょう》、昔は船河原《ふなかわら》といふ、その船河原の辺《へん》を、かの沼水流れて、この入堀のところへ続きしとぞ。また、小石川根木《ねこ》俣橋《またばし》の下の水流も、三崎《みさき》稲荷の辺より小川町を経て、一橋《ひとつばし》より少し東南へよりて、流れけると云々）。

按《あん》ずるに、かく小川二筋まで流るる地ゆゑに、後世、小川町の号起《な》こるならんか。いま、松平讃岐《さぬき》侯〔高松藩主〕の南の方《かた》の小溝の石橋を、袖摺橋《そですりばし》と唱へたるも、小石川の水流の旧跡なりといへり。

『関東古戦録』 太田道灌〔一四三二―八六〕江戸城にありし頃、眺望の和歌とて

下駄新道　神田鍛冶町の西の裏通りなり。『七十一番職人歌合』のなかに月をよめる。足駄作　山風の落ちくる露のふる足駄かたはれ月は木の間なりけり　親長卿

鎌倉町《かまくらちやう》
豊島屋《としまや》酒店《しゆてん》
白酒《しろざけ》を
商《あきな》ふ
図《づ》

鎌倉町豊島屋酒店、白酒を商ふ図　例年二月の末、鎌倉町豊島屋の酒店において雛祭の白酒を商ふ。これを求めんとて遠近の輩、黎明より肆前に市をなして賑はへり。

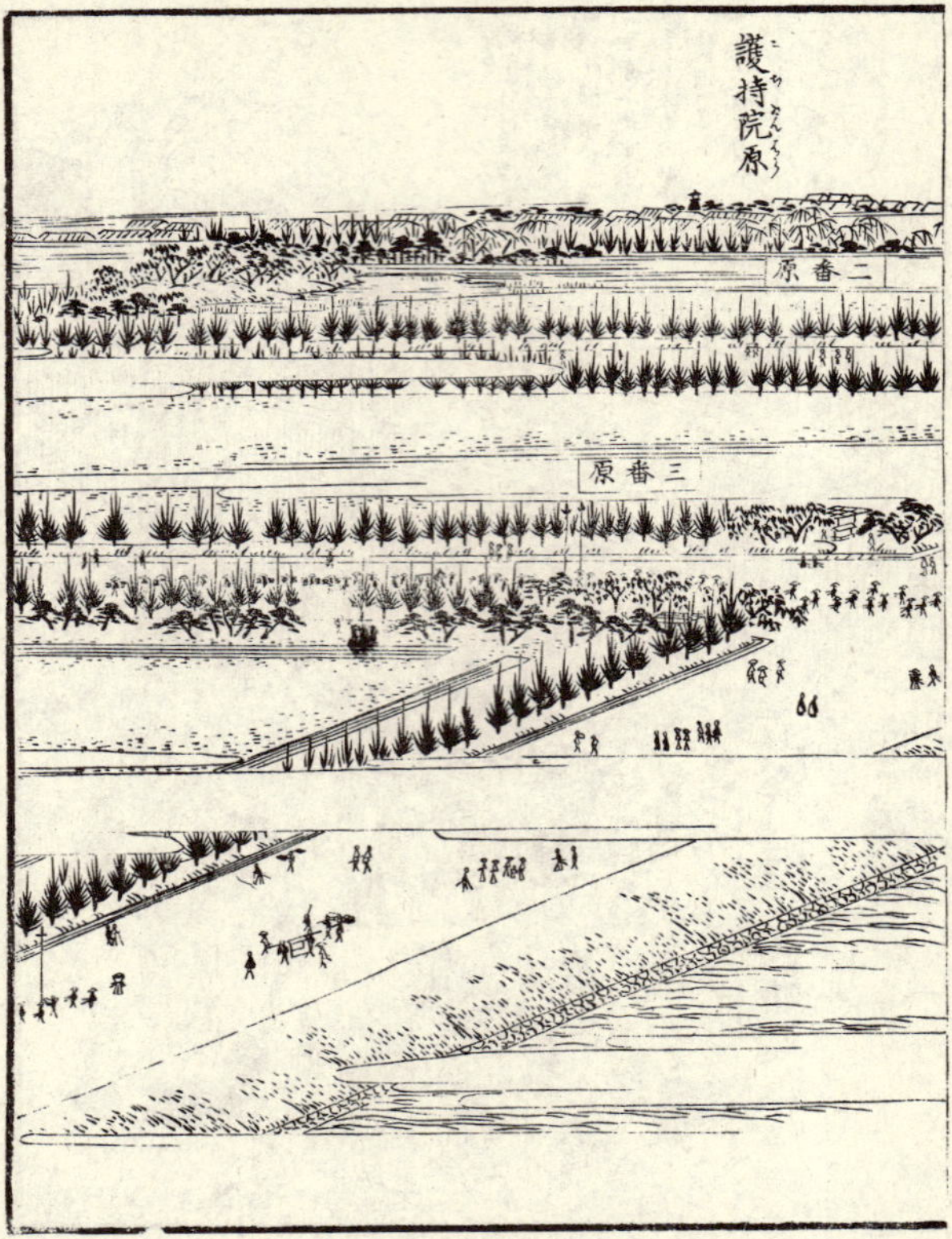

護持院原《こぢゐんはら》
二番原
三番原

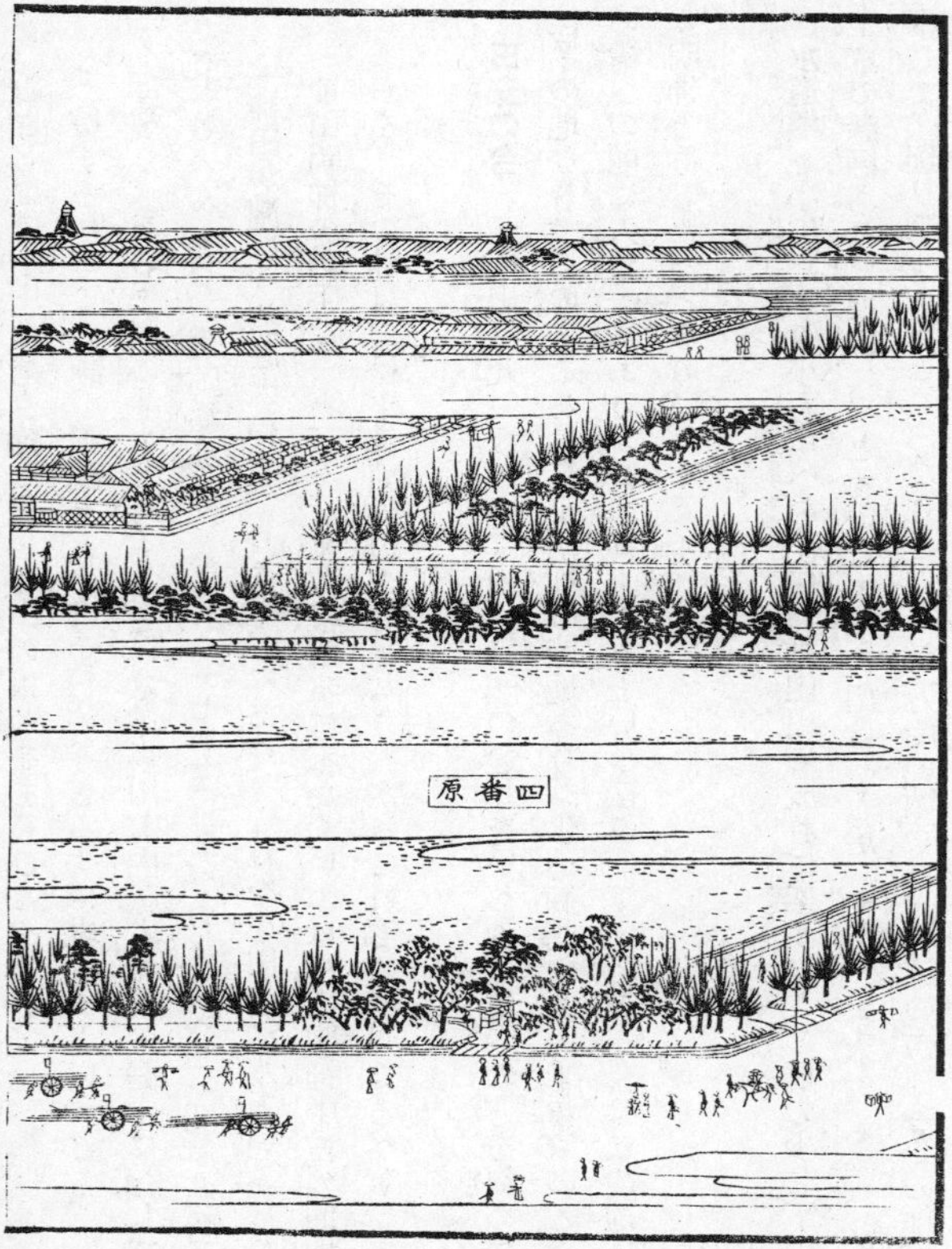

護持院原

むさしのの小川の清水《しみず》絶えずして岸の根芹《ねせり》をあらひこそすれ

按ずるに、この詠、風調ととのはずして、しるすに堪へずといへども、しばらくここに挙ぐ。その小川の清水と号くるものは、小川町内藤大和《やまと》侯の庭中に存して、神田が淵ともいふよし、菊岡沾涼《きくおかせんりょう》〔一六八〇―一七四七。俳人〕の説なり。『江戸名勝志』に云《いわ》く、「神田が淵は、内藤大和守やしきの内にあり。これを小川の清水といふなり。すなはち神田明神の御手洗《みたらし》」と云々。また按ずるに、かくいふは神田明神中古《ちゅうこ》の旧地をいへるならん。その地は、松平備前侯のやしきなり。かれこれ混雑せしなるべし。

田安《たやす》の台《だい》 元飯田町《もといいだまち》九段坂《くだんざか》の上、田安御門の辺りをいへり。東南の方《かた》を斜《なな》めに見下ろして、佳景《かけい》の地なり。このところに築土《つくど》明神の旧地あり、牛込《うしごめ》御門の内、米倉《よねくら》家のところなり。この構《かま》への前に大榎一株《おおえのきいっちゅう》あり。昔の神木なりといひ伝ふ。築土明神、昔はこの地にありて、田安明神と称したるとなり。

水道橋《すいどうばし》 小川町《おがわまち》より小石川《こいしかわ》への出口、神田川の流れに架《わた》す。この橋の少し下の方《かた》に、神田上水《じょうすい》の懸樋《かけとい》あり、ゆゑに号《な》とす（この下《しも》の川は、万治〔一六五八―六一〕の頃、仙台侯鈞命《きんめい》を奉じて、掘り割らるるところなりといふ）。万治の頃まで、駒込《こまごみ》の吉祥寺《きちじょうじ》この地にあり。その表門の通りにありしとて、この橋の旧名を吉祥寺橋ともいへり。三崎稲荷《みさきいなり》は同じ西の方、土《ど》堤《て》に傍《そ》ひてあり。この社《やしろ》あるゆゑ、南の街《ちまた》を稲荷小路《いなりこうじ》と号《なづ》く（社記に云《いわ》く、当社は上古の勧請《かんじょう》にて、年代詳《つまび》らかならず。近くは天文七年〔一五三八〕、小田原北条氏綱《うじつな》〔一四八七―一五四一〕の造営たりと。またいふ、この地は昔、三崎村《みさきむら》といひけるとぞ。よって三崎稲荷とも称す）。

駿河台《するがだい》　昔は神田の台といふ。このところより富士峰《ふじほう》を望むに、掌上《しょうじょう》に視《み》るがごとし。ゆゑに、この名ありといへり（一説に、昔、駿府御城《すんぷおんしろ》御在番の衆に賜はりし地なるゆゑに、号とすといへども、証としがたし）。

筋違橋《すじかいばし》　須田町《すだちょう》より下谷《したや》への出口にして、神田川に架《わた》す。御門ありて、このところにも御高札を建てらる。この前の大路を八ツ小路《こうじ》の辻《つじ》と字《あざな》す。昌平橋《しょうへいばし》は、これより西の方《かた》に並ぶ。湯島《ゆしま》の地に聖堂《せいどう》御造営ありしより、魯《ろ》の昌平郷《しょうへいきょう》に比して号《なづ》けられしとなり。初めは相生橋《あいおいばし》、あたらし橋、また、芋洗橋《いもあらいばし》とも号したるよしいへり。太田姫稲荷《おおたひめいなり》の祠《ほこら》は、この地淡路坂《あわじざか》の上にあり。旧名を一口稲荷《いもあらいいなり》と称す（社記は『拾遺《しゅうい》名所図会』〔『江戸名所図会拾遺』未刊〕に詳《つまび》らかなり）。また、東に柳森稲荷《やなぎのもりいなり》社あり（ならびに『拾遺』にこれを載す）。

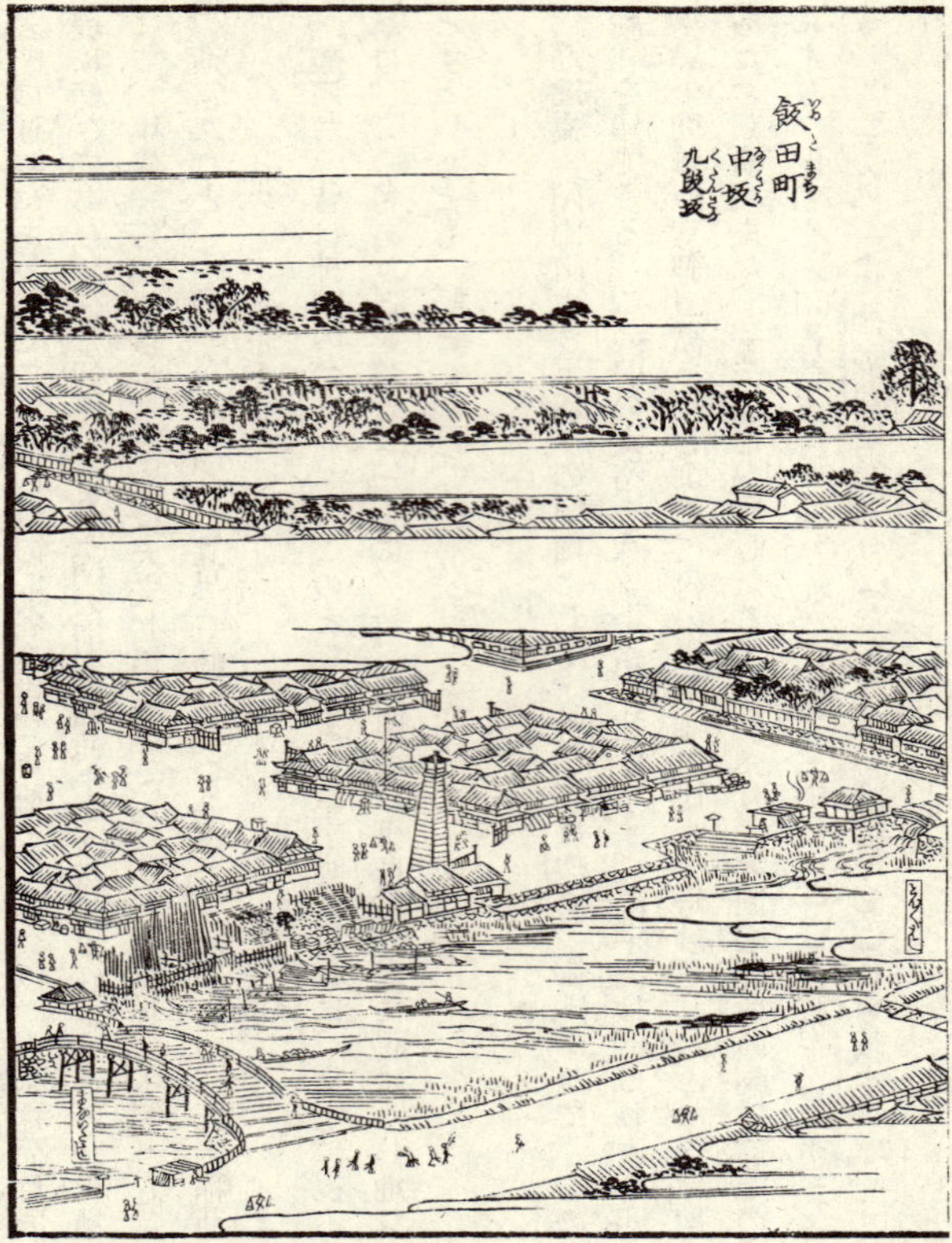
飯田町
中坂
九段坂

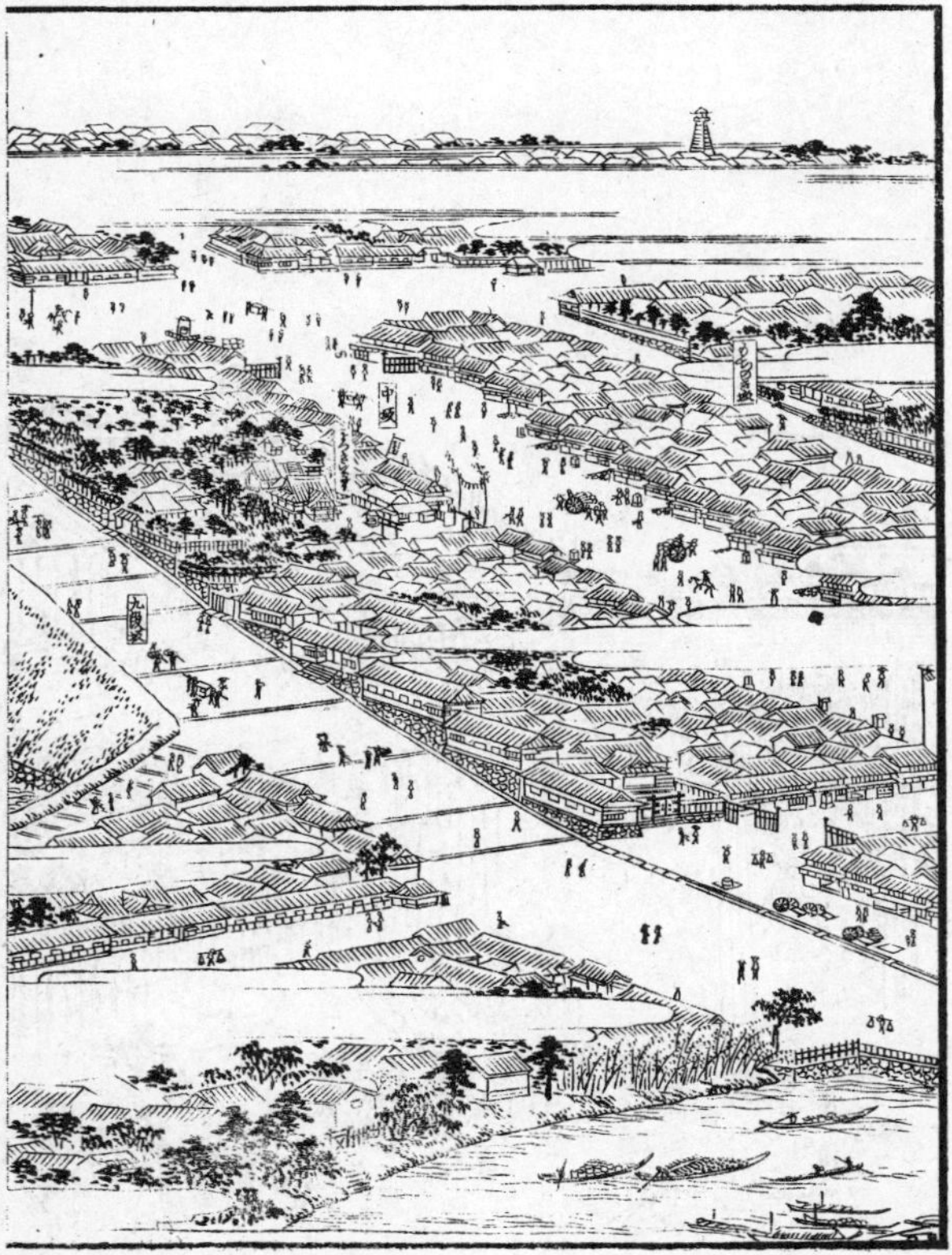

飯田町　中坂・九段坂

御茶《おちや》の水《みづ》
水道橋《すゐどうばし》
神田上水懸樋《かんだじやうすゐかけひ》

御茶の水　水道橋　神田上水懸樋《かけとい》

本社

三崎稲荷社

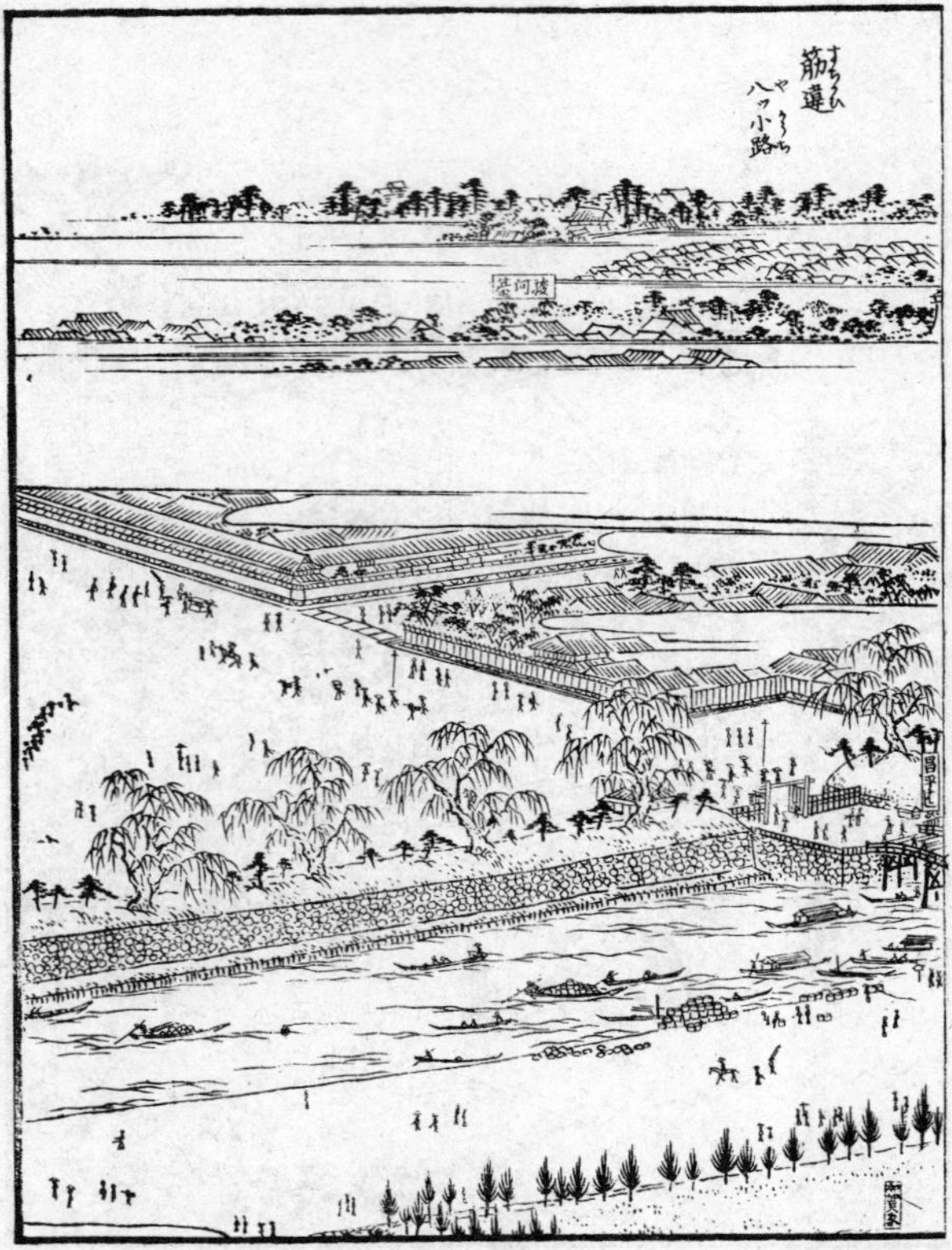
筋違《すぢかひ》八ツ小路《やつこうぢ》
駿河臺

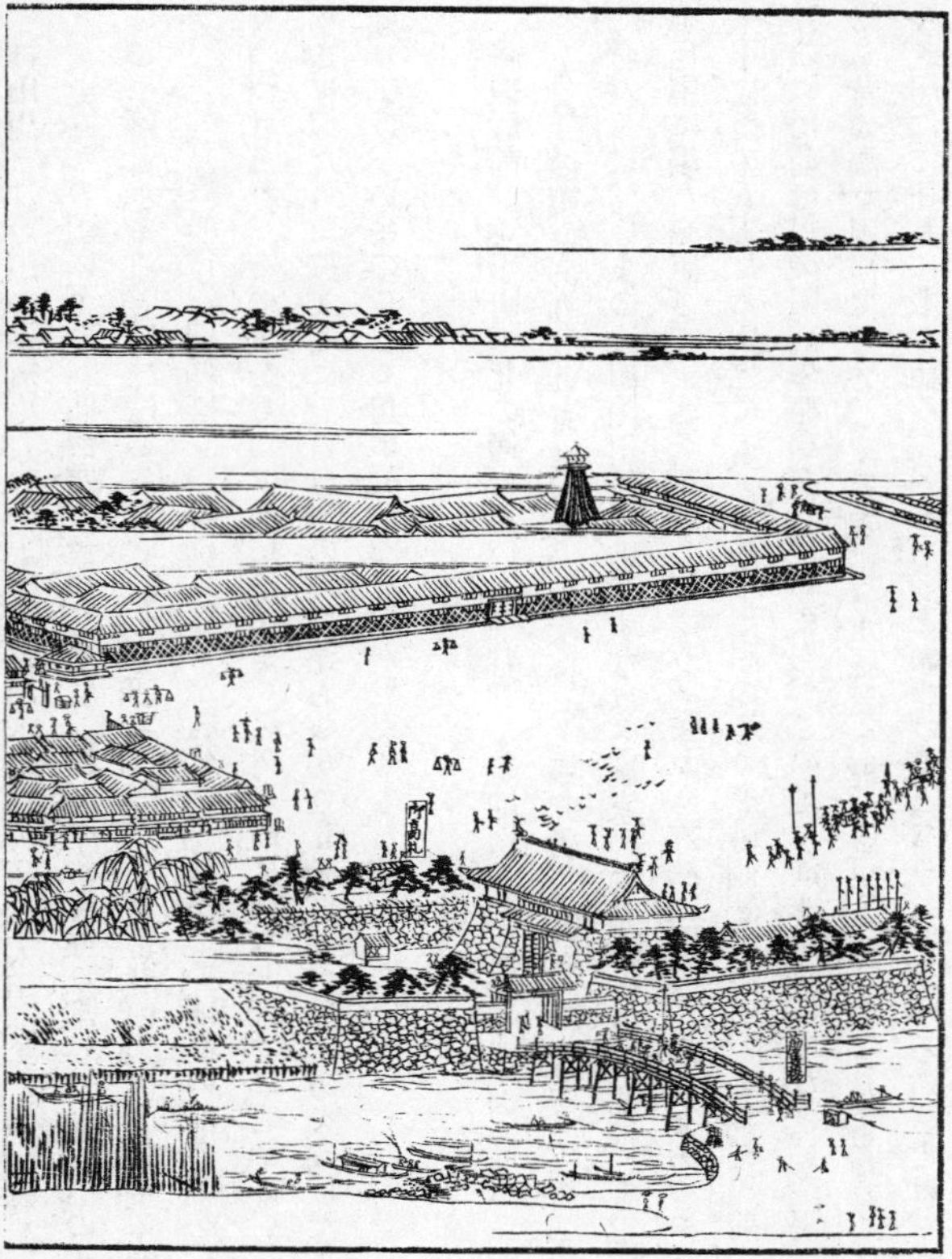

筋違　八ツ小路

神田川《かんだがわ》　江戸川の下流にして、湯島聖堂《ゆしませいどう》の下を東へ流れ大川に入る。明暦より万治〔一六五五—六一〕の頃に至り、仙台侯、台命《たいめい》を奉じ、湯島の台を掘り割り、小石川の水をはじめてここに落とさるるといひ伝ふるは、少しく誤るに似たり。古老の説に、慶長年間〔一五九六—一六一五〕、駿河台《するがだい》の地闢《ひら》けしときに至り、水府公《すいふこう》〔水戸藩主〕の藩邸の前の堀を、浅草川へ掘りつづけられ、その土をもって土堤《どて》を築き、内外の隔《へだ》てとなしたまふといふ。この説しかるべきに似たり（按《あん》ずるに、昔は舟の通ひ路もなかりしを、仙台侯、命をうけたまはられし頃、掘り広げ、いまのごとく舟の通ひ路を開かれたりしなるべし）。

丹後殿前《たんごどのまえ》　雉子町《きじちょう》の北の通りをいふ。昔、この地に、堀丹後守殿〔堀直寄、一五七七—一六三九。大名〕の第宅《ていたく》ありしゆゑに、しか唱へけるとぞ（寛永九年〔一六三二〕の江戸絵図によって考ふるに、いまの津田山州侯の地、すなはち堀家のやしきの跡なり）。その頃この辺りの風呂屋に湯女《ゆな》を置きて、客を招きしにより、また、六法組《ろっぽうぐみ》とて武夫《ぶふ》にもあらぬ壮年の侠夫《きょうふ》、大小立髪《たてがみ》の異風なる出立《いでたち》にて、この風呂屋の辺りを徘徊《はいかい》せしかば、これを丹前六法風《たんぜんろっぽうふう》と呼びける（丹前は丹後殿前の略語なり。いまも、この地に清水屋《しみずや》・梶川《かじかわ》などいふ湯屋あり。すなはち昔の湯女風呂《ゆなぶろ》にして、その頃は清水風呂・梶が風呂と称《とな》へたりしとなり）。後に、歌舞妓芝居にて狂言に取り組み、名も丹前《たんぜん》とよびけるとなり（いはゆる六法とは、神祇《じんぎ》組・鶺鴒《せきれい》組・白柄《しらつか》組・鉄棒《かなぼう》組・唐犬《とうけん》組・笊籬《ざる》組等《とう》なり)。

藍染川《あいそめがわ》　神田鍛冶町《かじちょう》の通りを横ぎりて、東の方《かた》へ流るる溝なり。里諺《りげん》に、一町ばかり上にて南北の水落ち合ひ、このところにて会流するゆゑに、逢初《あいそめ》といふの儀にとるといふ。また、紺屋町《こんやちょう》の辺りを流るるゆゑに、藍染川といふともいへり(この溝の端《はた》、鍛冶町の裏の小路に、養善院《ようぜんいん》といへる真言の庵室あり。本尊を頬《ほお》焼き薬師《やくし》と字《あざな》す。この本尊、昔、千葉助常胤《ちばのすけつねたね》(一一一八―一二〇一)の侍女に代はりて、みづから頬を焦《こ》がしたまふといひならはせり)。

於玉《おたま》が池《いけ》　旧名を桜が池といふ。いま、神田松枝町《まつえちょう》人家の後園に、於玉稲荷《おたまいなり》と称する小祠《こみや》あり。里諺《りげん》にいふ、於玉が霊を鎮《まつ》ると。その傍らに、少しく井のごとき形残れり。昔の池の余波《なごり》なりといへり(往古《そのかみ》は、大いなる池なりしが、江戸の繁昌にしたがひ、やうやくに湮滅《いんめつ》して、かくのごとしとなり)。里老《りろう》伝へいふ、昔、この地は奥州への通路にて、桜樹《さくら》あまた侍りけるところにありし池なるゆゑに、桜が池とよべりとぞ。その傍らの桜樹のもとに、玉といへる女出で居て、往来《ゆきき》の人に茶をすすむ。容色おほかたならざりければ、心とどめぬ旅人さへ、掛想《けそう》せぬはなかりきとなん。中頃、人がらも品形《しなかたち》もおなじさまなる男二人まで、かの女に心を通はせける。されば、切《せつ》なる方《かた》にと思へども、いづれ、おとりまさりもあらざり

藍染川

ければ、わが身のうへを思ひあつかひて、女はつひにこの池に身を投げてむなしくなりぬ。さながら津の国の求塚《もとめづか》の古事《ふること》（『万葉集』、うない処女の伝説）に似て、いともあはれなればとて、里民《りみん》うち寄りて、亡骸《なきがら》を池の辺《ほとり》に埋《うづ》み、しるしにとて柳を植ゑて、記念《かたみ》の柳とは号《なづ》けけると云々（その旧址、明暦の回禄〔一六五七年の大火〕に亡びぬるとぞ。いまは名のみを存せり。このゆゑに、お玉が池とは呼びならはせりとなん）。

弁慶橋《べんけいばし》　同所東の方、和泉橋《いずみばし》の通り、藍染川《あいそめがわ》の下流に架《わた》す。その始め、御大工棟梁《とうりよう》弁慶《べんけい》小左衛門といへる人の工夫《くふう》によりて、懸けはじめしといへり。この地の形に応じ、衢《ちまた》を横切りて筋替《すじか》へにかくる、もつとも奇なり。

柳原《やなぎはら》の封疆《どて》　筋違橋《すじかいばし》より浅草橋《あさくさばし》へ続く。その間、長さおよそ十町

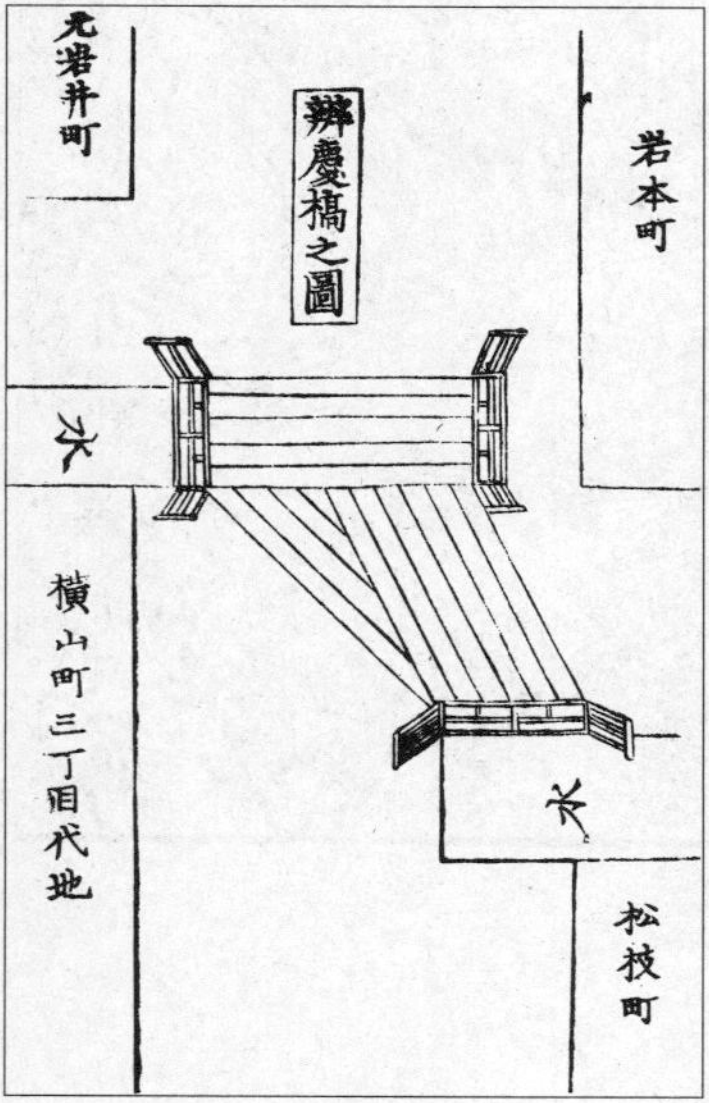

於玉《おたま》ヶ池《いけ》の古事

於玉が池の古事

弁慶橋

ばかりあり。享保年間〔一七一六―三六〕、このところの堤《つつみ》にことごとく柳を栽《う》ゑさせらる（寛永十一年〔一六三四〕の江戸絵図には柳堤《やなぎづつみ》とあり）。堤の外は神田川なり。また、この堤の下に、柳森稲荷《やなぎのもりいなり》と称する叢祠《そうし》あり。ゆゑに、この地を稲荷河岸《いなりがし》と呼べり（昔は、神田川の隔てもなく、この川の南北ともに、おしなべて柳原といひし広原《こうげん》なりしとなり）。

馬場《ばば》　馬喰町《ばくろうちょう》三丁目の西北の裏通りにあり。江戸馬場のうち、もっとも古し。慶長五年〔一六〇〇〕関が原御陣《ごじん》のとき、御馬揃《おんうまぞろ》へありしところなりといひ伝ふ。御馬工郎《おんばくろう》高木源兵衛《げんびょうえ》、これを預り奉る（この地を馬喰町といふも、この御由緒によりてなり。昔は、富田半七《とみたはんしち》と高木源兵衛と両人なりしとぞ。寛永二十年〔一六四三〕開板の『あづまめぐり』といへる草紙に、「末は馬喰町とかや、侍あまたうちつれて、ここにくり毛の馬もあり。あるいは、月毛《つきげ》、鹿毛《かげ》、かすげ、みなせ

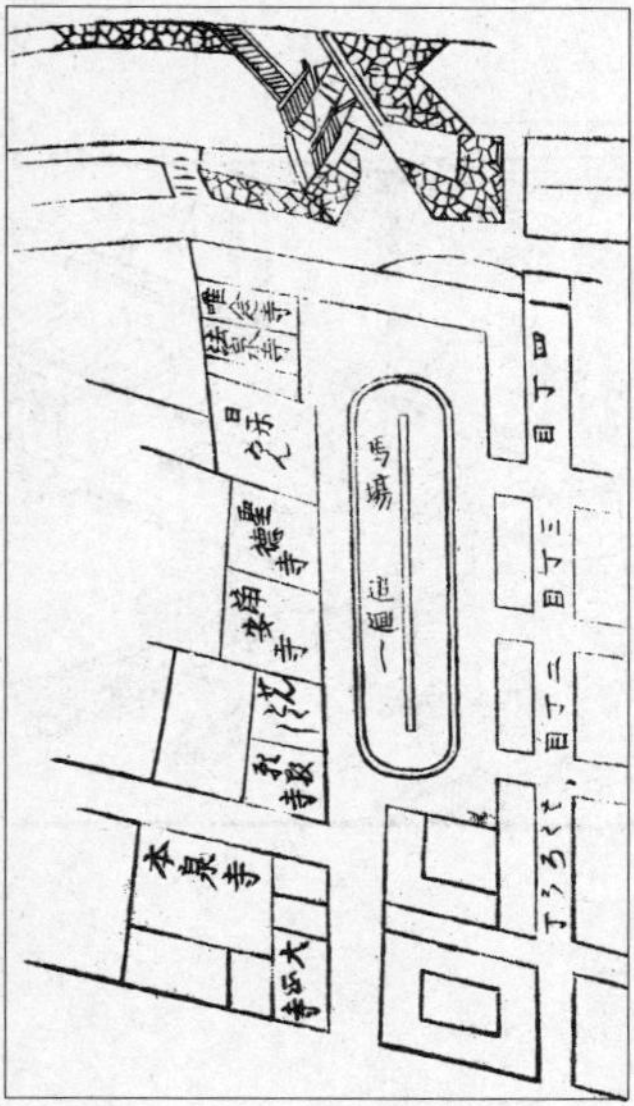

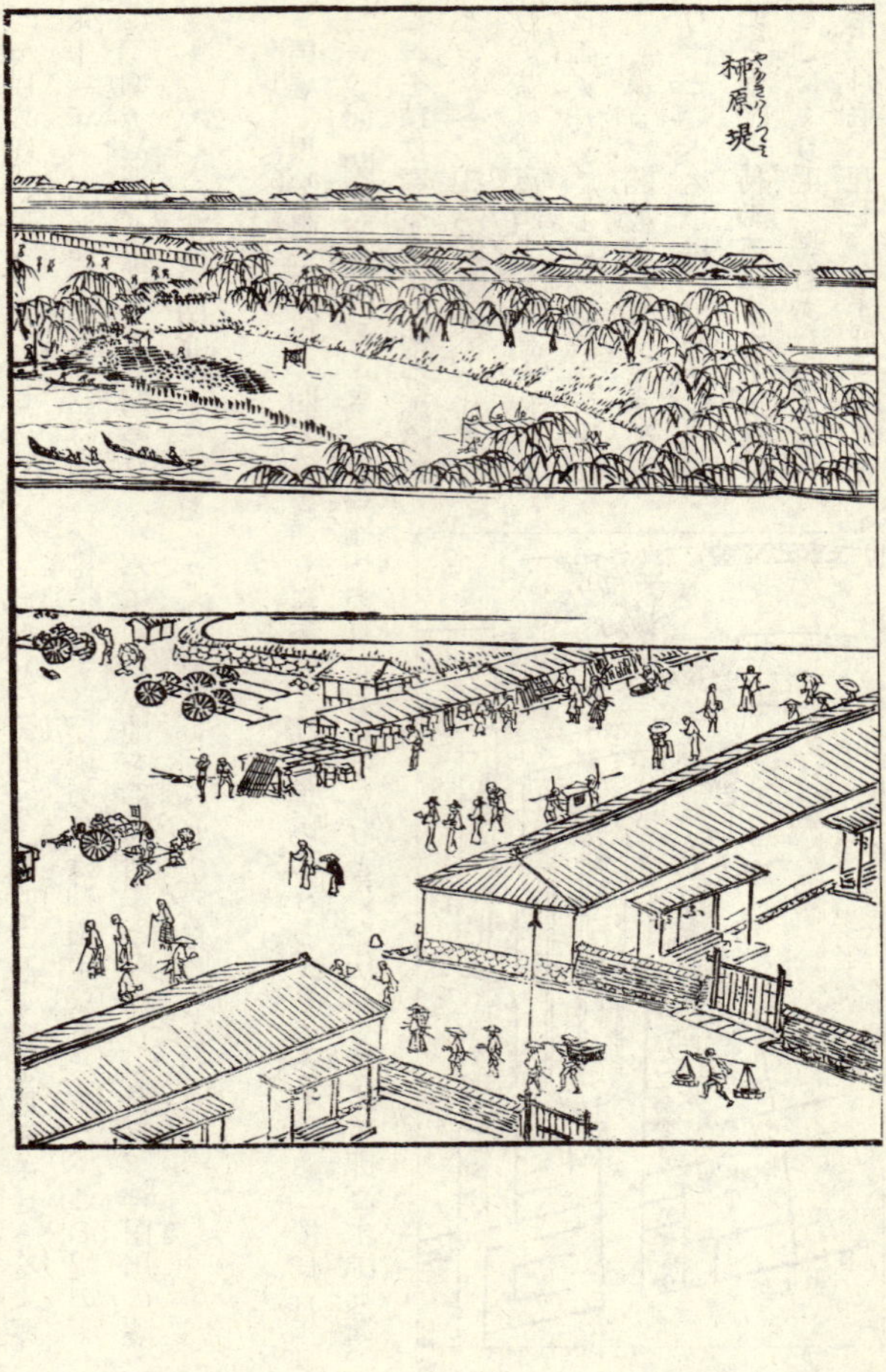
柳原堤《やなぎはらつゝみ》

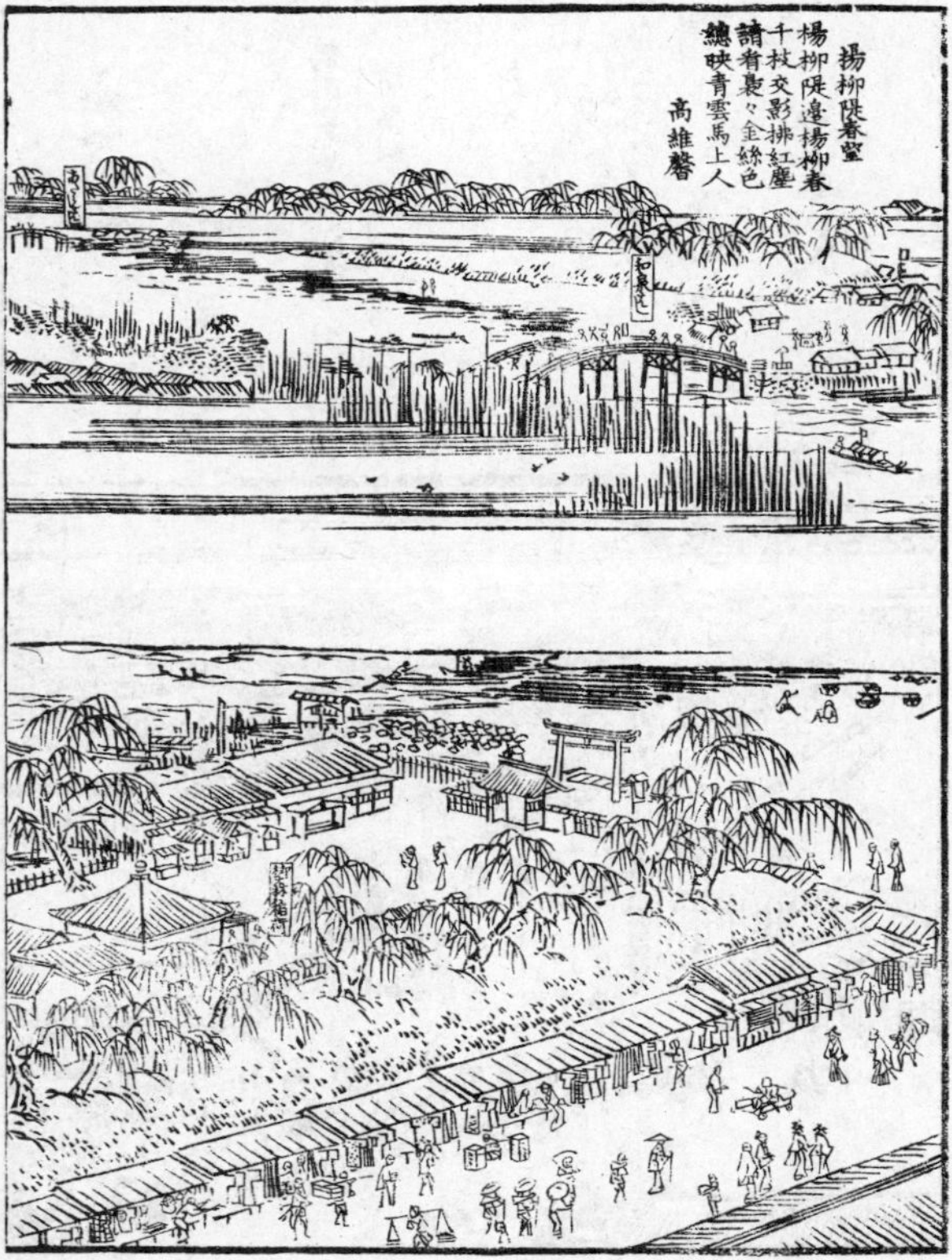

柳原堤　楊柳隄春望　楊柳隄辺楊柳の春／千枝影を交へ紅塵を払ふ／請ふ看よ裊々金糸の色／総て青雲に映ず馬上の人　高維馨〔高野蘭亭〕

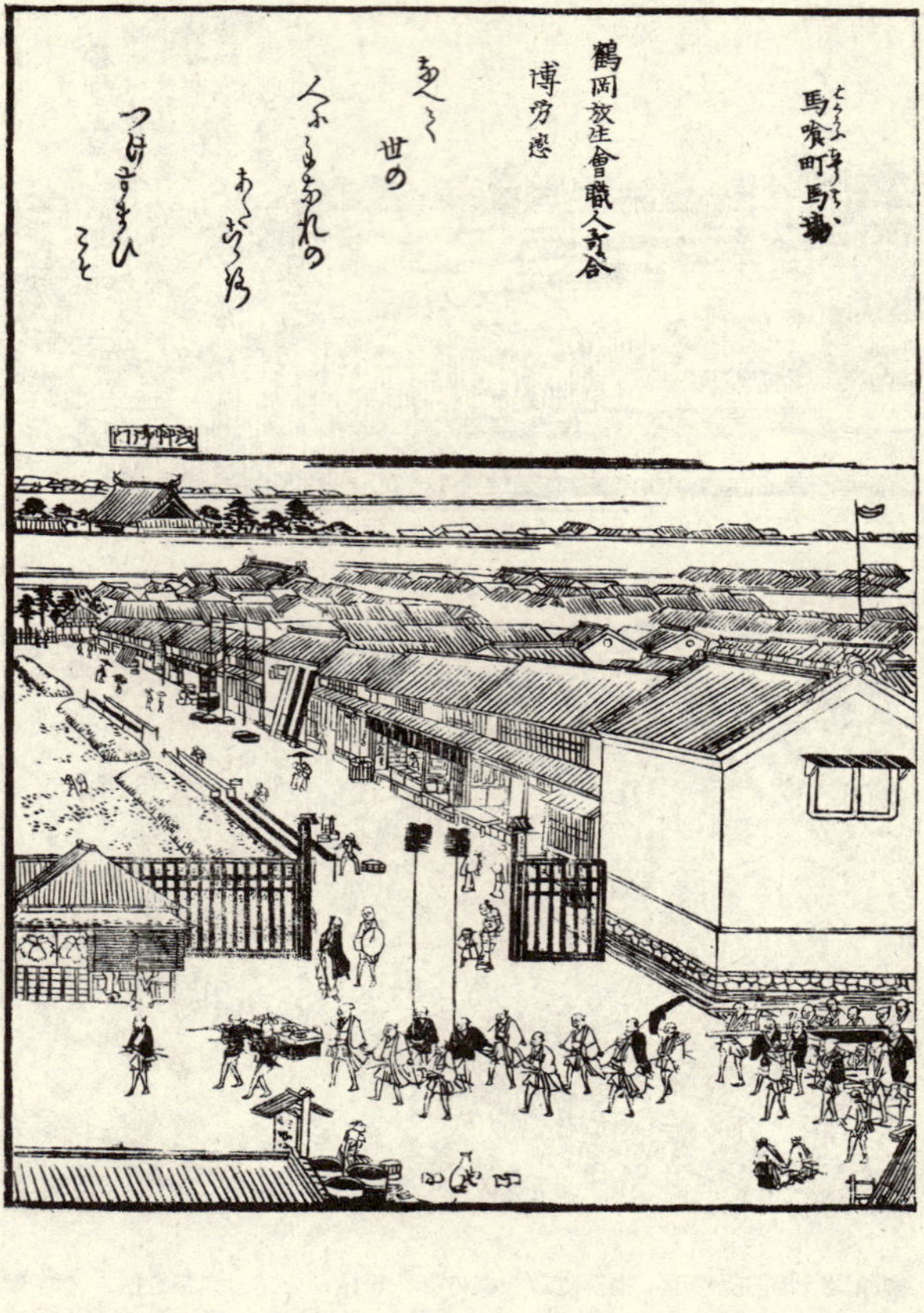
馬喰町馬場
鶴岡放生會職人哥合
博労 恋

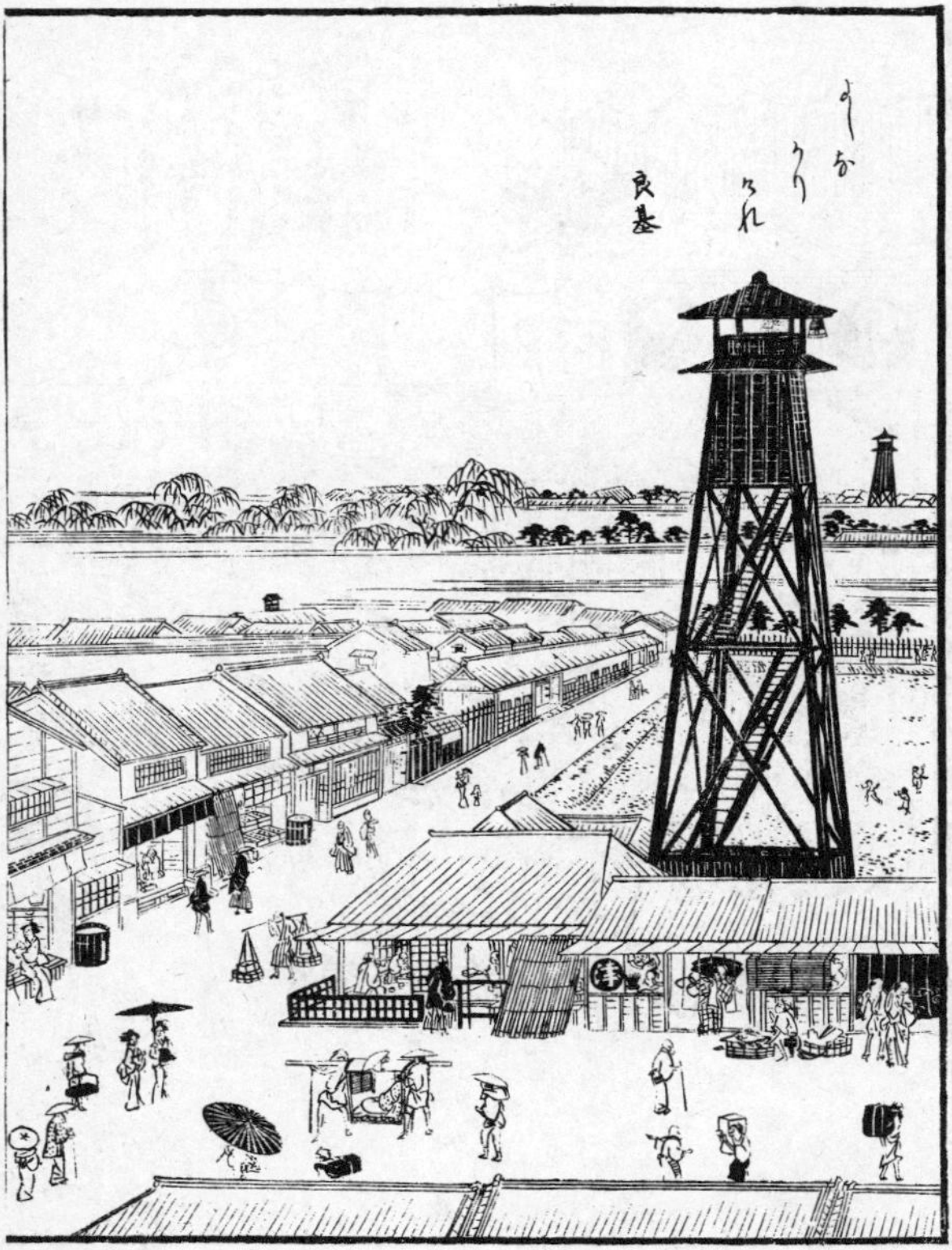

馬喰町馬場　『鶴岡放生会職人歌合』博労恋　なべて世の人に手なれのあだごころつけすまひこそよしなかりけれ　良基

錦繪《にしきゑ》
江戸《えど》の名産《めいさん》にして
他邦に比類なし
中にも極彩色殊
更に美艶の作
なかにもありて諸國
に賞美すること
夥し

錦絵　江戸の名産にして他邦に比類なし。なかにも極彩色ことさら高貴の御翫びにもなりて、諸国に賞美することもつとも夥し。

め事とうちみえて」云々。その頃は、追《お》ひ廻《まわ》しといひて、左（一一九ページ所載）のごとき形なりしとなり。寛永（一六二四―四四）・明暦（一六五五―五八）・延宝（一六七三―八一）等の江戸絵図に、しかしるせり）。

浅草橋《あさくさばし》　神田川の下流、浅草御門の入口に架《わた》す。このところにも御高札を建てらる。馬喰《ばくろう》町《ちょう》より浅草への出口にして、千住《せんじゅ》への官道なり。この東の大川口にかかるを柳橋《やなぎばし》と号《なづ》く。柳原堤《やなぎはらづつみ》の末にあるゆゑに名とするとぞ（このところ、諸方への貸船あり）。

両国橋《りょうごくばし》　浅草川の末、吉川町《よしかわちょう》と本所本町《ほんじょもとまち》の間《あいだ》に架《わた》す。長さ九十六間（橋の前後ならびに橋上に番屋をするゑて、これを守らしむ）。万治二年己亥（一六五九）官府《かんぷ》より始めて、これを造りたまふ（『三橋記《さんきょうき》』あるいはいふ、「寛文元年辛丑（一六六一）新たに両国橋を架けしめらる。御普請奉行、芝山・坪内両氏に命ぜられし」と云々。旧名を大橋と号す。『事跡合考《じせきがっこう》』（柏崎具元、一八世紀中頃）に、「万治二年、東の大川筋に、はじめて大橋一ケ所をかけらるる」とあるも、この橋のことなり。また、『むさしあぶみ』（浅井了意、一六六一）といへる草紙にも、この橋を大橋としるしてあり。『事跡合考』にいふ、「この橋の形は、扇を開きたるにかたどる」と云々）。その昔、この川を国界《くにざかい》とせしにより、両国橋の号《ごう》ありといへども、いまのごとく利根川をもつて界と定めたまふより後は、本所の地も、同じく武蔵国に属すといへども、橋の号は唱へ来《きた》るに任せて、そのまま改められずとなり（ある人云《いわ》く、貞享三年丙寅〔一六八六〕春三月、利根川の西を割りて、武蔵国に属せしめらるると云々）。

この地の納涼は、五月二十八日に始まり、八月二十八日に終はる。つねに賑《にぎ》はしといへども、なかんづく夏月《かげつ》の間は、もつとも盛んなり。陸《くが》には観場所《みせもの》せきばかりにして、その招牌《しょうはい》の幟《のぼり》は、風に飄《ひるがえ》りて扁翻《へんぽん》たり。両岸の飛楼高閣《ひろうこうかく》は大江に臨み、茶亭《さてい》の床几《しょうぎ》は水辺に立て連ね、灯《ともしび》の光は玲瓏《れいろう》として流れに映ず。楼船扁舟《ろうせんへんしゅう》、所せくもやひつれ、一時《いちじ》に水面《すいめん》を覆《おお》ひかくして、あたかも陸地に異《こと》ならず。絃歌鼓吹《げんかこすい》は耳に満ちて囂《かまびす》しく、実に大江戸の盛事なり。

この人数船《にんじゅふね》なればこそすずみかな　其角

千人が手を欄檻《らんかん》やはしすずみ　同

このあたり目にみゆるものみなすずし　芭蕉

清水如水《しみずじょすい》の宅地　横山町《よこやまちょう》に住みけるといへり。如水は藤根堂《とうこんどう》と号す。狂歌に名あり（つねに酒をたしめり〔嗜めり〕。酔はざるときは、しほしほとして、猥《みだ》りに言語《げんぎょ》を発することなく、酒を飲するときは、のびのびとして勢ひよく、はひあるきければとて、人名付けて藤根堂と呼びけるとなり。按《あん》ずるに雄長老《ゆうちょうろう》〔英甫永雄、一五四七―一六〇二。臨済宗の僧〕・卜養〔半井卜養、

薬研堀《やげんぼり》
不動《ふどう》
金毘羅《こんぴら》
歓喜天《かんぎてん》

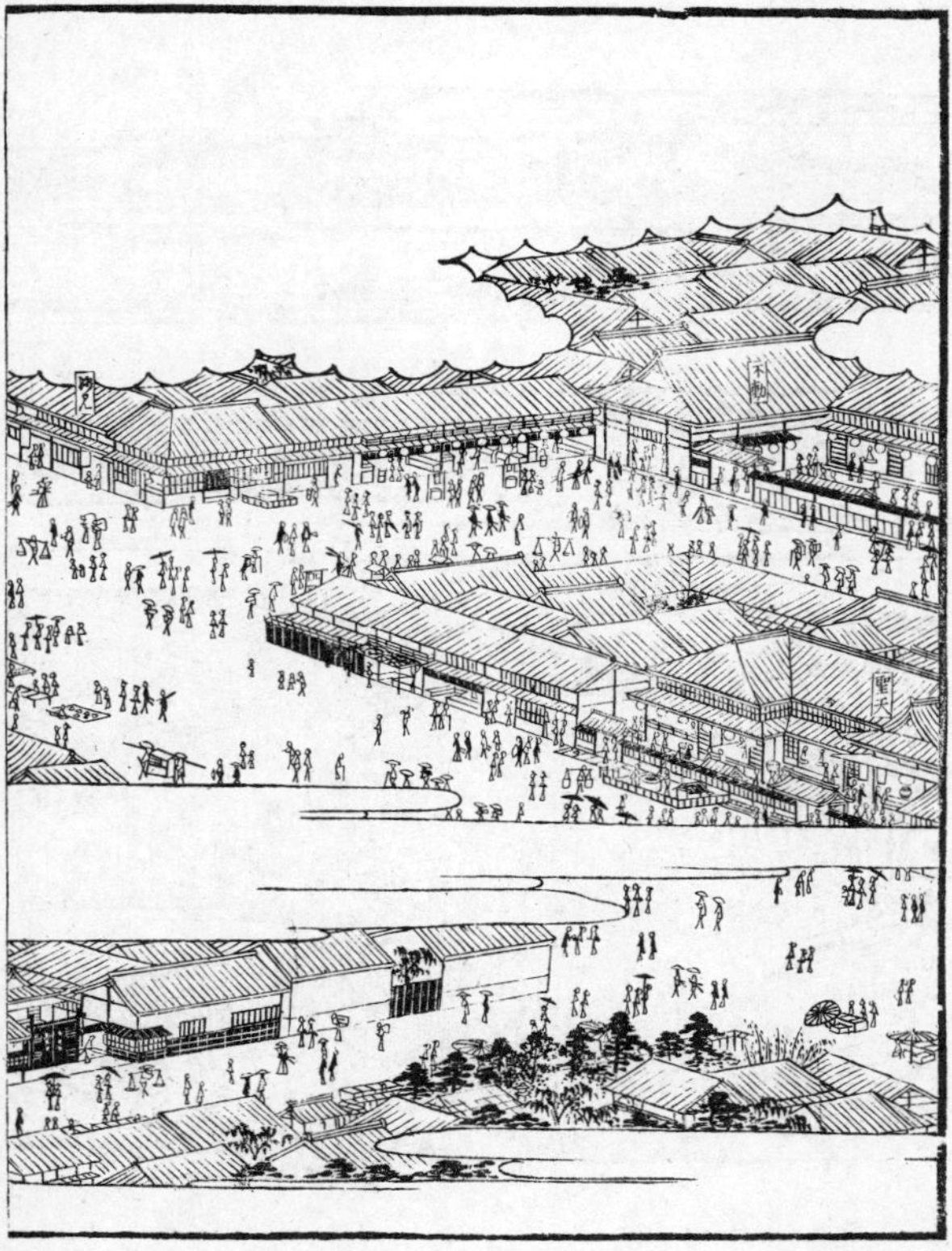

薬研堀　不動・金毘羅・歓喜天

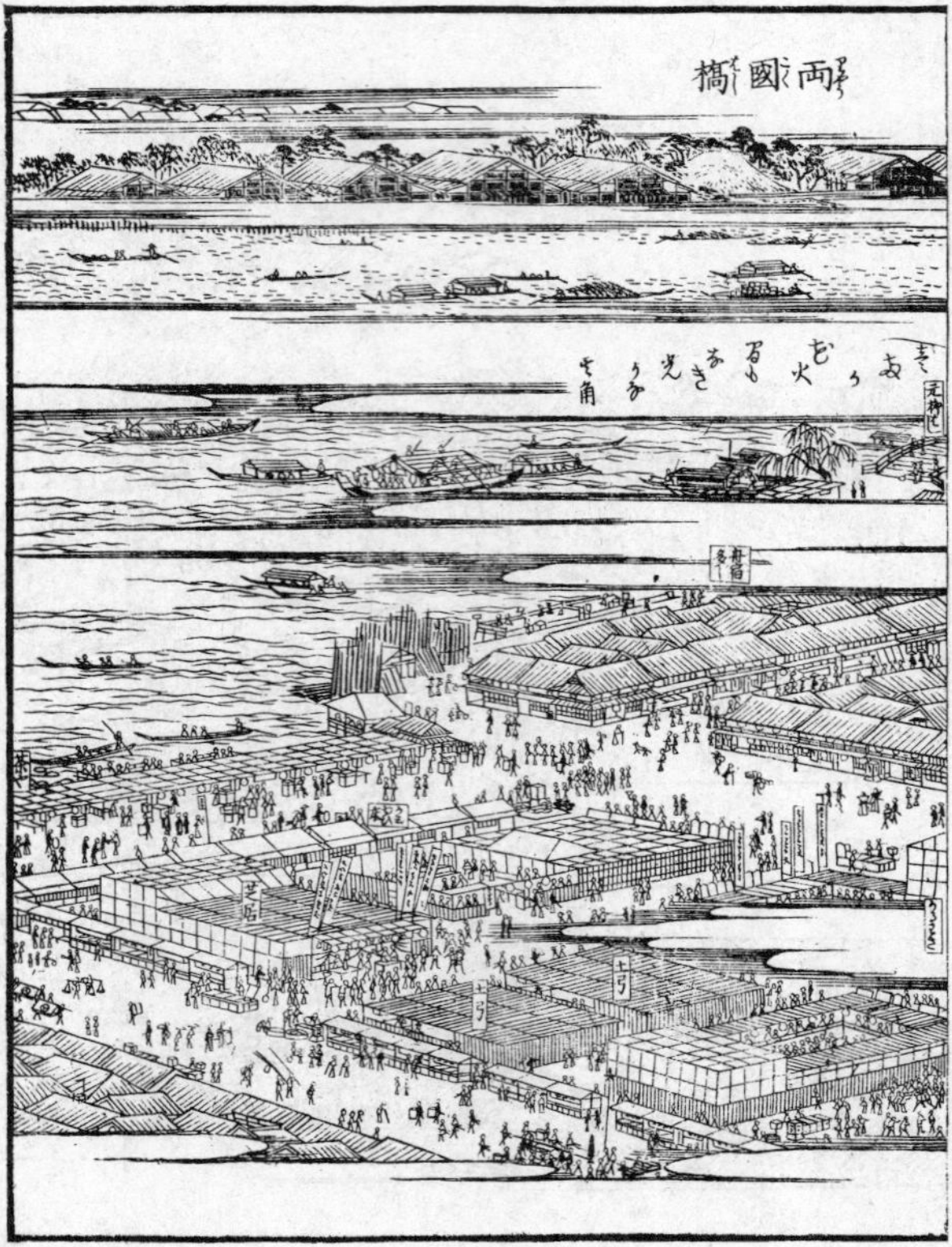

両國橋
元柳ばし

両国橋　壱両か花火間もなき光かな　其角

この人数舟なれぱこそ涼みかな　其角

一六〇七—七八。幕医）、また、近くは九州の甚久《じんきゅう》法師（一六四八—一七一二）など、おのおの狂歌に名ありて家集《いえのしゅう》もあれど、この如水は名さへしる人まれなり）。如水一時《いちじ》、大和国法隆寺《ほうりゅうじ》に蔵するところの賢聖《けんせい》の瓢《ひさご》といへる器物《きぶつ》を見て後、瓢に彫物《ほりもの》をすることを得たり。しかも鈍刀を用ひて、その巧《こう》もっとも絶妙なり。よってその需《もと》め多かりければ、この匏瓜《ひさご》のために、身を押《お》さへられたりとの意にて、みづから迷淵蟠鯰侯《めいえんばんねんこう》とぞ名のりける。住家より東に薬研堀《やげんぼり》といふところあり。その辺り知《し》る人のもとに行きて、楼上より遠近《おちこち》を見やりて、

　見おろせば気の薬なり薬研堀《やげんぼり》月は白湯《さゆ》にてかげは水にて

また、あるとき、漁夫《ぎょふ》の辞《ことば》の意をよめる、

　世はすめり我ひとりのみ濁《にご》り酒酔《ざけえ》ふて寝《ぬ》るにてさふらふの水

享保十三年戊申（一七二八。正しくは、正徳六年（一七一六））正月三日朝起きて、

　公事《くじ》喧嘩《けんか》地震雷《かみなり》火事晦日《みそか》飢饉《ききん》煩《わずら》ひなき国へゆく

かくよみて、同じ五日の暮れ方、剃頭《さかやき》、湯あみし、太神宮を拝し奉りしままに、終はりをとれり（行年七十二歳。いまも浅草金竜寺《きんりゅうじ》に墓碑あり。石をもって瓢《ひさご》の形に造立す。如幻菴《じょげんあん》東湖《とうこ》老和尚、この如水が臨終の記をかかれたりといへり。按《あん》ずるに、墓碑に一陽如睡《じょすい》とあり。水・睡同音なれば、その臨終の相を表して、没後《もつご》文字《もんじ》を如睡と改めしならんか）。

杉森稲荷《すぎのもりいなり》の社《やしろ》　新材木町《しんざいもくちょう》にあり（俗に当社あるゆゑに、このところを、いなり新道《しんみち》と字《あざな》す）。

社記にいふ、この神像は、相馬《そうま》の将門《まさかど》（平将門、？—九四〇）威を東国に逞《たくま》しうせし頃、藤《ふじ》原秀郷《わらひでさと》（俵藤太、一〇世紀中頃）、朝敵誅伐《ちゅうばつ》の計策を廻《めぐ》らし、この御神《おんかみ》の加護によって、つひに将門を亡ぼしたり。後《のち》霊夢を感じ、このところに至り、矯々《きょうきょう》たる杉の森ある地に崇《あが》め祀《まつ》る（当社これなり）。寛正（一四六〇—六六）の頃、東国おほいに旱魃《かんばつ》す。太田道灌（一四三二—八六）江戸城にありて、深くこれを患《うれ》ひとし、この御神に禱《いの》るに、その験《しるし》ありて、雨降り百穀おほいに登《のぼ》る。よつて、その頃山城国稲荷山を摸《うつ》して、伍社《ごしゃ》の御神を勧請《かんじょう》なし奉るとなり。毎年四月十六日祭奠《さいてん》、神主小針氏奉祀《こはりうじほうし》す（当社始めは、町屋の後園にありて、参詣の道さへなかりしに、元禄十六年（一七〇三）本多弾正少弼忠晴《だんじょうのしょうひつただはる》（一六四一—一七一五。大名）、寺社の観林たりしとき、社へ参詣の道を開きたまふとなり。菊岡沾涼《きくおかせんりょう》（一六八〇—一七四七。俳人）云《いわ》く、このところは、昔、杉の木立いと深かりしとなり。また、この地のある古老の話に、寛文（一六六一—七三）の頃、この地は小針孫右衛門《まごえもん》といへる商戸《しょうこ》の地にして、かの宅地にありし稲荷の祠《みや》なりしが、その後、延宝七年（一六七九）五月二十九日、この辺火災によって焦土となりし頃、この祠《みや》のみ現然と残りければ、諸人みなこれを奇とす。吉川氏某《よしかわうじそれがし》、深く信仰して、新たに蛭子《ひるこ》と姫太神《ひめおおかみ》とを相殿《あいでん》に祀《まつ》るといふ。また、ある人いふ、長谷川町《はせがわちょう》、旧名を禰《ね》宜町《ぎまち》といふ。昔、当社の巍々《ぎぎ》たりしとき、禰宜の住みしところゆゑに、しか号《なつ》くると。されども、この説信じがたし)。

歌舞妓芝居《かぶきしばい》　堺町《さかいちょう》・葺屋町《ふきやちょう》にあり（木挽町《こびきちょう》にもあり）。

寛永元年甲子（一六二四）の春、中村勘三郎《なかむらかんざぶろう》（初代、一五九七?—一六五八）（堺町狂言座元の始祖なり。初め道順《どうじゅん》と号す。昔、禁闕《きんけつ》（皇居）および営中（江戸城）においても、猿若《さるわか》の狂言をなし、または、官船安宅丸《あたけまる》、大江戸の川口へ入津《にゅうしん》のとき、綱引の音頭《おんど》謳《うた》を謳《うた》はしめられし折から、御褒賞として賜はるところの金の麾《さい》、ならびに猿若狂言の衣装および御簾《ぎょれん》の揚巻《あげまき》等、いまなほその家に伝へて重宝《ちょうほう》とす。また、上京せしとき、勘三郎が悴新発知《せがれしんぼち》に明石《あかし》といへる名を賜はりしことなどは、みな中村座の規模たり）。官府の免許を蒙り、江戸中橋《なかばし》において、はじめて太鼓櫓《たいこやぐら》を揚げ、猿若狂言尽《づくし》の芝居を興行す（これ、大江戸常芝居《じょうしばい》の始元《しげん》なり。『江戸鹿子《かのこ》』（藤田理兵衛、一六八七）といへる草紙に、「寛永（一六二四—四四）より前は芝居町にあり」と記せしは、柴井町《しばいちょう》のことをいふならんか。按《あん》ずるに、芝居ありしゆゑに、しか呼びしを、後世に至り、芝居を柴井に書き改めたるならんか。また、『江戸名所ばなし』（一六九四）に、芝居町より中橋へうつり、また、堺町へ引き移したることを挙げたり。『事跡合考《じせきがっこう》』（柏崎具元、一八世紀中頃）に、「寛永元年（一六二四）日本橋の西河岸町《にしかしちょう》に、芝居を取り建てる」と

杉森稲荷《すぎのもりいなり》神社

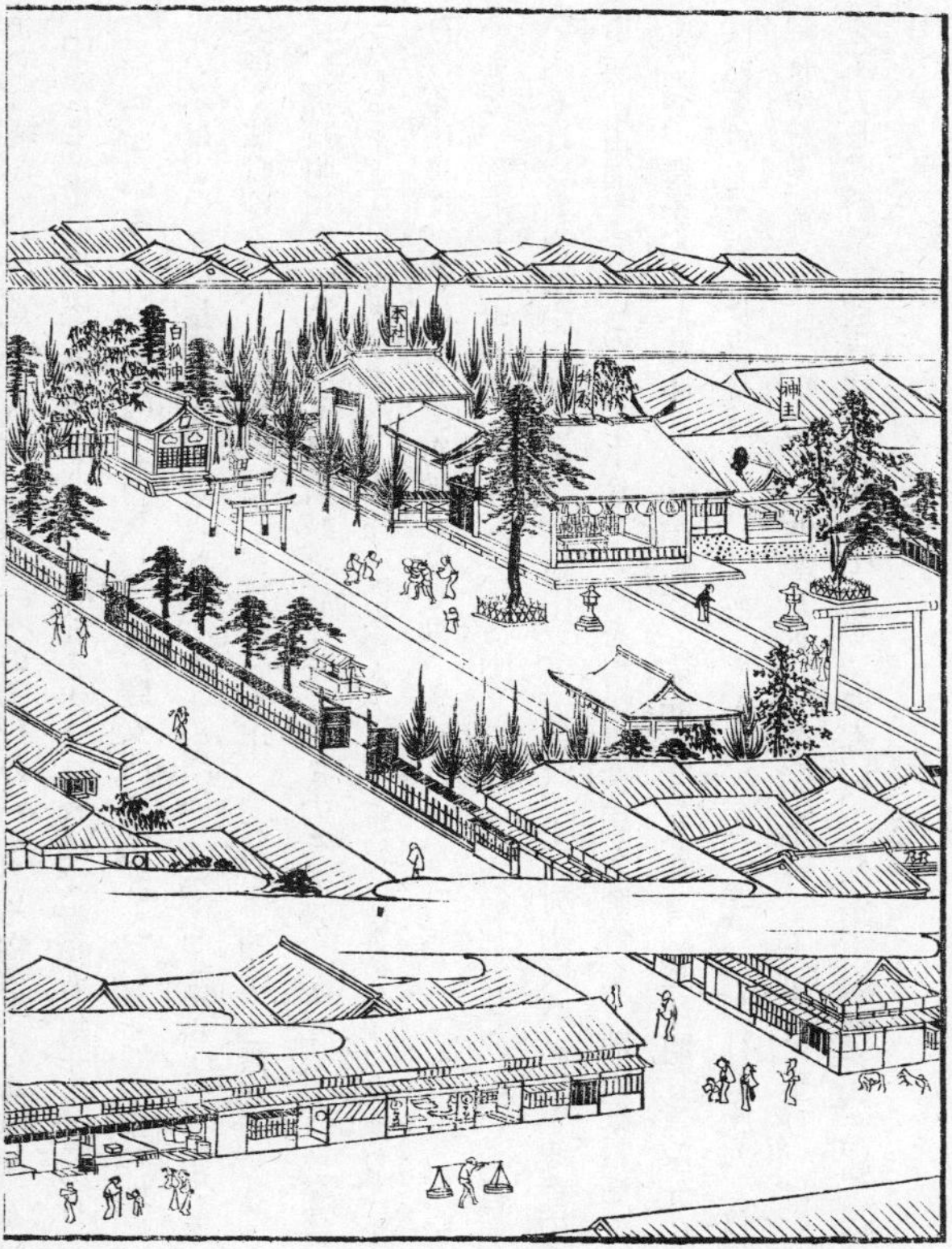

杉森稲荷神社

あり。考ふべし。寛永十八年〔一六四一〕の印行の『そぞろ物語』〔三浦浄心〕といへる冊子《そうし》に、「中橋にて米島《よねしま》丹後守歌舞妓ありと高札を建てければ、貴賤群集す」とあり）。同九年壬申〔一六三二〕中橋より禰宜町《ねぎまち》へ引き、つひに慶安四年辛卯〔一六五一〕いまの地に移る（禰宜町といふは、いまの長谷川町《はせがわちょう》のことなり。いま俗に、このところを人形町《にんぎょうちょう》と字《あざな》するは、人形屋多く住むゆゑに、しか唱へたり。寛永二十年〔一六四三〕印本『吾嬬《あずま》めぐり』といへるものに、禰宜町に左近《さこん》といへる歌舞妓芝居、また、角力《すもう》その外、薩摩《さつま》太夫《だゆう》〔薩摩浄雲、一五九三?―一六七二?。江戸の浄瑠璃太夫〕、虎屋〔虎屋源太夫、一七世紀。浄雲の弟子〕が操《あやつ》り、土佐が能などありける由《よし》にて、賑《にぎ》はしき趣を挙げたり）。

また、寛永十一年甲戌〔一六三四〕、村山又三郎《むらやままたさぶろう》〔一六〇五―五二〕といふ者（この又三郎といへるは、名護屋山三郎《なごやさんざぶろう》の弟子、村山又左衛門の子、村山又八といへる者の次男なりといふ）、泉州堺《さかい》よりこの地に下り、公許を得て常芝居《じょうしばい》を興行し、能の狂言をやつし、役者をまじへ、舞子《まいこ》六人に勤めしむ。市村羽左衛門《いちむらうざえもん》座これなり（葺屋町狂言座元の興起なり。二代目を竹之丞《たけのじょう》〔二世市村竹之丞、一六五四―一七一八〕といふ。堺町狂言座元二代目明石勘三郎〔二世中村勘三郎、?―一六七四〕の門弟たり。寛文四年〔一六六四〕に至り、はじめて続狂言《つづききょうげん》を工夫し、引幕、道具建《どうぐだ》てを製し出だす。ゆゑに、その頃市村座を大芝居《おおしばい》と称したりしとなり）。

その後、万治三年庚子〔一六六〇〕森田《もりた》太郎兵衛《たろうびようえ》〔?—一六七七〕といへる者、これも官府の免許により、木挽町五丁目汐入《しおいり》の地へ芝居を取り建て、坂東《ばんどう》又九郎〔一六三三—一七〇〇〕といへる者の二男、又七といへるを養子とし、名を森田《もりた》勘弥《かんや》〔?—一六七九〕と改む（木挽町狂言座元なり。なほ、同巻木挽町の下に詳《つまび》らかなり）。

その余、堺町・葺屋町の間に、操座木偶《あやつりざにんぎよう》芝居ありて、四時《しいじ》に賑はへり（元禄開板の『江戸鹿子』に、「堺町・葺屋町の二町は、古《いにし》へより操り・見せ物、または、狂言尽《きようげんづくし》あるひは放《ほう》下《か》の品玉《しなだま》〔玉を使う曲芸〕、縄切《なわきり》の曲を業《わざ》とする者ども寄りあつまり、終日観楽をなす地なり」とあり。また『江戸名所ばなし』に、江戸大薩摩・土佐の太夫〔土佐少掾橘正勝〕・和泉太夫〔薩摩浄雲の門人〕が浄瑠璃、天満《てんま》八太夫・江戸孫四郎・江戸半太夫が説経《せつきよう》、鶴屋源太郎が南《なん》京《きん》あやつりなど、さまざまのみせものありしことをしるせり）。

吉原町《よしわらまち》の旧地　和泉町《いずみちよう》・高砂町《たかさごちよう》・住吉町《すみよしちよう》・難波町《なにわちよう》等、その旧地なり（住吉町・難波町等の河岸を、竈河岸《へつついがし》と字《あざな》するは、竈屋《へつついや》多きゆゑの俗称なり。このところの小溝はすなはち、昔の曲輪《くるわ》の外堀なりといふ）。

慶長十七年〔一六一二〕庄司甚右衛門《しようじじんえもん》〔一五七五—一六四四〕といへる者、街《くるわ》を一所に定めたまはりたき旨、官府に訴へ奉りしゆゑに、はじめてこの地を賜はり花街《くるわ》とす。往時《そのかみ》、慶長〔一

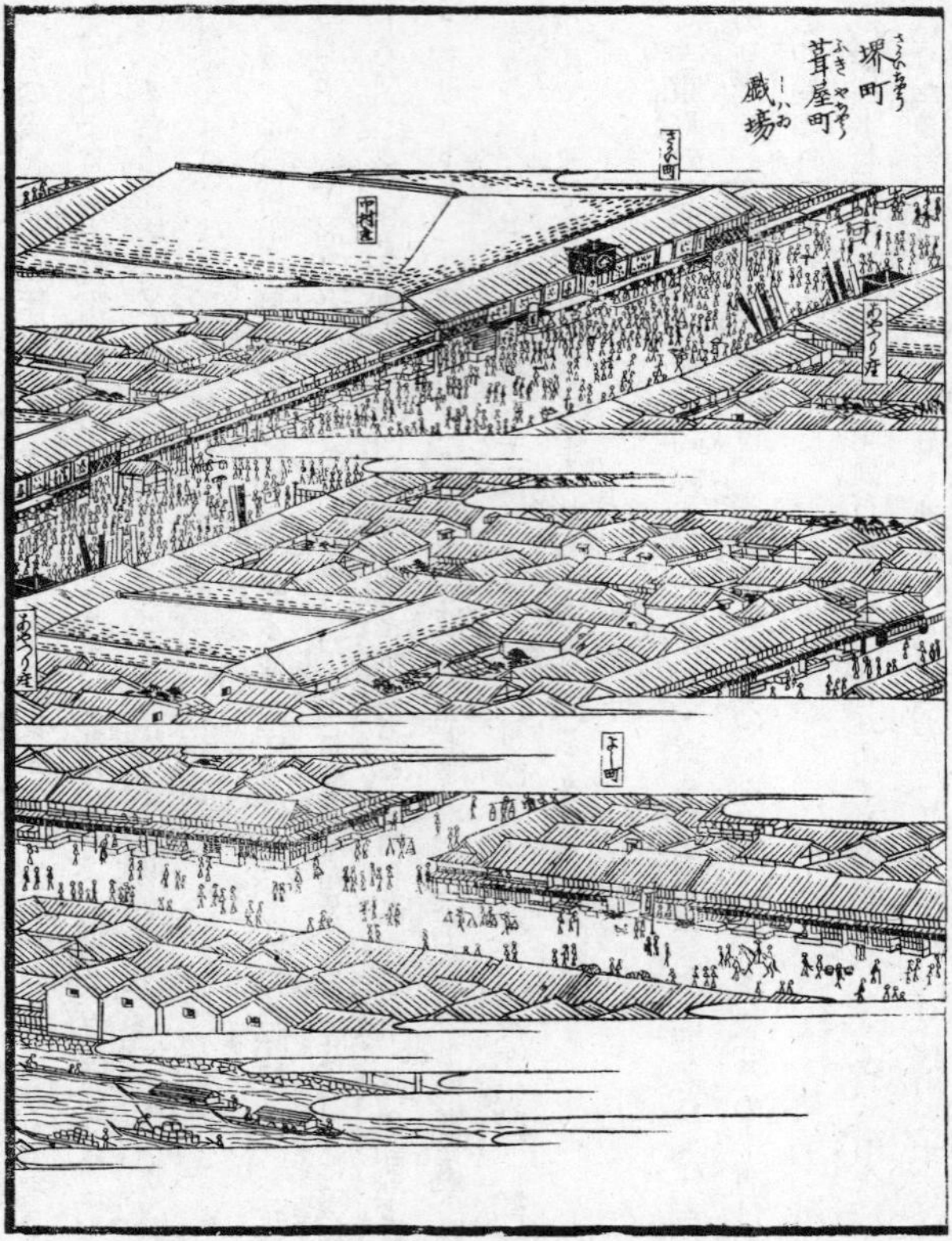

堺町《さかひちやう》
葺屋町《ふきやちやう》
戯場《しばゐ》
中村座
あやつり座
あやつり座

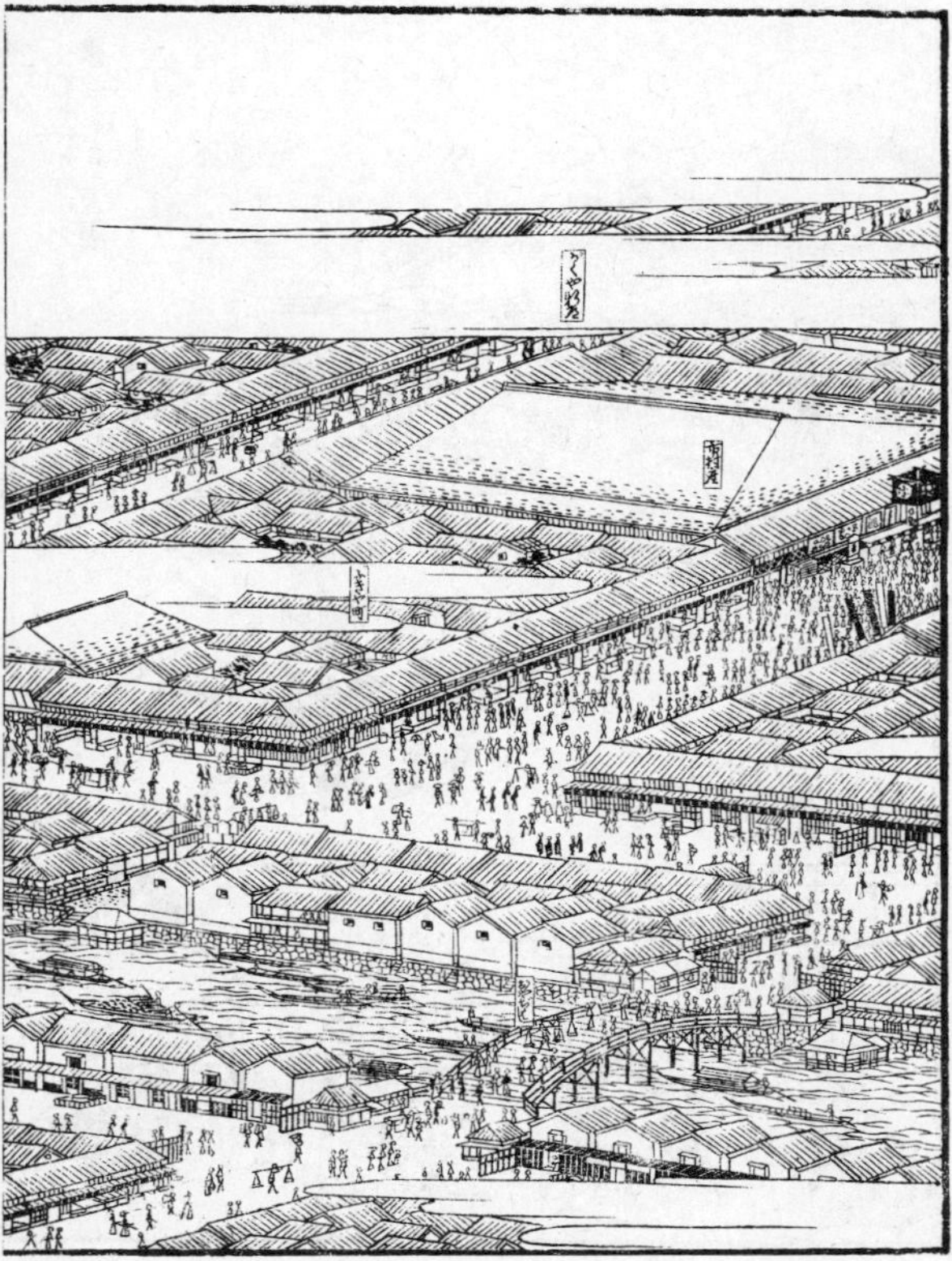

堺町・葺屋町　戯場《しばい》

猿《さる》若《わか》狂言《きやうげん》之《の》古《こ》圖《づ》

猿若狂言の古図

五九六―一六一五〕の頃までは、江戸に定まりたる傾城町《けいせいまち》もなく、二軒三軒づつ、ここかしこに散在《さんざい》せしなり。そのうち軒を並べたりしは麹町《こうじまち》八丁目にて、十四、五軒ありて、いづれも京六条より遷《うつ》る。また、鎌倉河岸《かまくらがし》にも十四、五軒、大橋《おおはし》・柳町《やなぎちょう》にも二十軒ありしといふ（この大橋といふは、いまのときはばしなり。柳町といふは、道三《どうさん》河岸の辺りをいふ）。この柳町へは、駿府《すんぷ》弥勒町《みろくまち》より移り、その外、伏見夷町《えびすまち》・奈良木《き》辻《つじ》等よりも、おひおひ大江戸に移りぬ。慶長十一年〔一六〇六〕の頃、柳町の地は召し上げられ、元誓願寺《もとせいがんじ》前へ引き移りたりしが、傾城屋どもうち寄り相談の上、場所取り立てたきよし願ひけれども、御免《ごめん》なきところ、庄司甚右衛門はじめて同十七年の頃願ひ、元和三年〔一六一七〕の頃仰せ付けられ、元和三年霜月地形《じぎょう》普請《ふしん》出来《しゅったい》して商売せり。

江戸町《えどちょう》一丁目は御一統の後、はじめて開基せしゆゑ、かく号《なつ》け、同二丁目は鎌倉河岸より引け、京町《きょうまち》一丁目は麹町より引く。同二丁目はおひおひに来《きた》りし上方《かみがた》の傾城屋を置けり。一両年にして、普請ことごとく成就せしかば新町《しんまち》と名付けたり。角町《すみちょう》は京橋角町《きょうばしすみちょう》よりうつり、寛永三年〔一六二六〕に至り、五町まったく家居《いえい》落成して、ここに移れり。

しかるに、明暦二年〔一六五六〕浅草の後ろ、いまの地へ遷されんことを申しわたさるるといへども、明年引き移りたきよしのところ、翌年《よくねん》五月十八日〔正しくは、正月一八・一九日〕の大火に焼亡《しょうぼう》す。よって同年六月ことごとく元吉原《もとよしわら》の地を引き払ふ。同年八月いまの地へ移る。

普請の間今戸《いまど》・鳥越《とりごえ》・山谷《さんや》の間に借宅《しゃくたく》いたし、渡世することをゆるさる。花街《かがい》いまに旧地にありなば、戯場《しばい》相接し、ますます繁昌をば極むべけれど、祝融《しゅくゆう》の祟り〔火災〕いよいよしげかるべし。しかるに、かの地へ移されしこと、おほやけの御恵みいとありがたきことにこそ（第六巻新吉原町の条下に詳《つまび》らかなり）。

按《あん》ずるに、歌舞妓は、その始め、遊女《ゆうじょ》より出でたる名にして、歌ひ舞ふの妓女《きじょ》なり、といふ略語なり。昔は、もつぱら高貴の人に愛せられしゆゑに、たはむれに長門守《ながとのかみ》、丹《たん》後守《ごのかみ》などと呼びならはしけるより、いつしか遊女および歌舞妓役者に、太夫《たゆう》の称発《おこ》りしとなり。ゆゑに、いま狂言座元を太夫元《たゆうもと》と唱へ、若女形《わかおんながた》の芸に長じたるを太夫と呼ぶは、その余風なるべし。されど、いま、大江戸には、遊女に太夫の称をうしなへり。寛永十八年〔一六四一〕の印本『そぞろ物語』〔三浦浄心〕といへるものに、この吉原町の歌舞妓女を愛することをあげたり。なかにも佐渡島正吉《さどしましょうきち》・村山左近《むらやまさこん》・国本織部《くにもとおりべ》・北野小太夫《きたのこだゆう》・出来島《できしま》長門守・杉山主殿《すぎやまとのも》・米島《よねしま》丹後守などといひて、名を得し遊女あり。これらは一座のかしらにて、その頃歌舞妓にて和尚《おしょう》と称せしとぞ。また、日を重ね、この町繁昌せるゆゑ町割《まちわり》をなし、本町《ほんちょう》および京町《きょうまち》・江戸町《えどちょう》・伏見町《ふしみちょう》・堺町《さかいちょう》・大坂町《おおさかちょう》・墨町・新町《しんまち》などと名付け、家居美々しく軒をならべ、草の仮家をあらためて、板葺《いたぶき》に作りかへ、また、本町を中にこめて、そのめぐりに揚屋町《あげやまち》を置き、いく筋ともなく横町をひらき、能・歌舞

大門通《おほもんどほり》
昔此地《むかしこのち》に吉原町《よしはらまち》ありし頃《ころ》の大門の通《とほ》りなりしゆへかく名《な》つく今《いま》は銅物屋《ものや》馬具師多《おほ》く住《すめ》り
平角

大門通　昔この地に吉原町ありし頃の大門の通りなりしにより、かく名づく。いまは銅物屋《かなものや》・馬具師多く住めり。鐘ひとつうれぬ日もなし江戸の春
其角

妓の舞台をしつらひ置き、日ごとに興行しけるよし記せり。また『江戸名所記』〔浅井了意、一六六二〕等にも、遊女ら芝居をかまへ、歌舞妓をなせしに、みな人めでまどひて、世のさまたげともなりければ、これを禁ぜられ、その後は若衆《わかしゅ》歌舞妓といふことを興行ありしかば、うるはしき少年に歌諷《うた》はせ舞はせけるとなり。

賀茂《かもの》真《ま》淵《ぶち》翁《おう》閑居の地　浜町《はまちょう》にあり（宝暦十四年〔一七六四〕、この地へうつり住《じゅう》するよし、家集《いえのしゅう》に見えたり）。真淵翁〔一六九七―一七六九。国学者〕、一に岡部衛士《おかべのえじ》、または県居《あがたい》とも称せり。賀茂県主成助《かものあがたぬしなりすけ》〔一〇三四―八二。歌人〕の末葉《ばつよう》にして、世々洛北賀茂の大神の宮司《みやつこ》たり。同師朝《もろとも》のとき、文永十一年甲戌〔一二七四〕、遠州浜松《の》庄岡部郷《おかべのごう》なる賀茂の新宮を斎《いつ》きまつるべき詔《みことのり》を蒙り、また、かの地を賜はりて、その宮の神主となり、すなはち、岡部郷に住せり。翁は、その後裔《こうえい》定臣《さだおみ》といへるが子にて、元禄十一年丁丑〔正しくは、元禄一〇年〔一六九七〕〕かの地に生まる。壮《わか》かりしより、深く国朝《おおみくに》の学びに心をよせ、享保十八年癸丑〔一七三三〕花洛《からく》に至り、荷田宿禰春満《かだのすくねあずままろ》〔一六六九―一七三六。国学者・歌人〕の教へを受け、後おほいに国学をもつて世に鳴る（荷田宿禰は本姓なり。世に羽倉斎宮《はくらいつき》と称す。この人は、洛南、稲荷《いなり》の社《やしろ》の祠官なり）。寛延三年庚午〔一七五〇〕、大江戸に来《きた》り、田安《たやす》の殿〔田安宗武、一七一五―七一。徳川吉宗の第二子〕の召しに応じ、古《いにしえ》への書《ふみ》の道の博士《はかせ》として、ことに愛《め》でさせたまひ、その頃御《ぎょ》衣《い》を賜はりしかば、そのかしこまりに和歌を奉る。

あふひてふあやの御衣《おんぞ》を氏人のかづかむものと神やしりけん

その後、宝暦十年庚辰〔一七六〇〕、仕《つか》へをかへし奉りて、浜町に隠栖《いんせい》す。翁を県居と唱ふるは、庭を田居《たい》のやうに作り、しかも、賀茂氏《うじ》の姓《かばね》にも縁《よし》あればとて、みづから家の号《な》に呼ばれたるとなり。生涯の著述、およそ六十余部。その門に入りて教へを受け、世にその名を聞こゆる者、本居宣長《もとおりのりなが》〔一七三〇—一八〇一〕・橘千蔭《たちばなちかげ》〔加藤千蔭、一七三五—一八〇八〕・平春海《たいらのはるみ》〔村田春海、一七四六—一八一一〕・藤原宇万伎《ふじわらのうまき》〔加藤宇万伎、一七二一—七七〕・楫取魚彦《かとりなひこ》〔一七二三—八二〕、および倭文《しず》女《じょ》〔油谷倭文子、一七三三—五二〕等なり。

『家集』〔『賀茂翁家集』一八〇六〕

宝暦十四年の秋、浜まちといふところへ家をうつして、庭を野べまたは畑《はた》につくりて、所もいささかかたへなれば、名をあがたゐといひて、住みそめける。九月十三夜に月めでんとて、したしき人々つどひて、歌よみけるついでに、よめる

こほろぎの鳴くやあがたのわが宿に月かげ清しとふ人もがな

あがたゐのちふの露原かきわけて月見にきつる都人かも

くすみ氏《うじ》のもとより、嵐の朝《あした》とぶらひておこしたるかへりごと

に、夜《よ》べ吹きちらしたる屋根板に、かきてやりぬ
野わきしてあがたの宿はあれにけり月見にこよと誰に告げまし
きさらぎの末つかた、いく女の君おはしたるに、庭をはたにつ
くれるが、すずなの花咲きたりけるに
春されば鈴菜花咲くあがたみに君来まさんと思ひかけきや

新大橋《しんおおはし》　両国橋《りょうごくばし》より川下の方《かた》、浜町《はまちょう》より深川六間堀《ふかがわろっけんぼり》へ架《わた》す。長さおよそ百八間あり。この橋は元禄六年癸酉〔一六九三〕、はじめてこれをかけたまふ。両国橋の旧名《きゅうみょう》を大橋といふ。ゆゑに、その名によつて、新大橋と号《なづ》けらるるとなり。

『風羅袖日記《ふうらそでにっき》』〔素綾編、一七九九〕

元禄五申年〔一六九二〕の冬、深川大橋、なかばかかりけるとき
初雪やかけかかりたるはしのうへ　　芭蕉
同じく橋成就せしとき
ありがたやいただひて踏むはしのしも　　同

三派《みつまた》　新大橋の下《しも》、分流のところをいふ。浅草川と箱崎《はこざき》の間の流れとの分かれ流るるとこ

ろなればなり（このところを別れの淵といふは、汐《しお》と水とのわかれ流るるところゆゑにいふ）。このところは、月の名所なり（ちなみにいふ、明和八年辛卯〔一七七一〕、中流を堙埋《いんまい》して人居《じんきょ》とし、中洲《なかす》と称せり。されど、洪水のとき、便《たよ》りあしきとて、寛政元酉年〔一七八九〕に至り、また元のごとくの川に掘り立てらる）。昔は、多く遊女歌舞妓の類《たぐい》、ここに船をうかべて宴を催し、ことさら、月の夕は清光の隈《くま》なきを翫《もてあそ》び、酒に対して、歌諷《うた》ひなんど、はなはだ賑《にぎ》はしかりしとなり（『江戸雀』〔菱川師宣画、一六七七〕に、「諸国の大船、ことに唐《とう》船《せん》、この川にかくる。隈《くま》なき納涼の地なれば、船遊びの船に波のつづみ、風のささら、蘆《あし》の葉の笛吹きならし」と云々）。

三叉江《さんさこう》舟を泛《うか》ぶ

風静かにして叉江波を起こさず　軽舟汎々として酔中に過ぐ
天遊ただあり人間の外　長嘯高吟棹歌に雑《まじ》はる　春台

人々にともなはれて八月の十六夜、三派《みつまた》に舟をうかべて月見はべりしに、歌諷《うた》ふ歌舞妓子《かぶきこ》の年十六なりといへば

美しき人も二八の十六夜月もみつまたあるものでない　卜養

山もありまた舟もあり川もあり数はひとふたみつまたの景　同

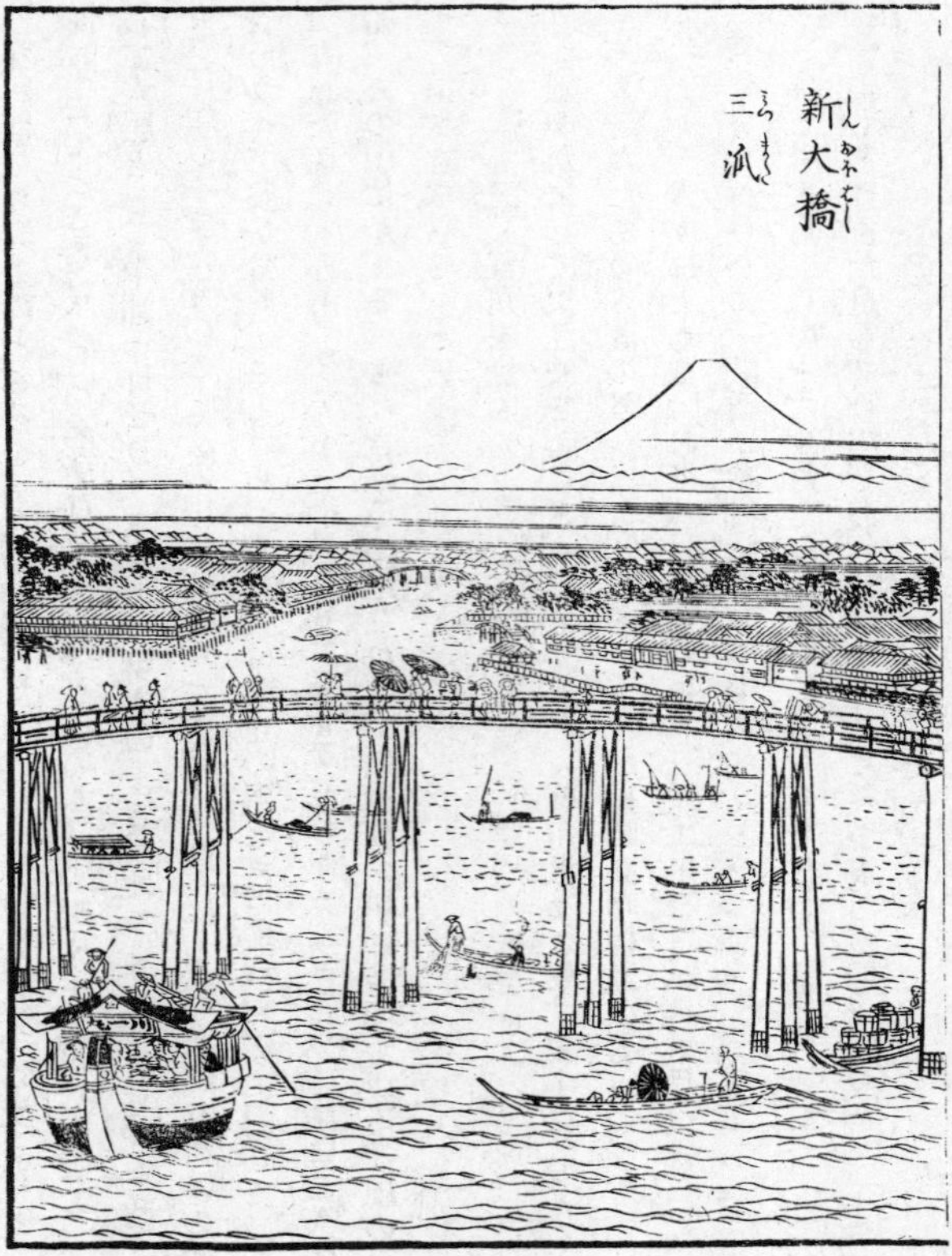
新《しん》大《おほ》橋《はし》
三《みつ》派《また》

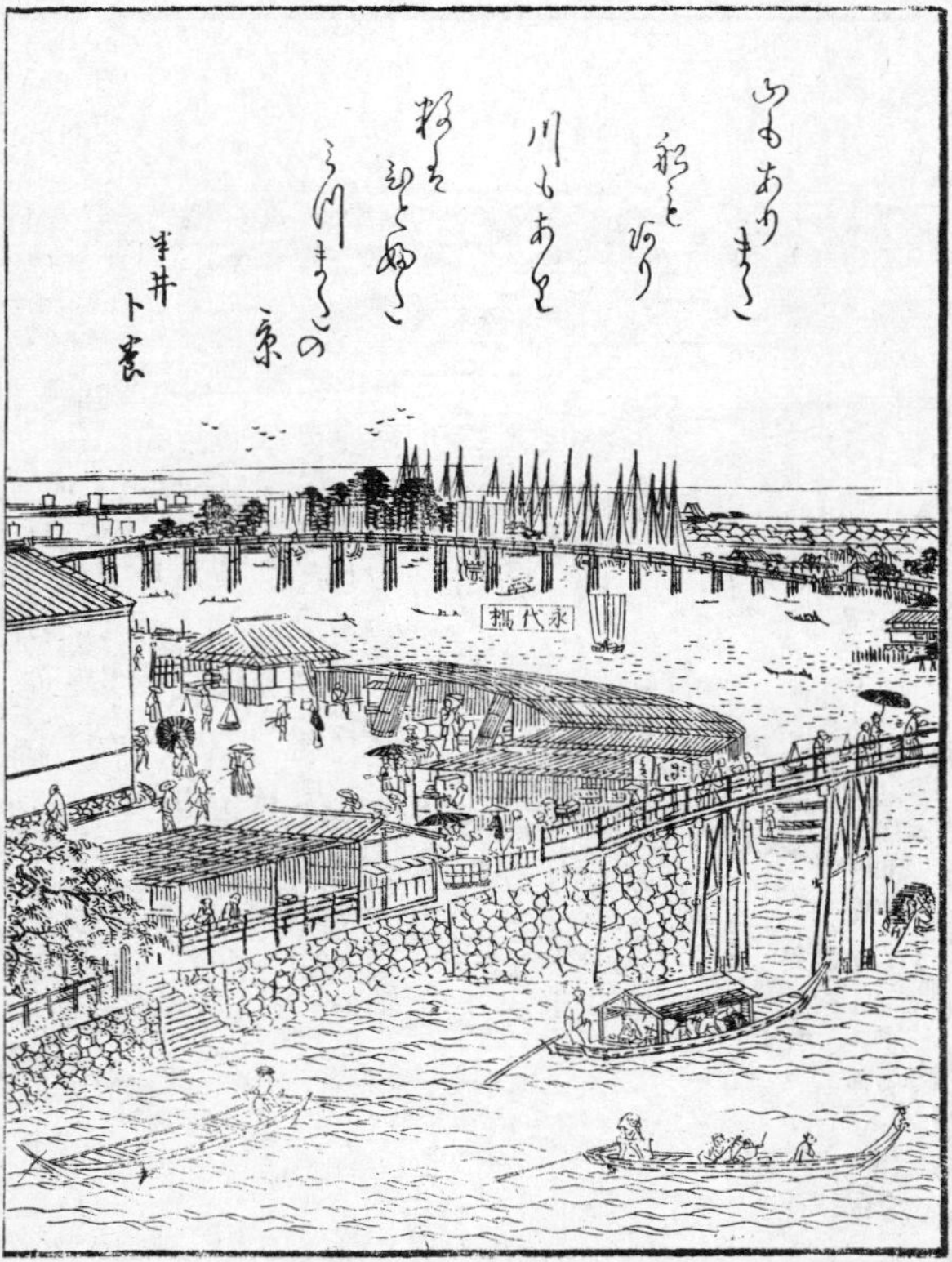

新大橋　三派　山もありまた船もあり川もあり数はひとふたみつまたの景
半井卜養

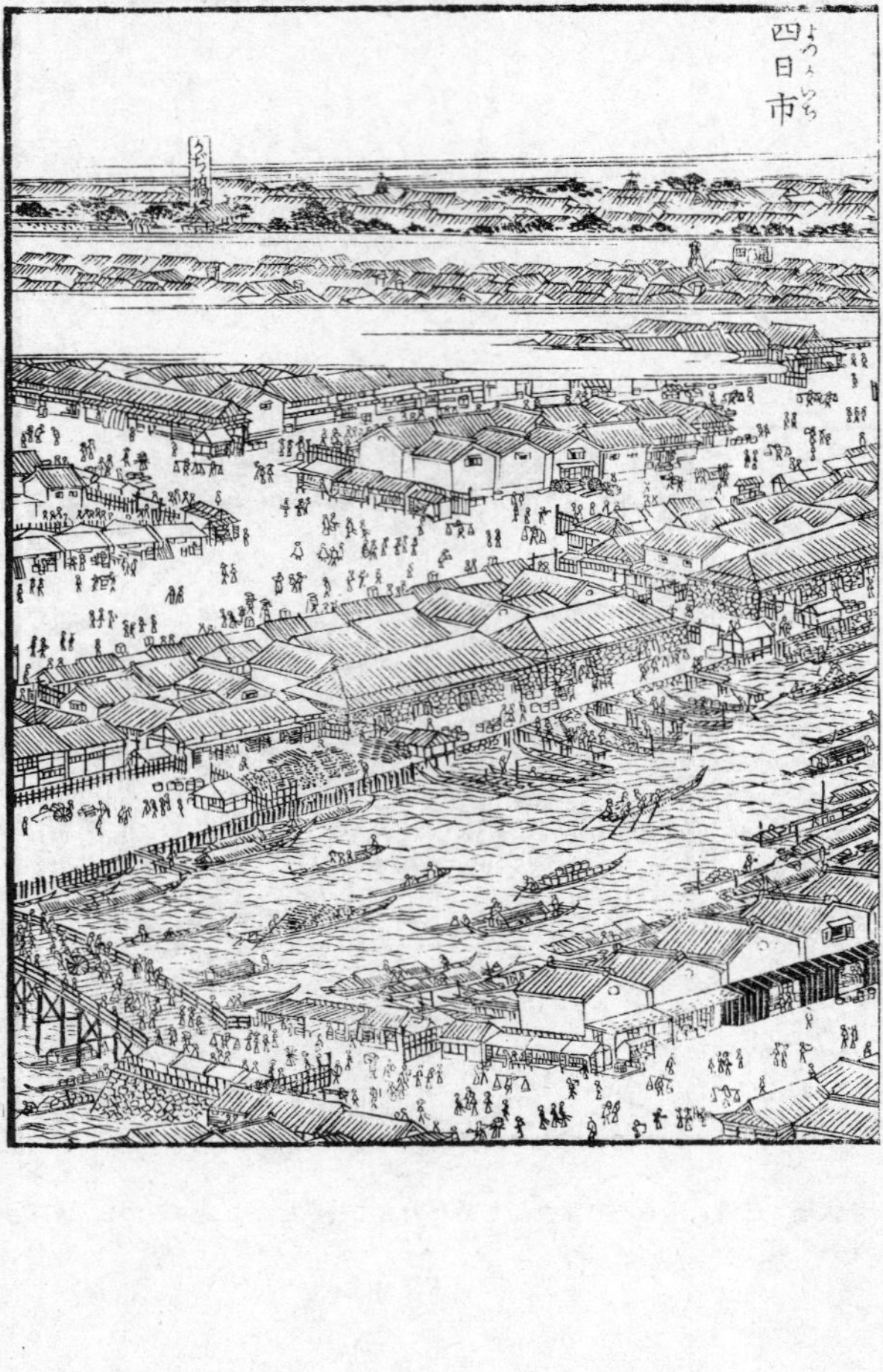

四日市 よつかいち

四日市

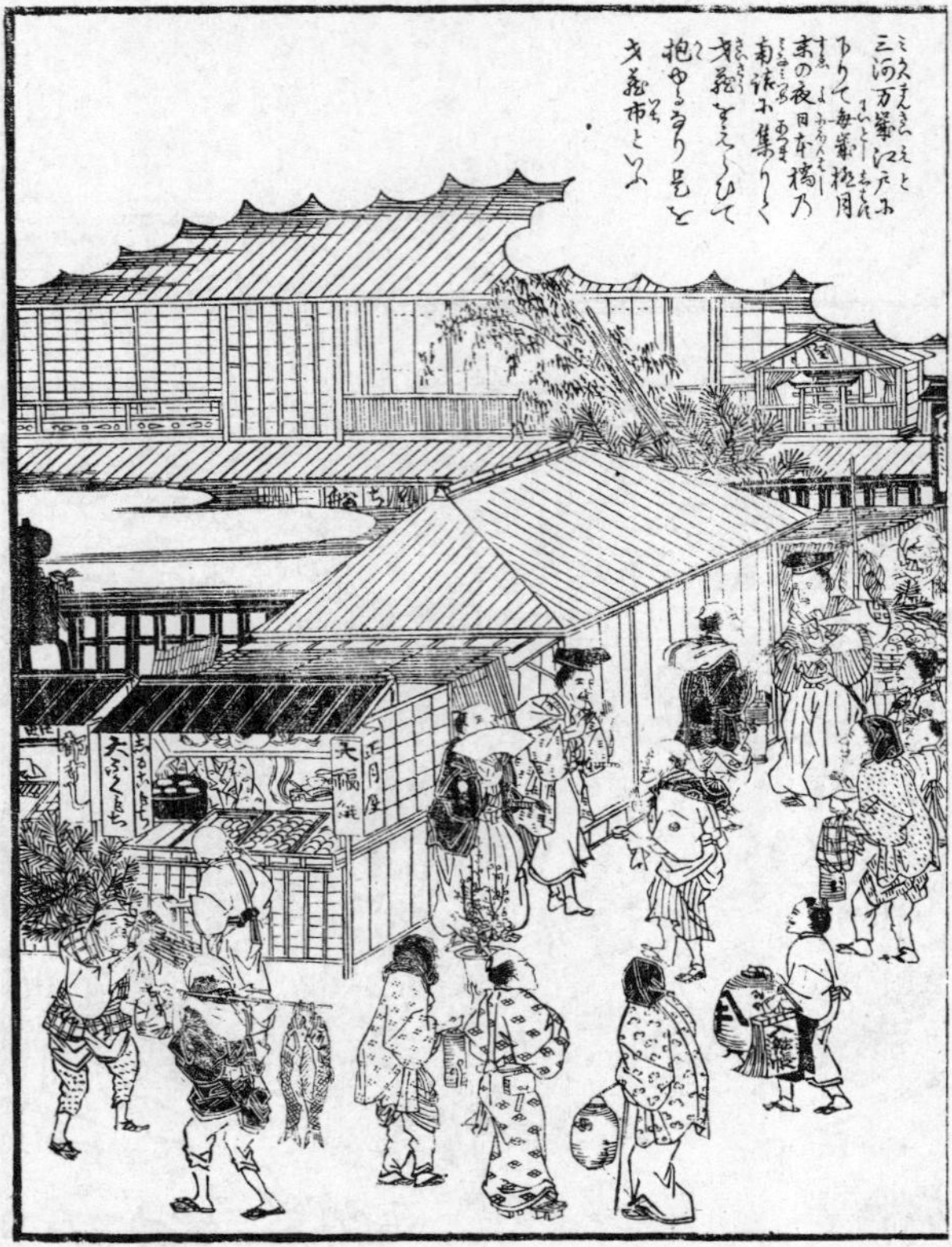

三河万歳、江戸に下りて毎歳極月《しわす》末の夜、日本橋の南詰に集まりて、才蔵をえらびて抱ゆるなり。これを才蔵市といふ。

江戸橋《えどばし》　日本橋の東にありて、伊勢町《いせちょう》より本材木町《ほんざいもくちょう》へ行く間に架《わた》す。南の橋詰巽《たつみ》〔南東〕の角《すみ》に船宿あり。江戸のうち諸方への船場《ふなば》なり。また、同所西の方《かた》、木更津河岸《きさらづがし》と字《あざな》す。房州木更津渡海《とかい》往還の船ここに集《つど》ふゆゑに、名とす。

四日市《よっかいち》　江戸橋と日本橋の間、川より南の方《かた》の大路《おおじ》をいふ。昔は、四日市場《よっかいちば》といひし村にて、いにしへは、いまの繁華のごときことなければ、万《よろず》の賈衒《こげん》〔商店〕も、市をなして交易せざれば得がたし。ゆゑに、所々《しょしょ》にその日市を立つる区《ちまた》を名づけて、それの日市《ひのいち》といふ。羽州のあたりには、二日市といふより十日市といふまで、区《ちまた》の名につき交易せり。このところも、昔は毎月四の日に市を立てしところなりとぞ。ゆゑに、いまもその遺風にて、草物《くさもの》または野菜の類《たぐい》、その余乾魚《ひうお》などの市ありて、繁昌の地なり。この地に根津権現《ねづごんげん》の御旅所《おたびしょ》あり（正徳年中〔一七一一―一六〕に造営ありとぞ）。同所、河岸に傍《そ》ひて封疆蔵《どてぐら》あり。下より石をもつて畳《たた》み揚《あ》げ、上に家根《やね》を覆ふ（明暦開板の『むさしあぶみ』〔浅井了意、一六六一〕といへる草紙に、「日本橋の南万町《よろずちょう》より四日市までの町屋を取り除《の》け、高さ四間に川端にそふて、北をうけ、東西二町半に土手蔵を畳みあげらる」と云々。いま霊巌島《れいがんじま》に四日市といへる町家《まちや》あるは、このところより引きたるなり）。

中橋

中橋

祇園会旅所《ぎおんえたびしょ》　南伝馬町《みなみてんまちょう》一丁目と二丁目の間の辻にあり。本社は、神田明神の地にあり。祭るところ素盞嗚尊《そさのおのみこと》にして、これを大政所《おおまんどころ》と称せり。毎年六月七日、ここに神幸《しんこう》ありて、同十四日帰輿《きよ》し奉る。その間、参詣多くはなはだにぎはへり。

鎧《よろい》**の渡**《わた》**し**　茅場町《かやばちょう》牧野家の後ろをいふ。このところより小網町《こあみちょう》への舟渡《ふなわた》しを、しか唱へたり。往古は大江《たいこう》なりしとなり。里諺《りげん》にいふ、永承年間〔一〇四六―五三〕源《みなもとの》義家朝臣《よしいえあそん》〔一〇三九―一一〇六〕、奥州征伐のとき、このところより下総国《しもうさのくに》に渡らんとす。ときに暴風吹き発《おこ》り、逆浪《げきろう》天を浸《ひた》し、すでにその船覆《くつがえ》らんとす。義家朝臣、鎧一領《よろいいちりょう》をとって海中に投じ、竜神に手向《たむ》けて、風波の難なからしめんことを祈請《きしょう》す。つひに、つつがなく下総国に着岸ありしより、このところを鎧《よろい》が淵《ふち》と呼べりとなり（元禄開板の『江戸鹿子《かのこ》』〔藤田理兵衛、一六八七〕に、「平将門《たいらのまさかど》〔?―九四〇〕このところに兜《かぶと》・鎧を置く。兜は塚に築《つ》きて、牧野侯の庭中にあり」と記せり）。

兜塚《かぶとつか》　同所海賊橋《かいぞくばし》の東詰、牧野家の庭中にあり。源義家朝臣〔一〇三九―一一〇六〕、奥州征伐凱陣《がいじん》のとき、先の報賽《ほうさい》のため、かつは東夷鎮護のためとして、日本武尊《やまとたけのみこと》の古き例《ためし》に準《なら》ひ、みづからの兜《かぶと》を一堆《いったい》の塚に築《つ》き籠《こ》めたまひしとなり。いまその傍《かたわ》らに、義家朝臣の霊を鎮《まつ》る

南伝馬町　祇園会御旅所

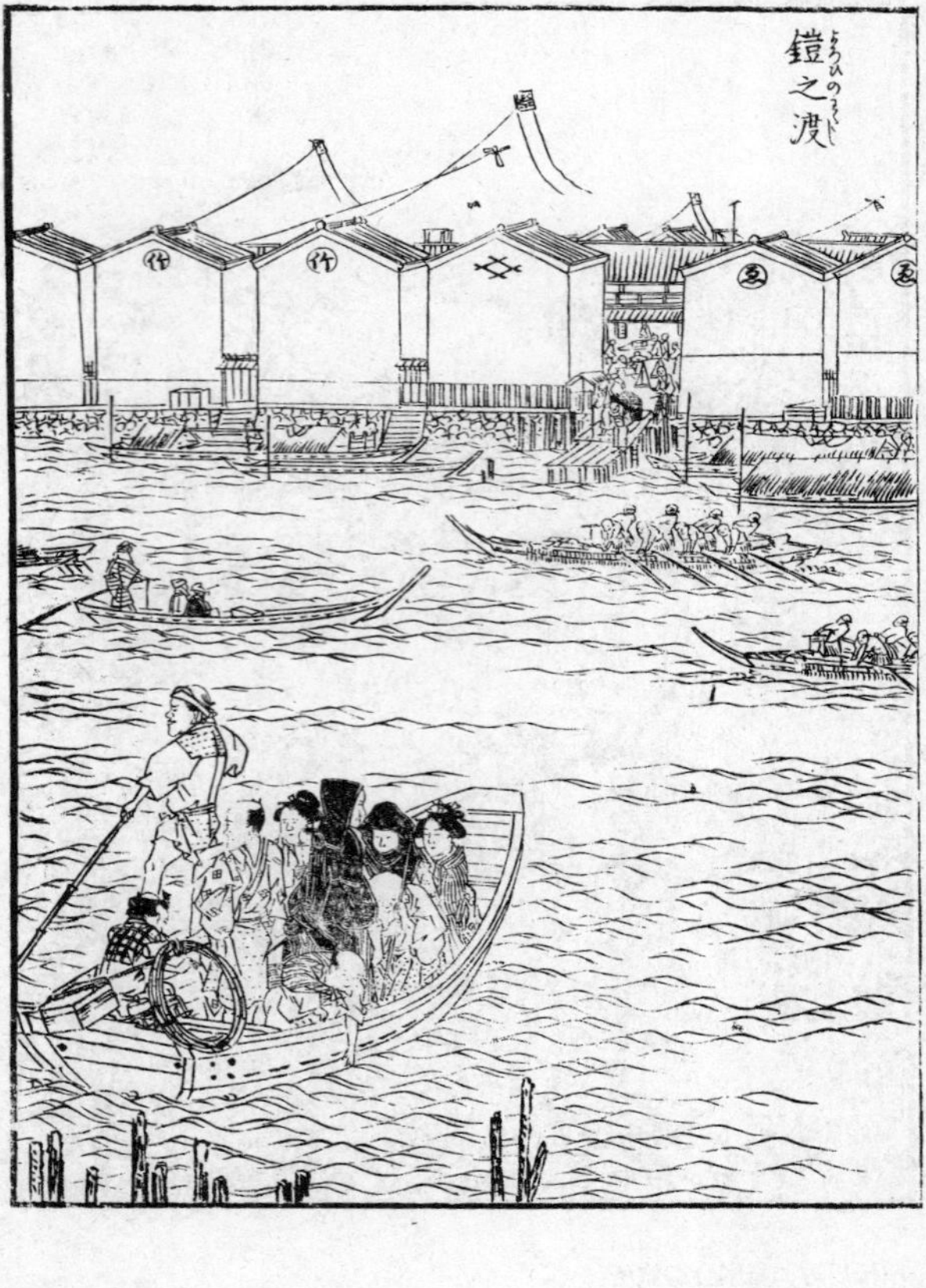

鎧之渡 よろひのわたし

鎧の渡し

小祠《こみや》あり（『紫の一本《ひともと》』〔戸田茂睡、一六八三〕といへる双紙に、「甲山《かぶとやま》とありて、藤原秀郷《ふじわらのひでさと》〔俵藤太、一〇世紀中頃〕、平将門〔?―九四〇〕を討ち、その首を冑《かぶと》とともに持ち添へきたりしが、冑をばこの地に埋めたる」とあり）。

永田《ながた》馬場《ばば》山王御旅所《さんのうおたびしょ》　茅場町《かやばちょう》にあり。遥拝の社二宇《う》並《なら》び建てり。寛永年間〔一六二四―四四〕、この地を山王の御旅所に定めらるる、といへり（一宇は神主樹下氏《じゅげうじ》持ちなり。一宇は別当観《かん》理院《りいん》持ちなり）。隔年六月十五日御祭礼にて、永田馬場の御本社より、神輿《しんよ》三基、このところに神幸あり。仮に神殿を儲《もう》け、供御《くご》を献備し、別当は法楽を捧げ、神主は奉幣の式を行ひ、夜に入りて帰輿《きよ》なり。その行装《ぎょうそう》、榊《さかき》・大幣《おおぬさ》・菅蓋《すげがさ》・錦蓋《にしきのかさ》、雲のごとく、社司・社僧は騎馬に跨《また》がり、あるいは輿《こし》に乗じ、前後に扈従《こじゅう》す。諸侯よりは神馬《しんめ》・長柄《ながえ》の鎗《やり》等を出だされて、途中の供奉《ぐぶ》厳重なり。また、氏子の町々よりは、思ひ思ひに練物《ねりもの》、あるひは花屋台《はなやたい》・車楽《だんじり》等に、錦襴緞子《きんらんどんす》などのまん幕をうちはへ、おのおのその出立《いでたち》花やかに、羅綾《らりょう》の袂《たもと》、錦繍《きんしゅう》の裔《すそ》をひるがへし、粧《よそお》ひ巍々《ぎぎ》堂々として、善美を尽くせり。この日、官府の御沙汰として、神輿通行の御道筋は、横の小路小路は矢来《やらい》を結《ゆ》はしめて、往来を禁ぜらる。まことに大江戸第一の大祀《たいし》にして、一時《いちじ》の壮観たり。

薬師堂《やくしどう》 同じく御旅所の地にあり。本尊薬師如来は、恵心僧都《えしんそうず》〔源信、九四二―一〇一七〕の作なり。山王権現の本地仏《ほんじぶつ》たるゆゑに、慈眼大師《じげんだいし》〔天海、一五三六―一六四三〕勧請《かんじょう》したまふといへり。縁日は毎月八日・十二日（正・五・九月二十日には開帳あり）にして、門前二、三町の間、植木の市立てり。別当は医王山智泉院《いおうざんちせんいん》と号す（もとは鎧島山《がいとうざん》と号《なづ》けしとなり）。本尊縁起に曰く、「恵心僧都は、その父母、大和国高尾寺《たかおでら》の薬師仏に禱《いの》りて設《もう》くるところの霊児なり。僧都、仏門に入りて後、法恩を謝《しゃ》せんがため、みづからこの本尊を彫刻ありて、高尾寺に安置せられしに、遥かの後、相州大場村《おおばむら》に遷し奉りたり。しかるに、慈眼大師、東叡《とうえい》山《ざん》にうつし奉る。この地や大城《たいじょう》の東に位し、しかも山王の本地仏たるにより、ここに安置なし奉らるる」となり。

天満宮《てんまんぐう》 同じ境内にあり。社司諸井氏《もろいうじ》奉祀す（二月・八月ともに二十五日を祭日とせり。神像は画幅にして、寛永年間〔一六二四―四四〕、柳営に奉仕の春日局《かすがのつぼね》〔一五七九―一六四三。徳川家光の乳母〕、大樹《たいじゅ》〔将軍家光〕より拝受せられしを、山王の神主日吉右京進《ひよしうきょうのしん》へ附与あり、その後、諸井氏請ひ得て、ここに勧請なし奉るとなり）。

『類柑子《るいこうじ》』〔其角、一七〇七〕

北の窓

わが栖《す》む北隣に、蘆荻《あしおぎ》茂く生ひて、笹阿《ささのくま》なる地あり。茅場町といふ。名にふれて、昔は

六月十五日
山王祭《さんわうまつり》
麹町壹町目

六月十五日、山王祭　我らまで天下まつりや土車　其角

其二
山王御祭禮
山王御祭禮

その二

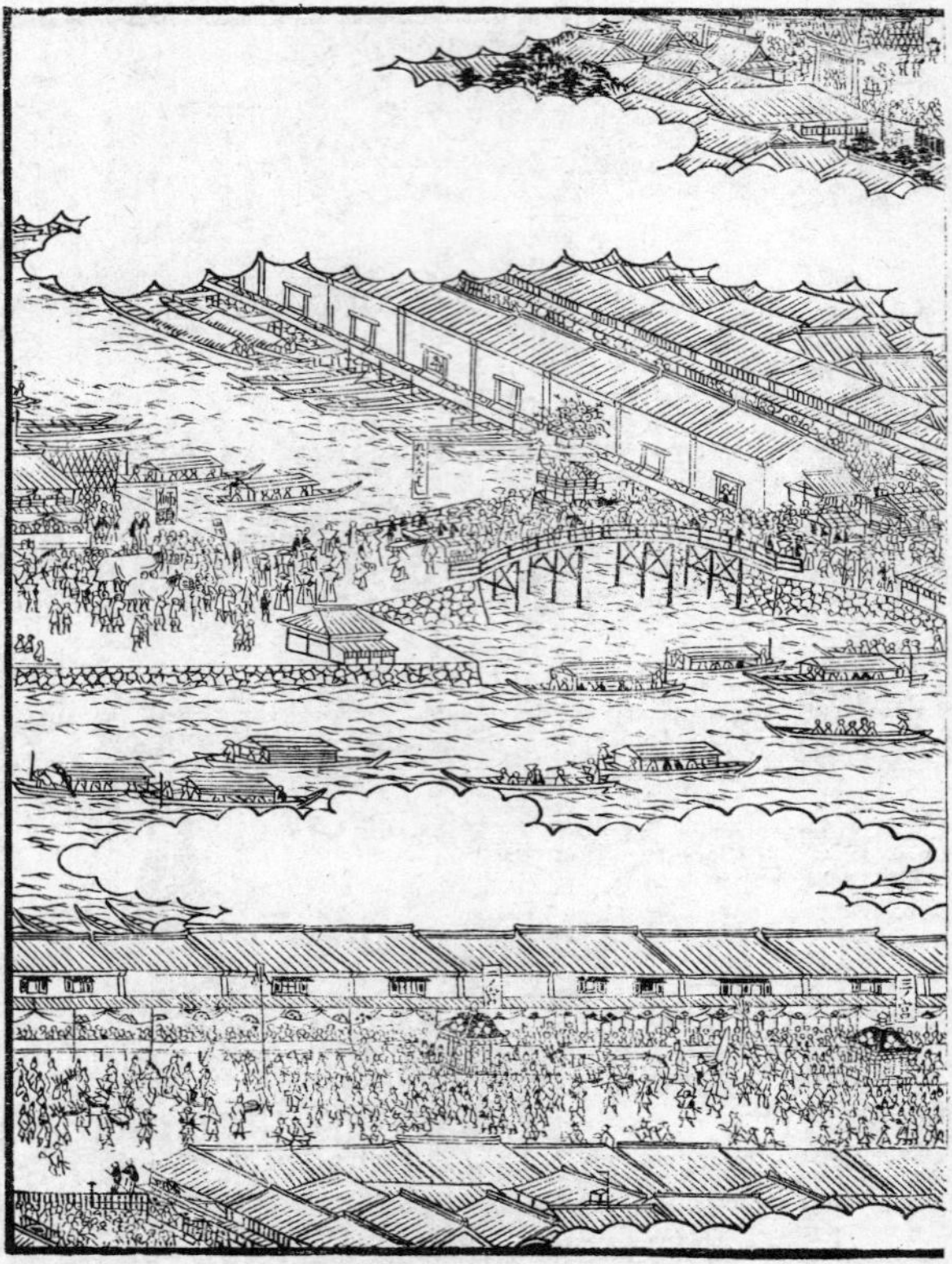

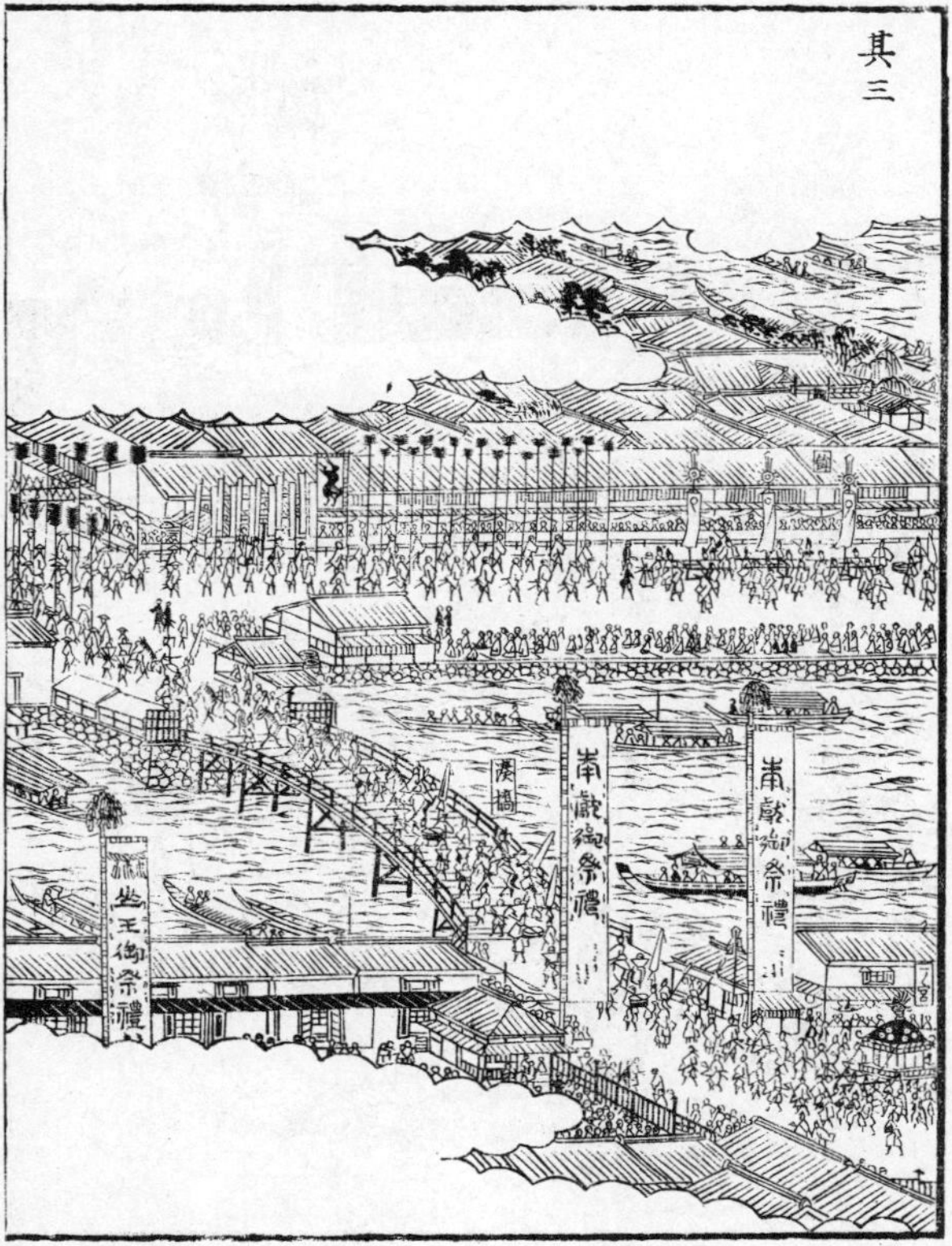

その三

永田馬場《ながたのばゝ》
山王御旅所《さんわうおたびしよ》
六月十五日
御祭礼《ごさいれい》の
時此所《ときこのところ》へ
神輿行幸《しんよぎやうかう》
あり
山王権現
山王宮

永田馬場　山王御旅所　六月十五日、御祭礼のとき、このところへ神輿行幸あり。茅場町薬師堂

夕やくし
まつしき
風の
蔭ろ舟

其角

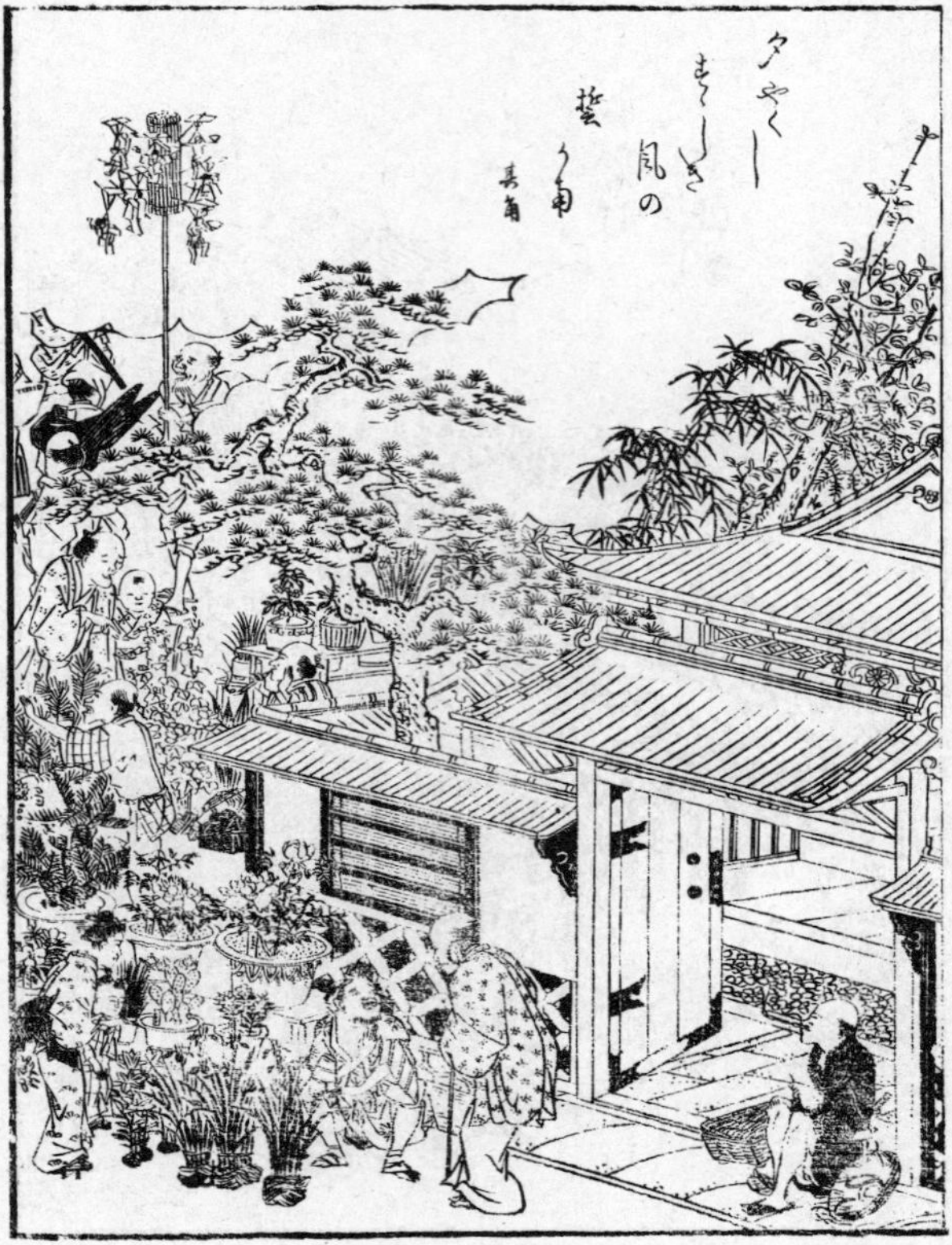

毎月八日十二日
薬師の縁日ハ
植木を商ふこと
夥しく参詣
群集して
賑へり

夕やくしすずしき風の誓ひかな　其角　毎月八日・十二日、薬師の縁日には植木を商ふこと夥しく、参詣群集して賑はへり。

海辺《うみべ》なりしを、いまは栄え行く家作りして、山王権現の御旅所《おたびしょ》と定め、薬師仏立ちたまふに、堂のかみばかりただほのかに絵にかけると見ゆ。空地《くうち》は水をためて、池めかし、深草《みくさ》引く人しなければ、蓼《たで》の花穂《ほ》に立ちのび、なもみ・箒木《ははきぎ》色づきわたる。雨風につけても、虫の声聞きまさり、おほかたの空もうつつなるに、待つにかならず出づる月かな、とことわりし窓、ふたかたに明くめり。中略 北にうたたねして、炎夏《えんか》わづらはしからず。竹《たけ》の簀子《すのこ》に這ひ出でて、蛍《ほたる》をかぞふるも、はしたなし。娘の四つばかりなる、あぶなく、ふと走りてとらんとす。「あやまちすべし。さは、おりぬものよ、手とりて」など、母ぞすかすめり。下略

俳仙宝晋斎《ほうしんさいき》其角翁《かくおう》の宿 茅場町《かやばちよう》薬師堂の辺りなりといひ伝ふ。元禄〔一六八八—一七〇四〕の末、ここに住す。すなはち終焉《しゅうえん》の地なり。

按《あん》ずるに、「梅が香や隣は荻生惣右衛門《おぎゅう》」といふ句は、其角翁〔榎本其角、一六六一—一七〇七。俳人〕のすさびなる由《よし》、普《あまね》く人口に膾炙《かいしゃ》す。よってその可否はしらずといへども、ここに注して、その居宅の間近きをしるの一助たらしむるのみ。

徂徠《そらい》先生居宅の地 同所植木店《うえきだな》なりといふ。先生〔荻生徂徠、一六六六—一七二八。儒者〕一号

を蘐園《かんえん》〔普通は「けんえん」〕といはれし。蘐《かん》は萱《かや》と同じ字義なれば、称せられしなり。よって、この地に住せられしこと知るべし。

伊雑太神宮《いそべだいじんぐう》　北八町堀松屋橋《きたはっちょうぼりまつやばし》より一町ばかり艮《うしとら》〔北東〕の方《かた》、塗師町代地《ぬしちょうだいち》・町屋《まちや》の間にあり（当社あるゆゑに、このところを字《あざな》して磯辺横町《いそべよこちょう》と呼べり）。土俗、磯辺太神宮といふ。伊雑《いそべ》の御神は、天照皇太神宮《てんしょうこうたいじんぐう》の別宮にして、祭神は伊佐波登美命《いさはとみのみこと》と玉柱屋姫命《たまはしらやひめのみこと》二座なり。寛永元年甲子〔一六二四〕、伊勢長官出口市正《でぐちいちのかみ》某《それがし》、伊雑宮より移しまゐらせ、通《とおり》三丁目に宮社を営めり（いま神明長屋《しんめいながや》と唱ふるは、すなはちこれなり）。同十年癸酉〔一六三三〕、いまの地へ移し奉るといへり。例祭は六月二十六日に修行《しゅぎょう》す。

三ツ橋《みはし》　一つところに橋《はし》を三所架《わた》せしゆゑに、しか呼べり。北八町堀より本材木《ほんざいもく》町八丁目へ渡るを、弾正橋《だんじょうばし》と呼び（寛永〔一六二四—四四〕の頃、いまの松屋町の角《すみ》に、島田弾正少弼《しまだだんじょうのしょうひつ》やしきありしゆゑといふ）、本材木町より白魚屋鋪《しらうおやしき》へ渡るを、牛の草橋《くさばし》といふ。また、白魚屋敷より南八町堀へ架《か》するを、真福寺橋《しんぷくじばし》と号《なづ》くるなり。

霊巌島《れいがんじま》　箱崎《はこざき》の南にあり（町数、いま十八町ばかりあり）。昔雄誉《ゆうよ》霊巌《れいがん》和尚、この地の海《かい》

伊雑《いそへ》大神宮
鷲本

伊雑大神宮　『勧進聖判職人尽歌合』の内、花と獅子舞　たはぶれて春の木かげにまふ獅子のたたく鼓に花も咲きそへ　逍遥院

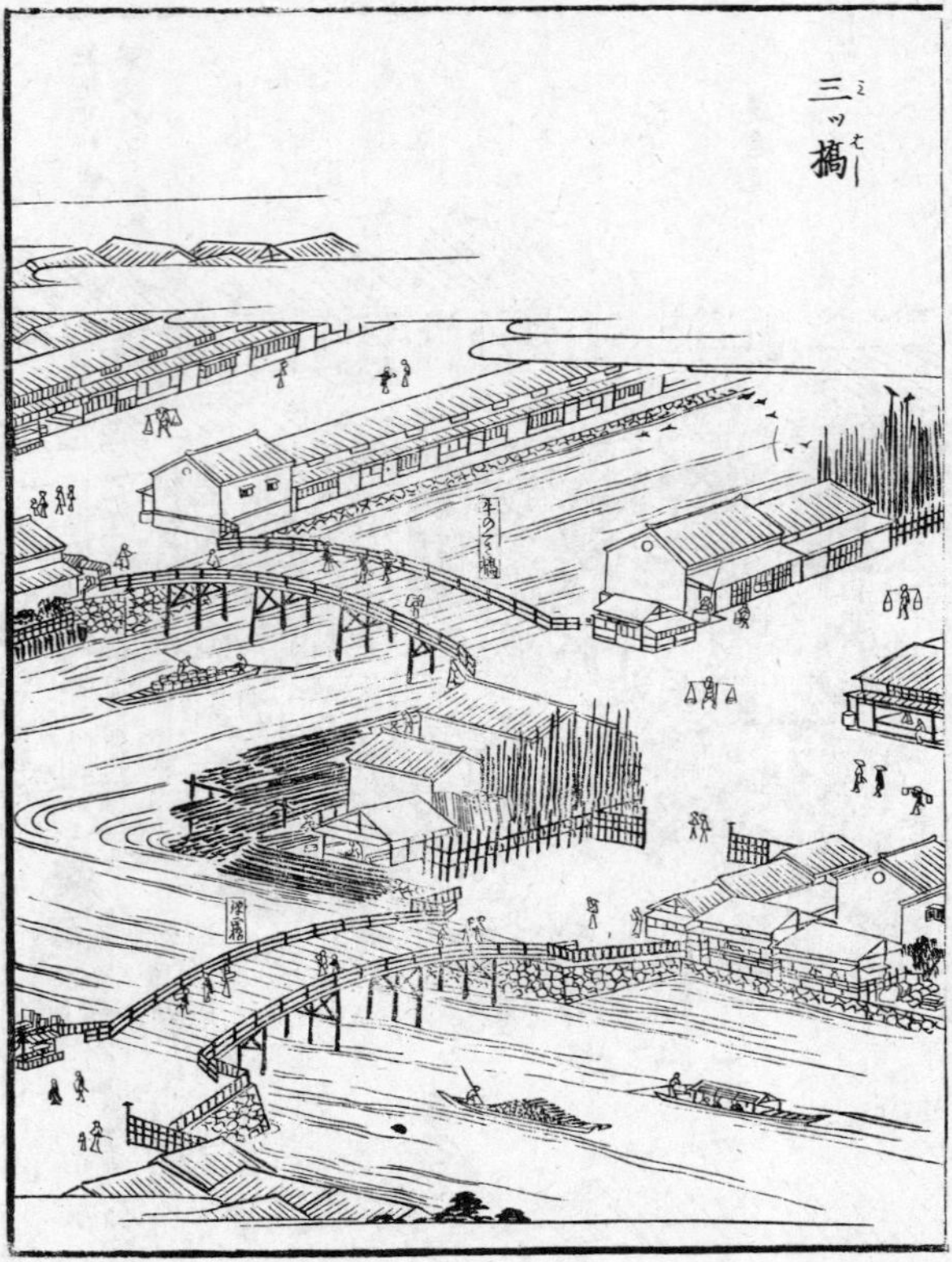
三《み》ツ橋《はし》

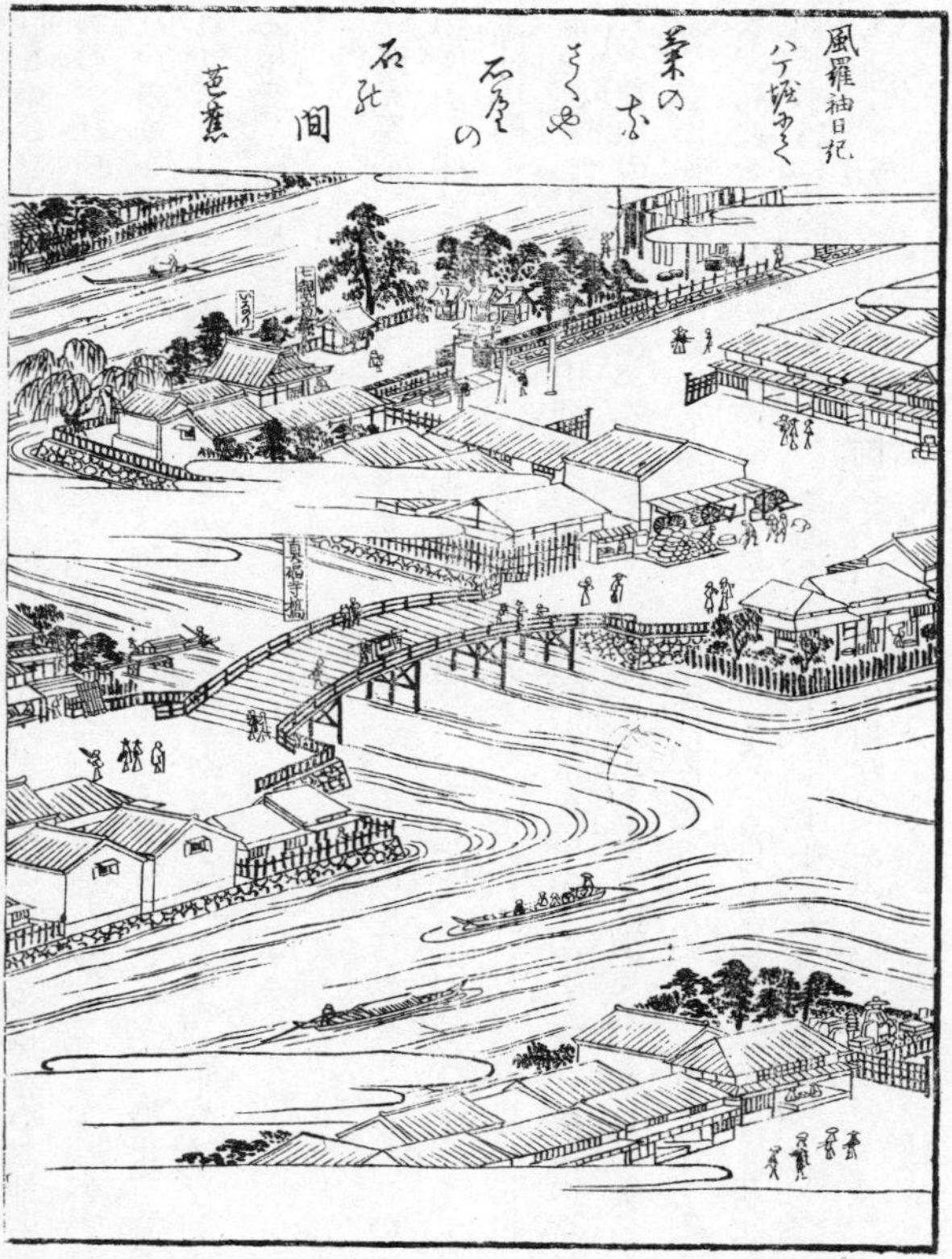

三ツ橋　『風羅袖日記』八丁堀にて　菊の花さくや石屋の石の間　芭蕉

汀《てい》を築《つ》き立てて梵宮《ぼんぐう》を営みて、霊巌寺《れいがんじ》と号《なづ》く（よって後世、霊巌島といふ地名起これり。初めは、江戸の中島とよびしとなり。『東海道名所記』〔浅井了意、一六五九〕に、「れいがん島も江戸の地をはなれて、東の海中へ築き出だしたる島なり」と云々）。後世、寺を深川《ふかがわ》へ移されて、その跡を町家《まちや》となしたまふといへり。ゆゑに、このところの北の通りより茅場町《かやばちょう》へ渡る橋を、霊岸橋《れいがんばし》と号《なづ》けたり。

随見屋鋪《ずいけんやしき》　同所新川《しんかわ》一の橋の北詰、塩町《しおちょう》の辺、その旧地なりといへり（このところに瀬戸物屋多く住せり。ゆゑに、茶碗鉢店《ちゃわんばちだな》とも号《なづ》く。あるいは、随見長屋《ずいけんながや》ともよべり）。川村随見《かわむらずいけん》〔河村瑞軒、一六一七―九九〕は、諸国の水土を考ふるに精《くわ》しうして、おほいに世に勲功あり。海を築き、川を掘り、田畑を開発す。河内国《かわちのくに》の水を落とさんとして、摂泉の堺《さかい》に大和川《やまとがわ》を掘り、淀川《よどがわ》の溢《あふ》るるを治めんとして、大坂に安治川《あじがわ》を鑿《ほ》り（随見みづからの実名を、安治《やすはる》といふ。音に呼びて安治川といふとぞ）、その土砂《どしゃ》をもつて、川下に新たに山を築き、洪水のとき、高波を防ぎ除かんためをもつぱらとし、かつ、沖よりの目当てとす（世に随見山と称せり。本名は波除山《なみよけやま》といへり）。その余の功、もつとも少なからず（菊岡沾涼《きくおかせんりょう》〔一六八〇―一七四七。俳人〕云《いわ》く、川村随見は御幕下《おんばくか》川村氏の始祖なりと云々）。

伊勢《いせ》太神宮《だいじんぐう》　同所四日《よっか》市町《いちまち》にあり。この地の産土神《うぶすな》とす（このところを俗間に、新川《しんかわ》と唱ふ。酒問屋多くありて繁昌の地なり）。伊勢内外《ないげ》両皇太神宮を勧請《かんじょう》し奉り、遥拝所とす。遷宮、伊勢と同年なり（『江戸鹿子《かのこ》』〔藤田理兵衛、一六八七〕には、寛永〔一六二四―四四〕中草刱《そうそう》とあり）。伊勢内宮《ないくう》の社僧、慶光院比《けいこういんび》丘尼《くに》、江戸参府の折柄《おりから》、旅亭の儲《もう》けのために、この地を給ふとぞ（慶光院伊勢上人は、格式御門跡並《なみ》に比せられ、紫衣《しえ》を賜はりて御朱印地なり。始祖の比丘尼は、内宮建立《こんりゅう》のときより連綿として社僧たり。よって内宮の御師《おんし》山本太夫《やまもとたいふ》は、始祖慶光院の子孫なるゆゑに、いまも、かの寺の住持比丘尼は、代々この家より嗣ぎ侍るとなり）。

按《あん》ずるに、明暦〔一六五五―五八〕の江戸絵図に、いま、いはゆる三の御丸の地に、伊勢上人の屋鋪《やしき》としるせしところあり。この上人の旅宿なるべし。後に、このところへ遷させられしならん。

『年山紀聞』〔安藤為章、一八〇四〕に云《いわ》く、

永禄元年〔一五五八〕日記（記者不詳）後ノ六月三日、中山亜相（神宮の伝奏）談ぜられて云《いわ》く、去月二十三日、神宮（外宮《げくう》）上棟無事に沙汰せしむの由《よし》、注進これあり。ある比丘尼、上人と号し（先皇の御代、上人の号を下さるる女房初例か）、名は慶光院と号す。諸国勧進の力をもつて、この上棟取り立つる者なり。内々、また、内宮の上棟も存立すと云々。不相応のことといへども、末世かくのごときの儀、神慮子細あるか。測り知れざる

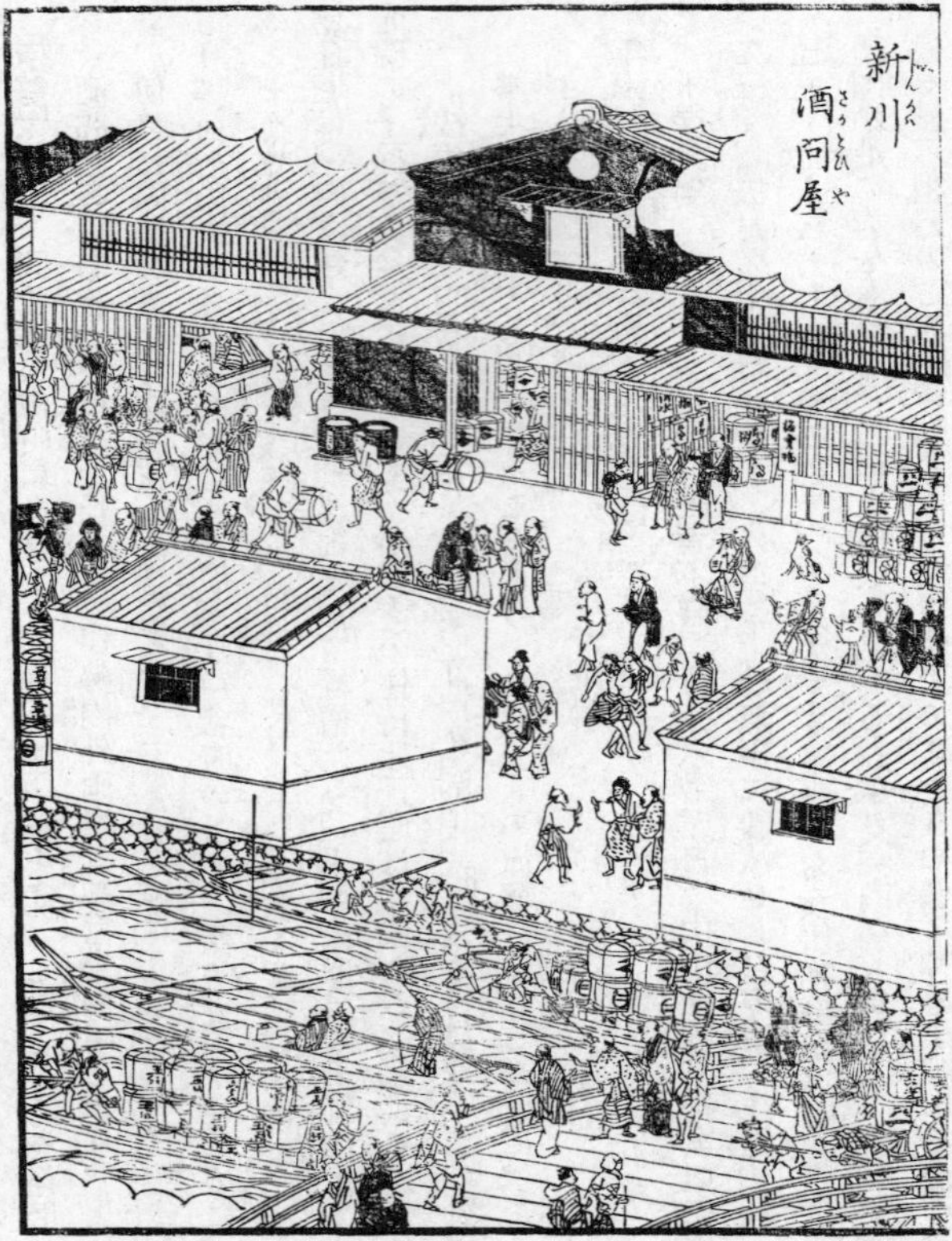
新川
酒問屋

新川　酒問屋

新川《しんかは》大神宮《だいじんぐう》
牛頭天王
八百万神
富士
天神
三峯
弁天

新川大神宮　何の木の花ともしらず匂ひかな　芭蕉

ことなり。

永代橋《えいたいばし》　箱崎《はこざき》より深川佐賀町《ふかがわさがちよう》に掛《か》くる。元禄十一年戊寅〔一六九八〕、はじめてこれを架《か》せしめらる。永代島に架《わた》すゆゑに名とす。長さおよそ百十間余あり。このところは、諸国への廻船輻湊《ふくそう》の要津《ようしん》たるゆゑに、橋上至って高し（この橋のかからざりし已前《いぜん》は、深川の大渡りとて、船渡しなりといふ）。東南は蒼海《そうかい》にして、房総の翠巒《すいらん》斜めに開け、芙蓉《ふよう》の白峰は、大城の西に峙《そばだ》ち、筑波の遠嶺は墨水《ぼくすい》に臨んで朦朧《もうろう》たり。台嶺・金竜の宝閣は、緑樹の蔭に見えかくれて、おのづから丹青《たんせい》を施すに似て、風光さながら画中にあるがごとし。

薬師堂《やくしどう》　霊巌島《れいがんじましろがねちよう》銀町にあり。別当は真言宗にして、医王山円覚寺《いおうさんえんかくじ》と号す。本尊は三州鳳《ほう》来寺《らいじ》峰《みね》の薬師《やくし》と同木同作にして（理趣《りしゆ》仙人刻するところなり）、大宝年間〔七〇一―〇四〕に造立ありしとなり（座像御丈《みたけ》三尺あり。鳳来寺薬師と称し、または、橋本薬師とも称せり）。この霊像は、もと高野山橋本の里にありしを、慶長年間〔一五九六―一六一五〕当寺の開基恵《え》生阿闍梨《しようあじやり》、この地に遷し奉り、後、霊巌寺《れいがんじ》の境内に安《あん》ず（深川霊巌寺のことなり。かの寺、始めこの地にあり）。万治〔一六五八―一六六一〕の後、霊巌寺深川《ふかがわ》にうつる。その頃、この薬師堂と稲荷《いなり》の社《やしろ》のみは、この地に残しとどめらるるといへり。

橋本稲荷《はしもといなり》の社《やしろ》　同じ境内にあり。このところの鎮守とす。社記に云《いわ》く、神像は弘法大師の作にして（御丈一尺二寸あり）山城国伏見《ふしみ》稲荷明神と同木同作なりといへり。往古《そのかみ》、高野山の麓、橋本の里に宮居を造りて安置ありしが、ゆゑありて、後、ここに勧請《かんじょう》なし奉るとなり。

恵《え》比《び》須《す》前《まえ》稲荷《いなり》祠　同所東湊町《ひがしみなとちょう》の南、高橋の北詰、人家の間にあり（別当は天台宗にして普門院《ふもんいん》と号す）。昔は、向井侯《むかいこう》のやしきにありしが、海賊橋《かいぞくばし》より引き移られし頃、宮居を構の外に出だされしとぞ。このところをゑびすの宮前《みやまえ》、または、蛭子《えびす》前《まえ》と唱へはべり（古老云《いわ》く、昔、この地より鉄炮洲《てっぽうず》・築地《つきじ》へかけて、一円の海なりし頃は、ここかしこに出洲《です》のみあり。この辺りの洲《す》に芝海老《しばえび》といへるもの多く集まる。ゆゑに、漁人字《あざな》にえびの洲と唱へ、その洲崎にありし稲荷の宮なるをもて、海老洲の宮とのみよびならはせしが、後世誤りて、蛭《ひる》子神《このかみ》に混じ、また、夷子《えびす》に転じ、いよいよ附会せしなりとぞ。この説、さもありなんかし）。

湊稲荷《みなといなり》の社《やしろ》　高橋の南詰にあり。鎮座の来由、詳《つまび》らかならず。この地は、廻船入津の湊《みなと》にして、諸国の商《あきな》ひ船《ぶね》、普《あまね》くここに運び、碇《いかり》を下ろして、この社の前にて、積むところの品をことごとく問屋へ運送す。このゆゑにや、近世《ちかごろ》、吉田家より湊神社の号を贈らるる。当社は

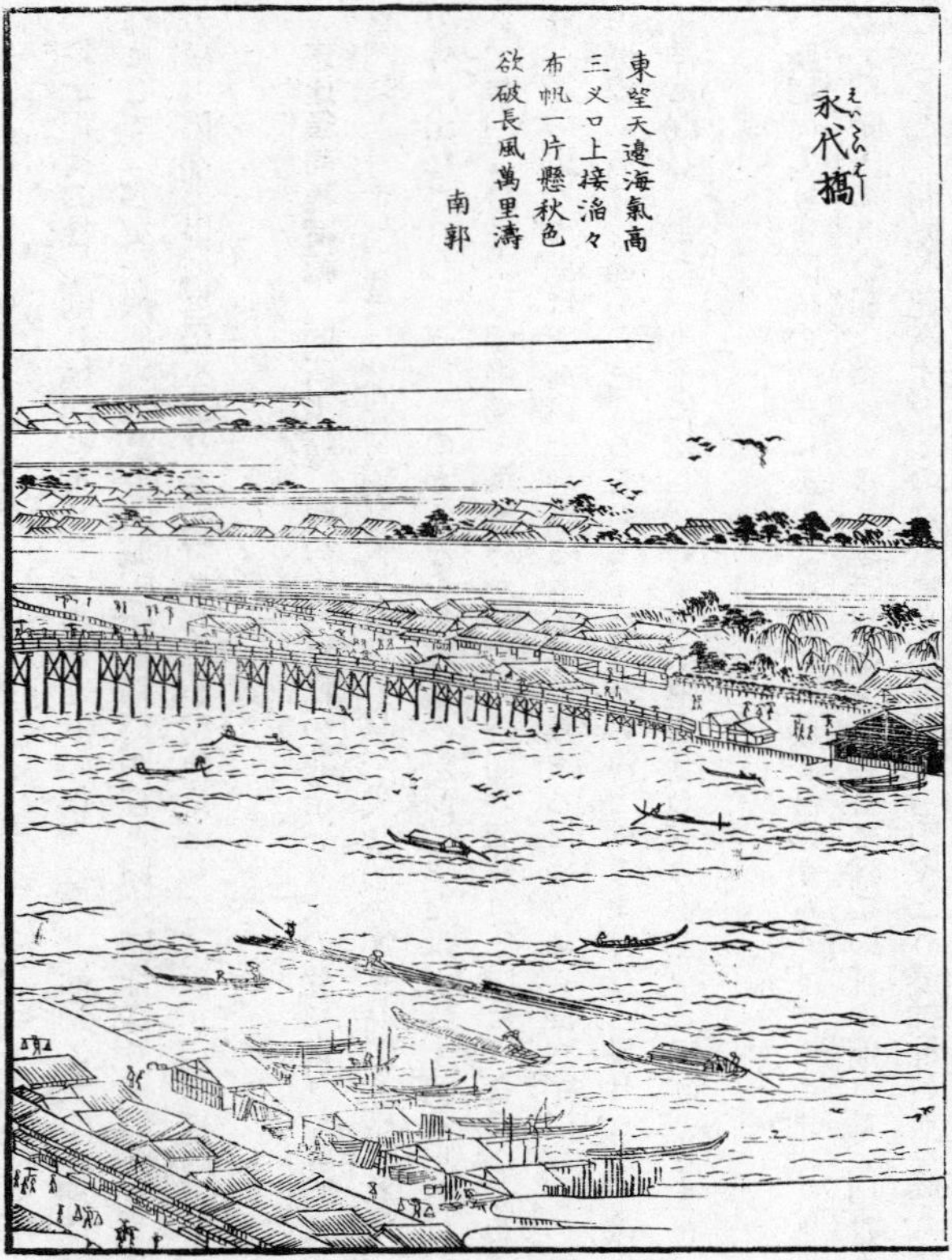
永代橋
東望天邊海氣高
三叉口上接滔々
布帆一片懸秋色
欲破長風萬里濤
南郭

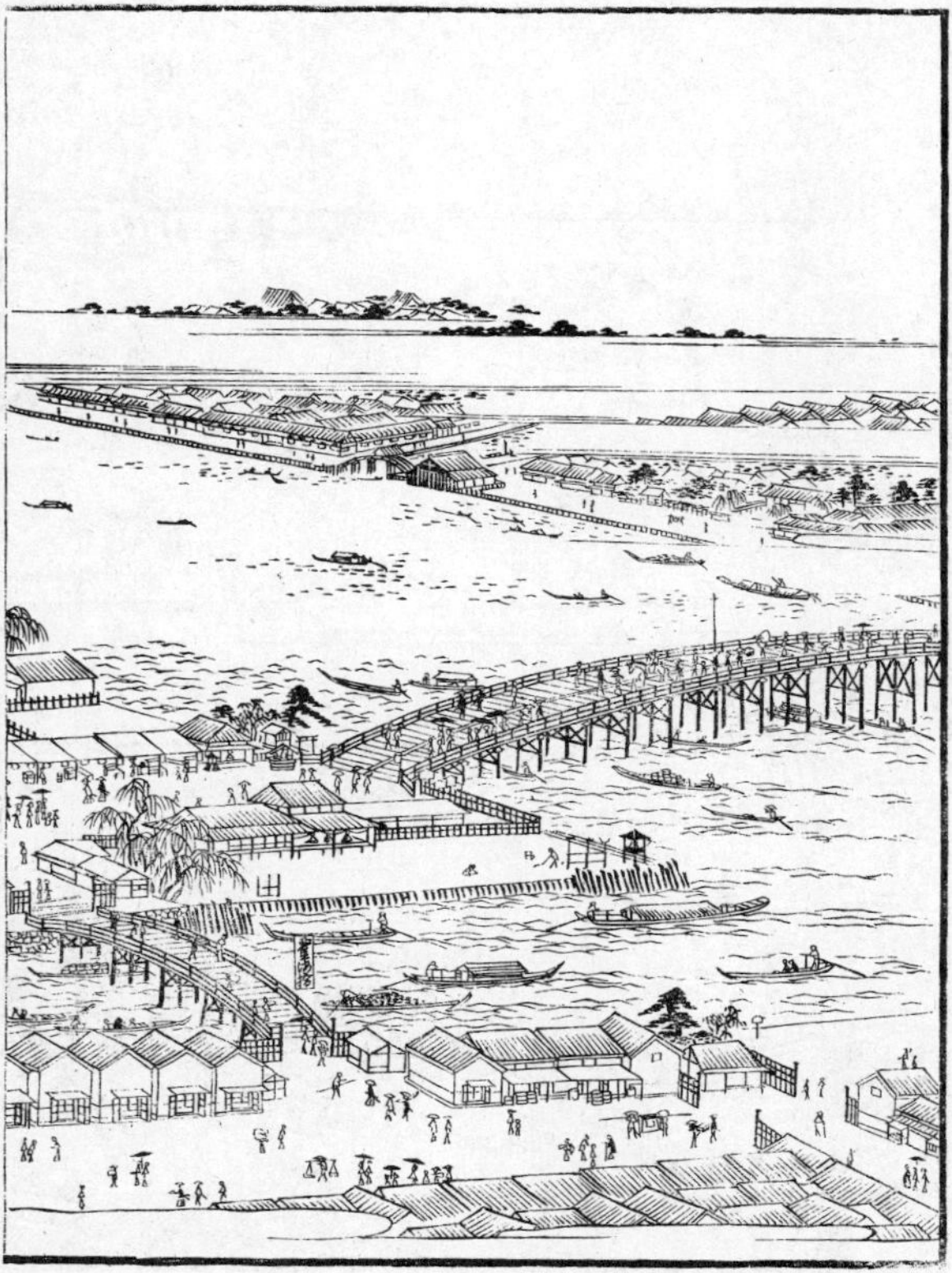

永代橋　東望天辺海気高し／三叉口上滔々に接す／布帆一片秋色に懸け／長風万里の濤を破らんと欲す　南郭

佃島《つくだしま》
住吉明神《すみよしみやうじん》社

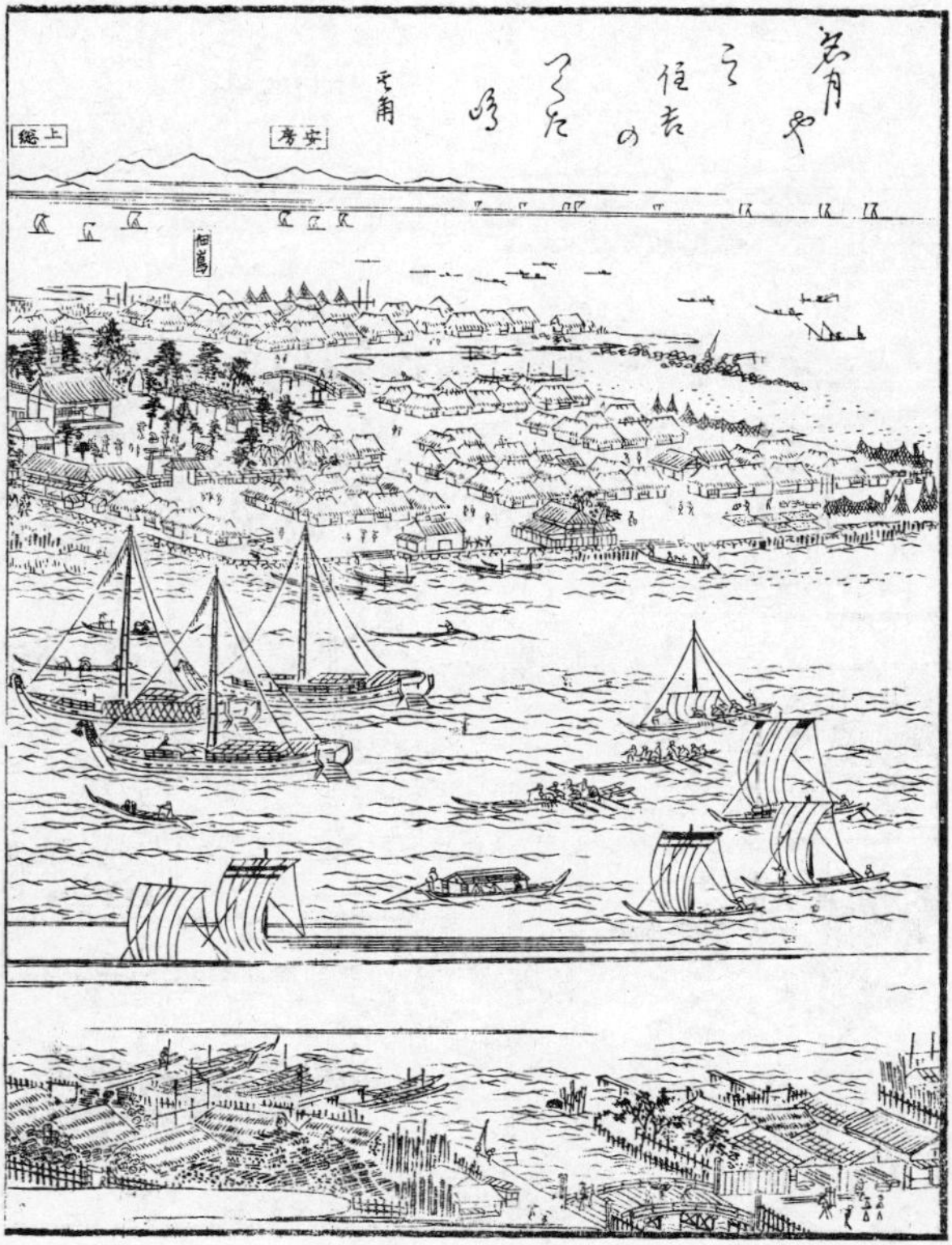

佃島　住吉明神社　名月やここ住吉のつくだ島　其角

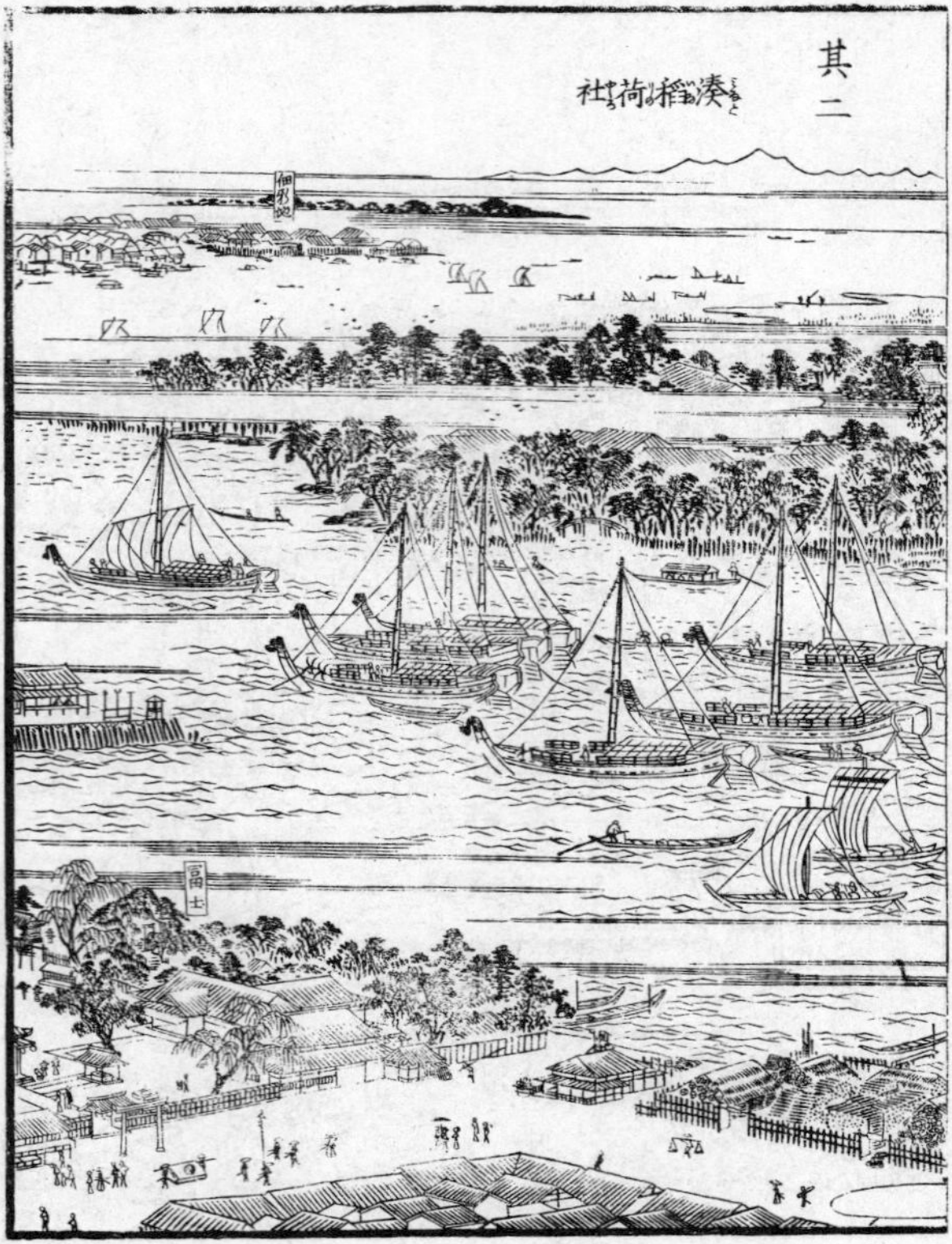
其二
湊《みなと》稲《いな》荷《り》社《やしろ》
富士

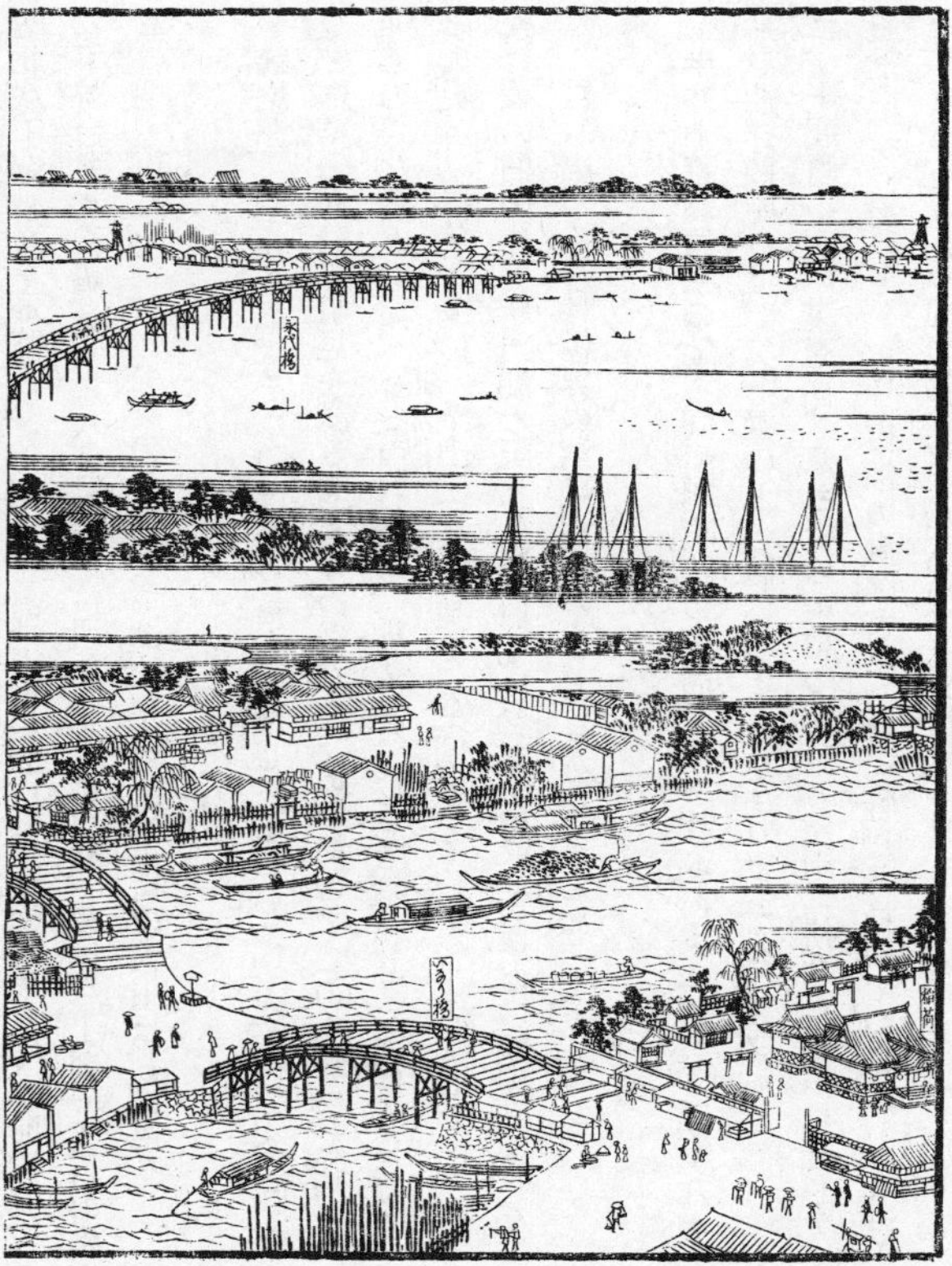

その二　湊稲荷社

南北八丁堀《はっちょうぼり》の産土神《うぶすな》なり。また、この川口の北に、監船所《ふなやくしょ》ありて、船の出入りを改めらる『事跡合考《じせきがっこう》』〔柏崎具元、一八世紀中頃〕にいふ、「この祠《やしろ》、昔は八丁堀一丁目の南岸《みなみぎし》にありしが、この地、年月を重ねて、家居立ちつづきければ、八丁目の大川はしに遷せし」とぞ〕。

鉄炮洲《てつぽうず》　南北へおよそ八町ばかりもあるべし。伝へいふ、寛永〔一六二四―四四〕の頃、井《い》上《うえ》・稲富《いなとみ》ら大筒《おおづつ》の町見《ちょうけん》を試みしところなりと、あるいは、この出洲《です》の形状、その器に似たるゆゑの号なりともいへり（白石先生〔新井白石、一六五七―一七二五。儒者〕の説に、この地は明暦火災〔一六五七〕後に、桑山伝兵衛《くわやまでんびょうえ》某《それがし》を奉行として、築《つ》き出だされしとなり。また、ある家珍蔵の旧図に、新出洲《しんです》と記せり）。いまは、薪・炭・石などの問屋、多く住せり。

打ち出づる月は世界の鉄炮洲玉のやうにて雲をつんぬく　　半井卜養

半井卜養翁《なからいぼくようおう》居宅の地　同所明石町《あかしまち》の裏通りにあり（ある人いふ、延宝九年〔一六八一〕、半井卜仙拝領屋敷は、父卜養のとき賜はるところなりと云々。寛文〔一六六一―七三〕江戸絵図に、十間町《じっけんちょう》の西の裏通り、寒さ橋の東詰の北の方《かた》、川に傍《そ》ひたる角《すみ》に記してあり）。半井卜養翁〔一六〇七―七八〕は、東都の御医官にして、牡丹花肖柏《ぼたんかしょうはく》の裔孫《えいそん》なり。連歌および狂歌をよくせらる。この地を賜はりし頃の口ずさみに、

卜養は本道《ほんどう》とこそ思ひしにうみちをとるは外科が望みか

按《あん》ずるに、『江戸砂子』〔菊岡沾涼、一七三二〕に、卜養の詠とすれども、歌の意《こころ》は他人の詠めるがごとく、不審少なからず。

了然禅尼《りようねんぜんに》庵室の地　この地に住みはべりしよし、『紫の一本《ひともと》』〔戸田茂睡、一六八三〕といへる草紙に見えたり。禅尼の行実《ぎようじつ》は、第四巻落合泰雲寺《おちあいたいうんじ》の条下に詳《つまび》らかなり。

佃島《つくだじま》　鉄炮洲《てつぽうず》に傍《そ》ひたる孤島をいふ（舟松町《ふなまつちよう》より舟渡しありて、ここに至る）。文亀年間〔一五〇一―〇四〕、江戸の旧図に向島《むこうじま》とあり。天正年間〔一五七三―九二〕、東照大神君〔徳川家康、一五四二―一六一六〕、遠州浜松の御城にましまし、皇都へ上りたまふ頃、摂津国多田《ただ》の御廟《ごびよう》および住吉大神にまうでたまふとき、神崎川《こうざきがわ》御船なかりしに、佃村《つくだむら》の漁父、猟船をこぎ出だして、渡し奉りしかば、伏見《ふしみ》御城にましますときも、御膳の魚を奉るべき旨、台命あり。また、西国へ御使ひなどの折からは、かならず漁船をもつて仕へ奉るべき旨、命ありしかば、大坂両度の御陣にも、軍事の密使、あるひは御膳の魚猟等のこと、日々怠りなく仕へ奉りしかば、その後、漁人三十四人江戸へめされ、慶長年間〔一五九六―一六一五〕、浅草川御遊猟のとき、網を引かせたまひ、同十八年〔一六一三〕八月十日、海川漁猟すべき旨、免許なしたまへり

佃島《つくしま》
白魚《しらうを》網《あみ》

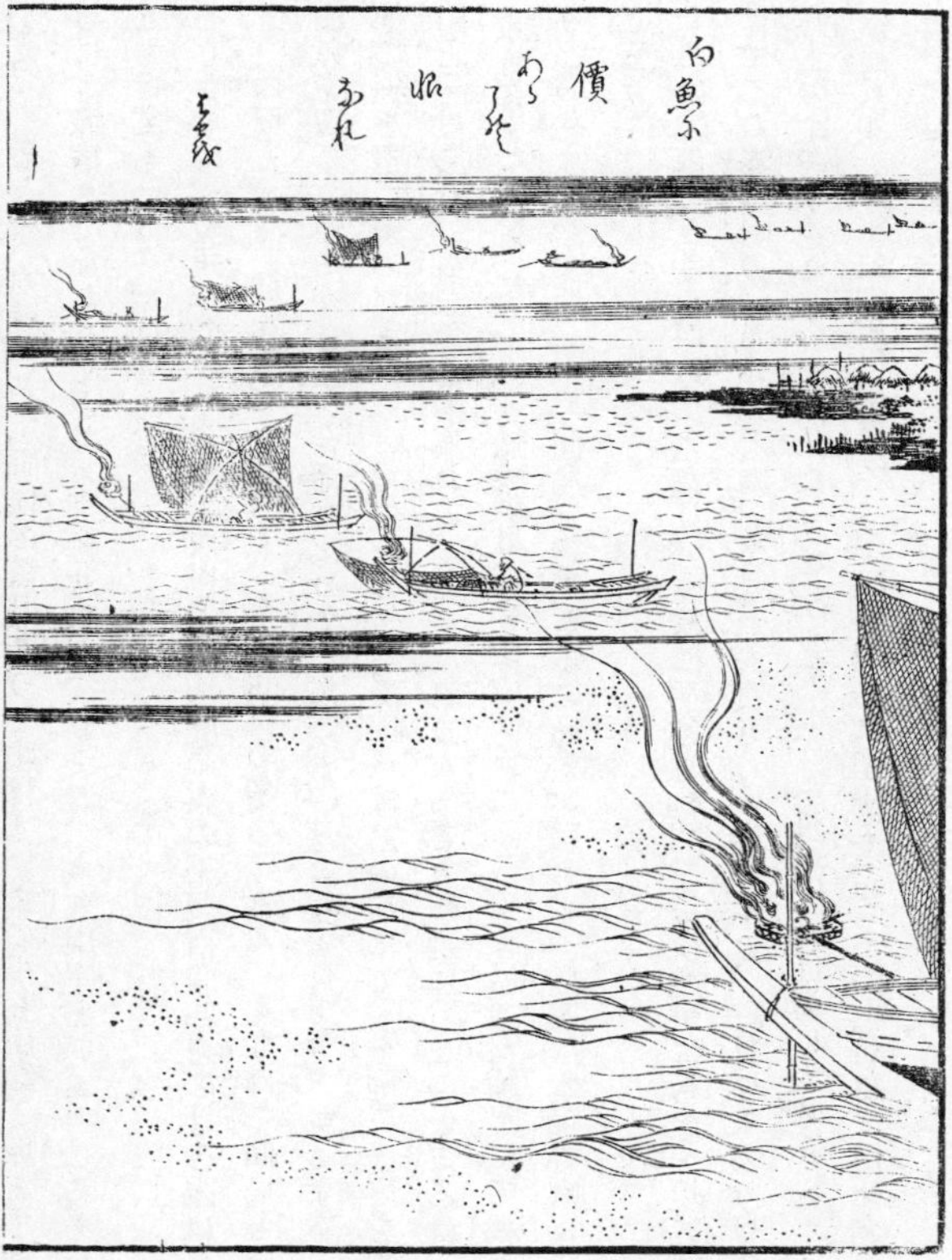

佃島　白魚網　白魚に価あるこそ恨みなれ　芭蕉

（その頃までは、安藤《あんどう》・石川《いしかわ》両侯の藩邸ありし頃は、いまの小石川網干坂《あみほしざか》・小網町《こあみちょう》・難波町《なにわちょう》等に、旅宿してゐたりしとなり。難波町に、いまも、六人川岸《がし》といふところありて、六人網と号けて《なつ》もつぱら用ゆるとなり）。

しかるに、寛永年間〔一六二四―四四〕、鉄炮洲の東の干潟《ひがた》百間四方の地を賜はり、正保元年〔一六四四〕二月、漁家を立て《た》並べ《なら》て、本国佃村の名を採り《と》て、すなはち佃島と号く。また、白魚を取りて奉るべき旨、台命によりて、毎年十一月より三月まで、怠らず奉る。その間《あいだ》は、他の猟を堅く禁め《いまし》たまへり。なほその後、深川八幡宮の前にて、空地《くうち》三千坪を賜はりて、佃町《ちょう》と号けられ、御菜魚《ごさいぎょ》をも奉れることとなれり（ある人の説に、このところは、始め安藤右京進《きょうのしん》やしきの地にして、住吉の社頭に繁茂するところの藤は、安藤家にて栽う《う》るところなりといへり。『広貢《こうぐ》』に、「佃島は紀州賀多《かた》の漁人雑居し、一島みな本願寺宗にて他宗なし」と云々）。

この地はことさら白魚に名あり。ゆゑに、冬月の間、毎夜漁舟に篝火《かがりび》を焼き《た》、四手網《よつであみ》をもつてこれを漁れり。都下おしなべて《すなど》これを賞せり。春に至り、二月の末よりは川上に登り、弥生《やよい》の頃、子を産す。その子、秋に至りて七、八月の頃、江海に入るといふ（『事跡合考《じせきがっこう》』〔柏崎具元、一八世紀中頃〕に云ふ、「両国の川筋に産するところの白魚は、尾州名古屋の浦よりとりよせたまふ」と云々）。

住吉明神社《すみよしみようじん》　佃島《つくだじま》にあり。祭る神、摂州の住吉の御神に同じ。神主は平岡氏《ひらおかうじ》奉祀す。正保年間〔一六四四―四八〕、摂州佃の漁民に、はじめてこの地を賜はりしより、ここに移り住む。本国の産土神《うぶすな》なるゆゑに、分社して、ここにも住吉の宮居を建立《こんりゆう》せしとなり（摂州の佃村は、西成郡《にしなりごおり》にあり。『古今集』に「たみのの島」とよめるはこれなり。かしこにも住吉明神の宮居ありて、神功皇后《じんぐう》三韓征伐御帰陣のとき、その地に、御船の艫綱《ともづな》をかけたまひしよりこのかた、佃村の地に御船の鬼板《おにいた》を伝へ、いつき祭ること千有余年なりといへり。当社は、この分社たり）。毎歳《まいさい》六月晦日、名越祓《なごしはら》ひ修行あり（例祭は、毎歳六月二十八日・二十九日両日なり。人々群集す）。

逍遥院実隆公《しようよういんさねたか》〔三条西実隆、一四五五―一五三七。歌人〕、住吉奉納和歌十首の題を詠《えい》じて奉りしなかに、江上月

この浦の入江の松に澄む月のみなれそなれて幾秋かへむ　戸田茂睡

名月やここ住吉のつくだじま　其角

この地は、都下を去ること咫尺《しせき》なれども、離れ島にして、漁人の住家のみ所得顔《ところえがお》なり。弥生《やよい》の潮乾《しおひ》には、貴賤袖を交《まじ》へて、浦風に酔ひを醒《さ》まし、貝拾ひ、あるは磯菜摘むなんど、その興ことに多し。月平沙《へいさ》を照らしては漁火《ぎよか》白く、蘆辺《あしべ》の水雞《くいな》、波間の千鳥も、ともにこの

寒橋《さむさばし》
西本願寺

寒橋《さむさばし》　青海や浅黄になりて秋のくれ　其角

地の景色《けいしょく》に入りて、四時《しいじ》の風光足らず、とすることなし。

鎧島《よろいじま》　佃島《つくだじま》の北に並べり。いま、石川島《いしかわじま》と号《なづ》く（俗に、八左衛門殿島《はちざえもんどのじま》ともいへり。昔、大猷公《ゆうこう》〔徳川家光、一六〇四―五一〕の御時、石川氏の先代、この島を拝領するより、かく唱ふるとなり。寛政四年〔一七九二〕、石川氏、永田町へ屋敷替《やしきが》へありしより、炭置場・人足寄場《にんそくよせば》等になれり）。旧名を森島《もりしま》といふよし、江戸の古図に見えたり（文亀〔一五〇一―〇四〕古図）。また、その図に記して云《いわ》く、この島、一名を鎧島と号く。古《いにし》へ、八幡太郎義家朝臣《はちまんたろうよしいえあそん》〔一〇三九―一一〇六〕、鎧を収めて神体とし、八幡宮を勧請《かんじょう》す。石川大隅守《いしかわおおすみのかみ》〔石川政次、一五八二―一六六二〕居住のときは、その庭中《ていちゅう》にありしが、いまは、鉄炮洲《てっぽうず》稲荷《いなり》境内にありと云々（ある人いふ、昔、猷廟《ゆうびょう》の御時、異国より鎧一領を奉りけるに、重くしてこれを持つものなかりしとき、石川氏の祖、大力なりければこれを片手に持ちて、大樹の御前へ披露なし奉る。ゆゑに御感賞のあまり、このところを宅地にたまふとなり。鎧を携へし賞として、給ふところの地なればとて、鎧島とは号けられけるとなり）。

江風山月楼《こうふうさんげつろう》　築地《つきじ》稲葉侯《いなばこう》別荘の号なり。寛文二年壬寅〔一六六二〕の春、このところの海汀《かいてい》を填《うず》み、土を積み、石を畳んで、翌《あく》る年の秋、その功なれりといふ。風光他に勝れ、ことに洞庭《どうてい》の秋影《しゅうえい》にも越えたりとなり。

咳逆耆嫗《せきのじじばば》（同藩中にあり。いづれも、高さ二尺ばかりの石像なり。稲葉侯〔稲葉正勝、？―一六三五。大名〕の始祖、小田原にありしとき、その辺りを巡見せられしに、とある深山《みやま》に至るに、一の草庵に、一人の老僧の住めるあり。その号を風外《ふうがい》といふと。後、これを城中に請《しょう》ぜんとすることしばしばなり。ゆゑに、その後、一度城に入り来《きた》り、城主に見《まみ》ゆるといへども、あへてよろこびとせず、受くるところの種々《くさぐさ》は、その家臣田崎某《それがし》がもとに置きて、出で去り、つひに行方をしらずとなり。その住みたるところの庵に、件《くだん》の石像を残してありしを、後、この地にうつされけるとなり。されど、耆嫗《きう》ともに、何人なることをしらずとぞ。伝へいふ、この耆嫗の石像を一双並べ置くときは、かならず耆の石像倒るることありとぞ。よつて、耆の石像は稲葉侯累代の牌堂《はいどう》に遷し、嫗の石像は稲荷の社前に置くとなり。また、耆の石像は、口中に病あるもの寄願し、嫗の石像は、咳を悩むもの寄願するに、かならず霊験ありといへり）。

西本願寺《にしほんがんじ》　同所、川を隔てて北の方《かた》にあり。俗に、築地《つきじ》の門跡《もんぜき》とよべり（ある人いふ、この地は、明暦四年〔一六五八〕に仰せのことありて、築《つ》くところなりといへり）。一向派《いっこうは》にして、京都西六条よりの輪番所《りんばんしょ》なり（宗派のもの、これを表方《おもてかた》といふ）。塔頭《たっちゅう》五十七宇《う》あり。

西本願寺
本堂
臺所門
臺所
對面所
鼓楼
番所
玄関

西本願寺

裏門

始め、横山町《よこやまちょう》二丁目の南側裏通りにありしを、明暦大火〔一六五七〕の後、この地に移さる。准如上人《じゅんにょしょうにん》〔一五七七—一六三〇。本願寺一二世〕を当寺の開祖とす（『江戸名所記』〔浅井了意、一六六二〕に、「神祖、御在世のときより、京都西本願寺の末寺を立てられ、宗流を汲む輩《ともがら》を勧めらるる」と云々。白石先生〔新井白石、一六五七—一七二五。儒者〕云《いわ》く、善養寺《ぜんようじ》といふ一向僧、東本願寺の建立《こんりゅう》を見て、公《おおやけ》へ願ひて立つるところなりとぞ。『和漢年契《ねんけい》』〔浅野高蔵、一七九七〕に「延宝八年庚申〔一六八〇〕、西本願寺立つ」とあり）。本尊阿弥陀如来は、聖徳太子の彫像にして、泉州堺の信証院《しんしょういん》よりうつす。毎年七月七日立花会《りっかえ》、十一月二十八日開山忌にて、七《しち》昼夜の法会《ほうえ》修行あり、これを報恩講《ほうおんこう》といふ。また、俗間、御講《おこう》と称す（塔中成勝院《たっちゅうじょうしょういん》に、俳仙杉風《さんぷう》翁〔一六四七—一七三二〕の墳墓あり）。

采女《うねめ》が原《はら》　木挽町《こびきちょう》四丁目より東の方《かた》、このところに馬場《ばば》あり。つねに賑《にぎ》はしく、講釈師・浄瑠璃の類《たぐい》、軒を並べて、行人《こうじん》の足をとどむ。享保九年〔一七二四〕まで、この地に、松平采《まつだいらうね》女正《めのかみ》定基《さだもと》〔一六八七—一七五九。大名〕のやしきありしゆゑとなり。同年正月晦日火災の後、やしきは麹町《こうじまち》三丁目の裏へうつされ、同十二年〔一七二七〕の頃、その跡へ新たに馬場を開かるるといへり（馬場の地は、天明五年〔一七八五〕、いまの芝西応寺《さいおうじ》町《まち》その代地《だいち》にて、町屋の地馬場なりといふ）。このところの井を、采女《うねめ》の井《い》といふも、かのやしきの用水なり。ゆゑに、

西本願寺
万年橋

采女が原

しか名づくるなり。

歌舞妓《かぶき》芝居《しばい》　木挽町《こびきちょう》五丁目にあり。いま、森田《もりた》勘弥《かんや》の歌舞妓芝居、綿々《めんめん》として相続す（芝居の基原《きげん》は、堺町《さかいちょう》・葺屋町《ふきやちょう》歌舞妓芝居の条下に詳《つまび》らかなり）。昔は、このところ六丁目に、山村長太夫《やまむらちょうだゆう》といひし名代《なだい》の狂言座ありて、中村・市村・森田等の芝居をあはせて、すべて四座なりしかど、正徳四年（一七一四）の頃、ゆゑありて、この芝居を止《や》めらる（山村長太夫座を、初めは岡村長兵衛といふ。実子なくして、従子《おい》七十郎といへるを養ひて、子とす。二代岡村五郎左衛門これなり。後に、名を改めて山村長太夫といふ。これも、女子のみありしかば、婿をとりて相続す。このときに至りて断絶せしなり。この芝居は、正保元年申歳（一六四四）に始まるとぞ。『東海道名所記』（浅井了意、一六五九）に、「木挽町に喜太夫《きだゆう》が浄瑠璃そのほか、異類異形《いぎょう》のものを見する」とあれば、昔は狂言座のほかに、見せ物の類ありしなるべし）。

織田《おだ》有楽斎《うらくさい》第宅《ていたく》の地　元数寄屋町《もとすきやちょう》の地なりといふ。慶長（一五九六―一六一五）の頃、この地を織田有楽斎に賜《たま》はりしが、この後は空地《くうち》となりて、三、四丁がほど、芝生《しばふ》となり、春は摘み草、夏は池水に涼みなんどして、その頃は林泉《りんせん》の形も残り、ことさら桜楓《おうふう》等の二樹多く、春秋ともに遊望《ゆうもう》の地にて、寛永〔一六二四―四四〕の頃までは折にふれて、大樹《たいじゅ》、この地に御遊猟などあらせられしとなり（有楽斎、名は長益源五郎《ながますげんごろう》と称す。乃其軒《ないきけん》と号す。法名融覚《ゆうかく》。信長公〔織田信長、一五三四―八二〕の弟にして、茶道を利休居士《りきゆうこじ》〔千利休、一五二二―九一〕に受けて一家《け》の風あり。元和七年〔一六二一〕に卒す。この人茶事《さじ》に長ず、ゆゑに、宅地にいくつともなく、数寄屋《すきや》を建て置かれし旧跡なればとて、後世、土人、数寄屋の唱へをうしなはずして、町の名によべりとなり）。

新橋《しんばし》　大通り筋、出雲町《いずもちょう》と芝口《しばぐち》一丁目との間に係《かく》る。正徳元年辛卯〔一七一一〕朝鮮人来聘《らいへい》の前、宝永七年庚寅〔一七一〇〕、このところに、新たに御門を御造営ありて、芝口《しばぐち》御門《ごもん》と唱へ、橋の名も芝口橋と更《あらた》められしが、享保九年

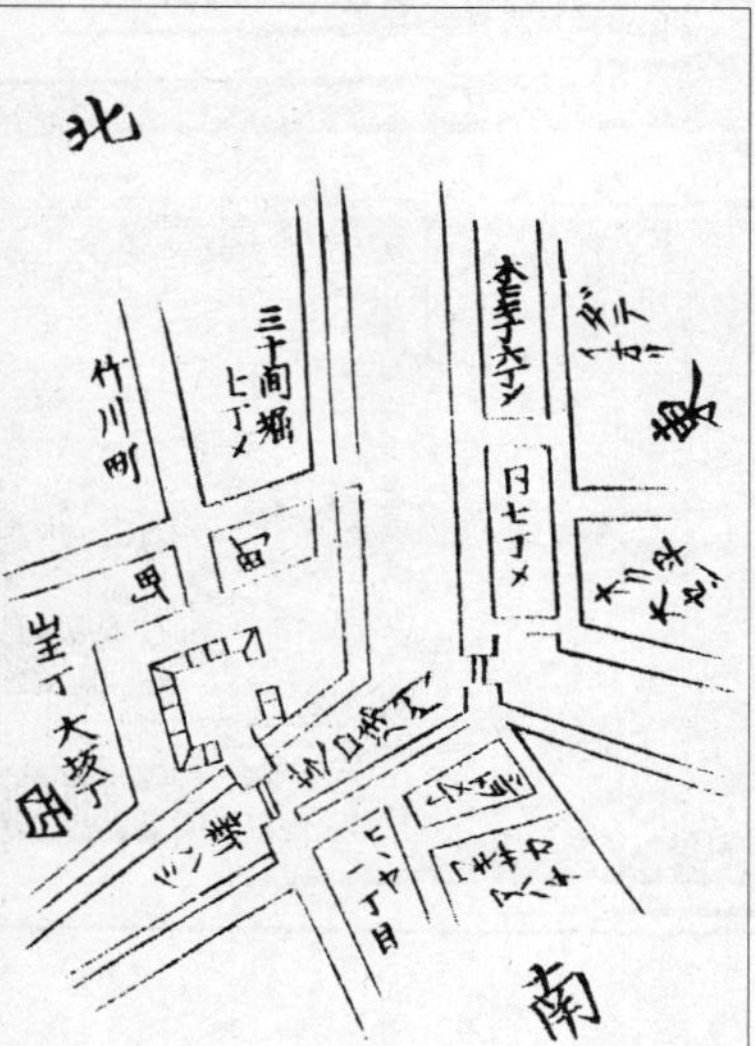

正徳四年江戸図

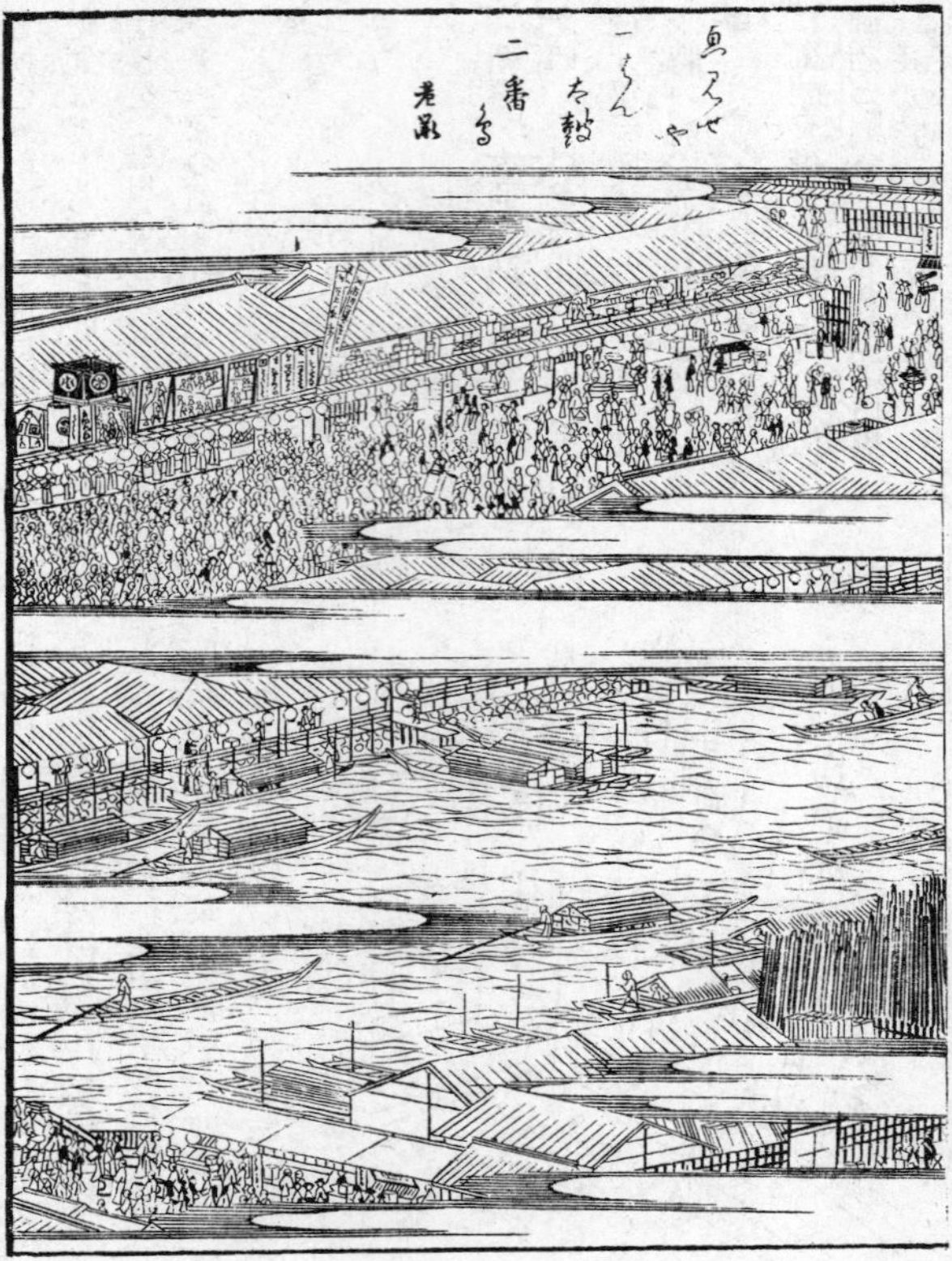
魚くせや
一ちん太鼓
二番目

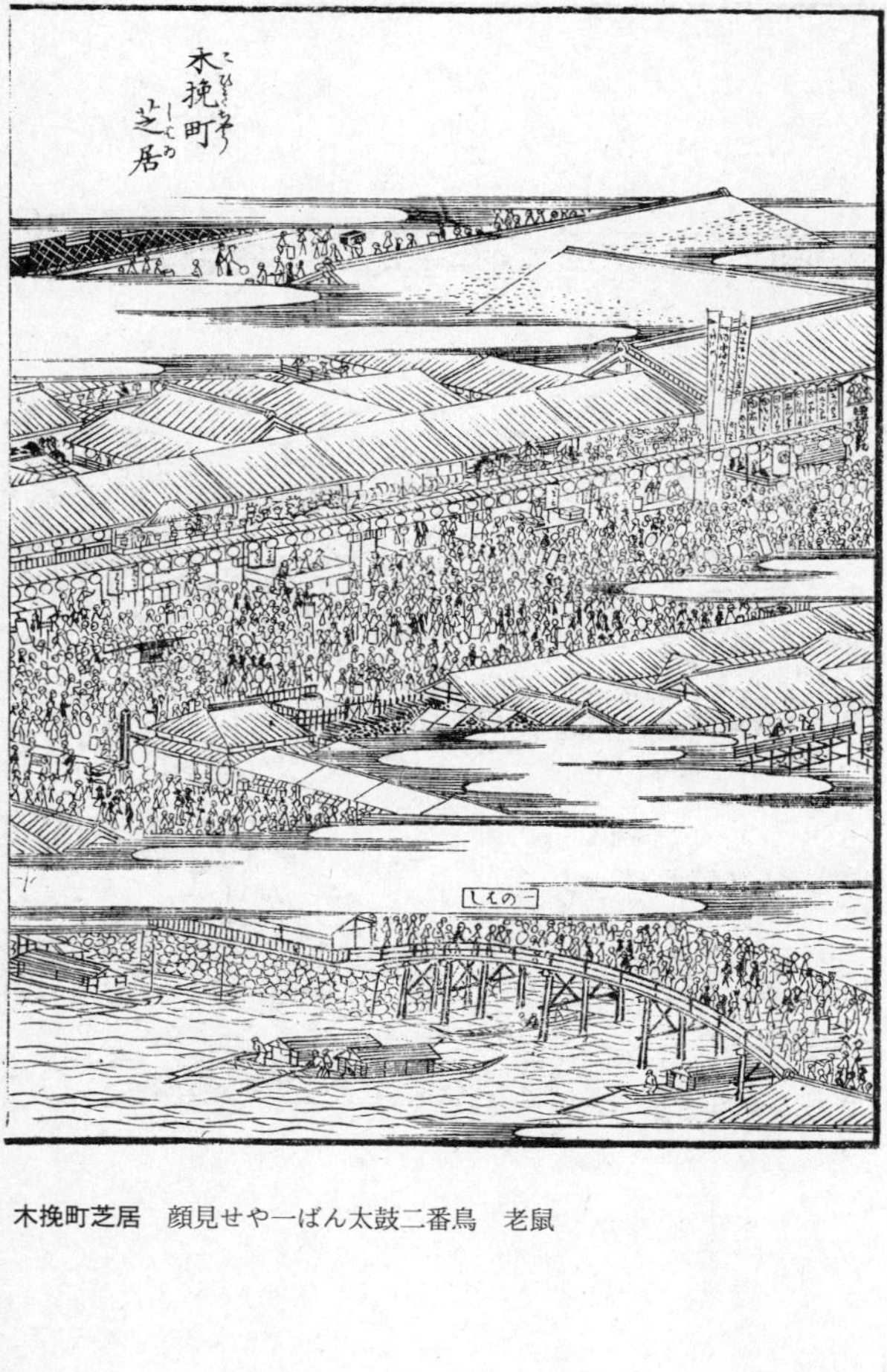

木挽町芝居　顔見せや一ばん太鼓二番鳥　老鼠

新橋
しふなへはし
汐留橋

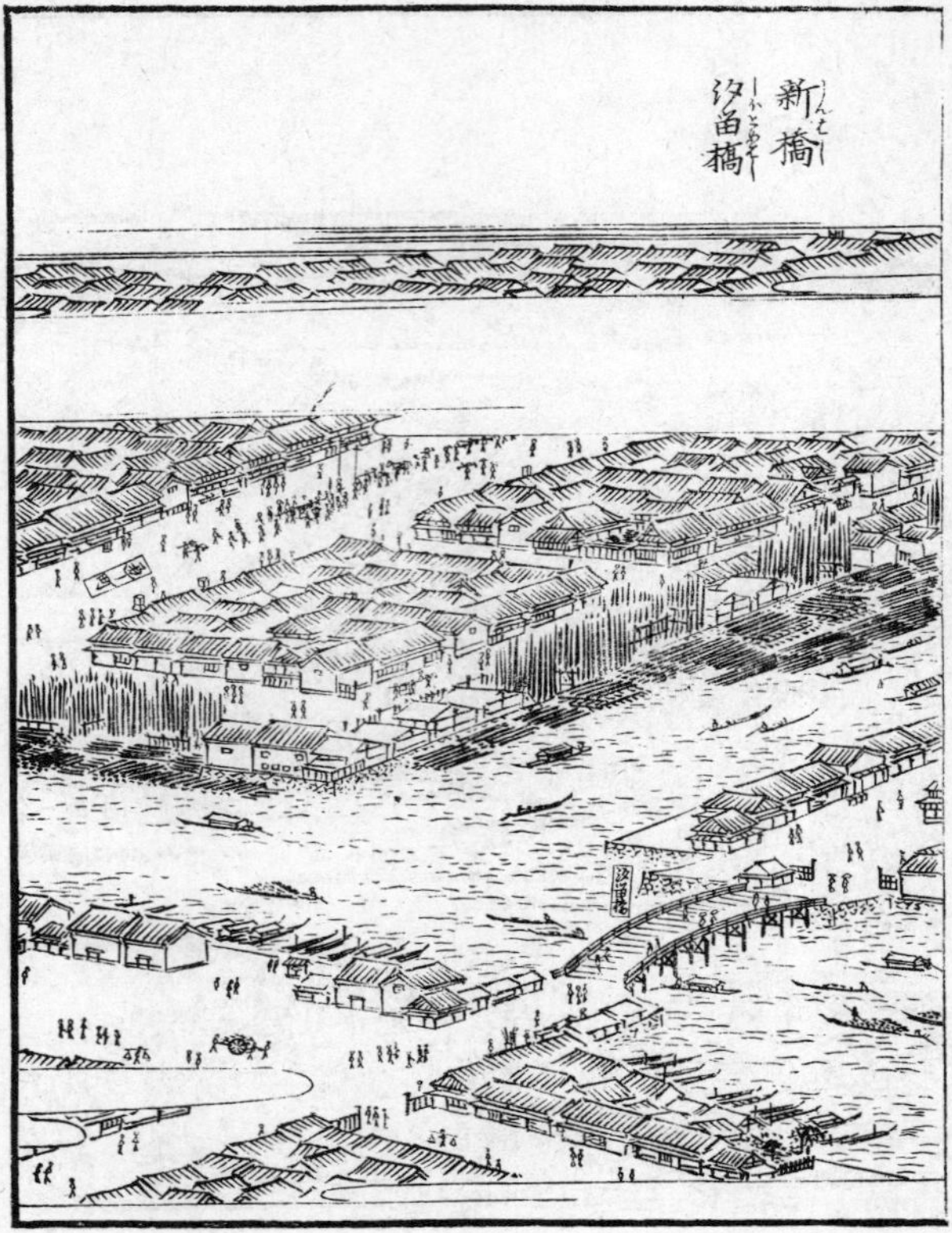

新橋　汐留橋

尾張町《をはりちやう》
布袋屋
亀屋
恵比須屋
呉服店

尾張町　布袋屋・亀屋・恵比須屋。呉服店。

金六町《きんろくちやう》
しがらき
茶店《さでん》

金六町　しがらき茶店

〔一七二四〕正月二十九日の火災に焼亡するの後は、また旧《いにし》への町屋《まちや》となされたり。この川筋の東、木挽町《こびきちょう》七丁目と芝口新町《しばぐちしんまち》の間に架《わた》せしを、汐留《しおどめ》ばしといふ。

三縁山増上寺《さんえんざんぞうじょうじ》 広度院《こうどいん》と号す。関東浄家《じょうけ》の総本寺、十八檀林《だんりん》の冠首《かんしゅ》にして、盛大の仏域たり。百一代後小松院《ごこまつ》〔一三七七―一四三三〕の御願《ごがん》にして、開山は大蓮社酉誉《だいれんしゃゆうよ》上人、中興《ちゅうこう》は普《ふ》光観智《こうかんち》国師《こくし》なり（十八檀林は、武・総・常・野等に存在す。阿弥陀仏六八本願のうち、第十八をもって最勝とするに因《ちな》み、御当家御称号、松平氏《うじ》の松や千歳《せんざい》を閲歴し、よく雪霜《せっそう》にをかされず、また、君子の操ありて、しかも、太夫《たいふ》の封《ほう》を受く、その字や木公《もくこう》に従ふ、細《こま》かにわかつときは十八公なり。よって、これを弥陀の十八願にかたどりたまひ、精舎《しょうじゃ》十八区を建てて、永く栴檀林《せんだんりん》とし、多く英才を育して、法運無窮の謀《はかりごと》を設けたまひ、御子孫永く安からんことは、霜雪の後、松樹ひとり栄茂するごとくとの盛慮に従ひ、源家の御代を、浄家の白《しら》旗流儀《はたりゅうぎ》により、千代万代《ちよよろずよ》までも守護し奉るべき旨を表したまふなりとぞ。以上『浄宗護国《じょうしゅうごこく》篇《へん》』〔観徹、一七一〇〕・『新著聞集《しんちょもんじゅう》』〔神谷養勇軒編、一七四九〕等の意を採摘す）。

本堂本尊、阿弥陀如来（恵心僧都〔源信、九四二―一〇一七〕の作にして、座像御長《おんたけ》四尺ばかりあり。あるいはいふ、仏工運慶〔?―一二二三〕が作なりと）。

額《がく》「三縁山」、廓山《かくざん》上人〔一五七二―一六二五〕真蹟《しんせき》（上人は当寺第十三世なり。甲州の産に

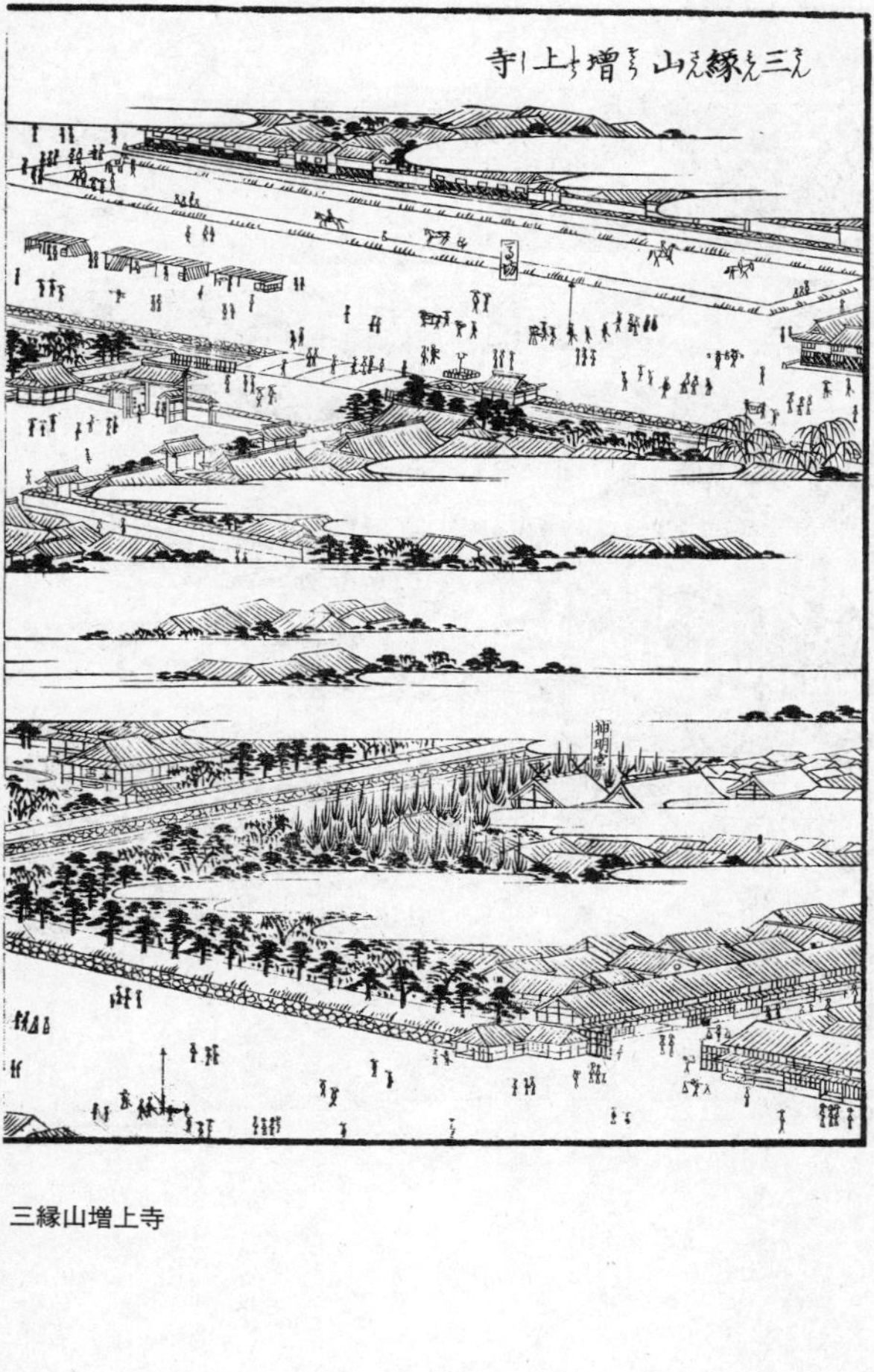

三縁山増上寺

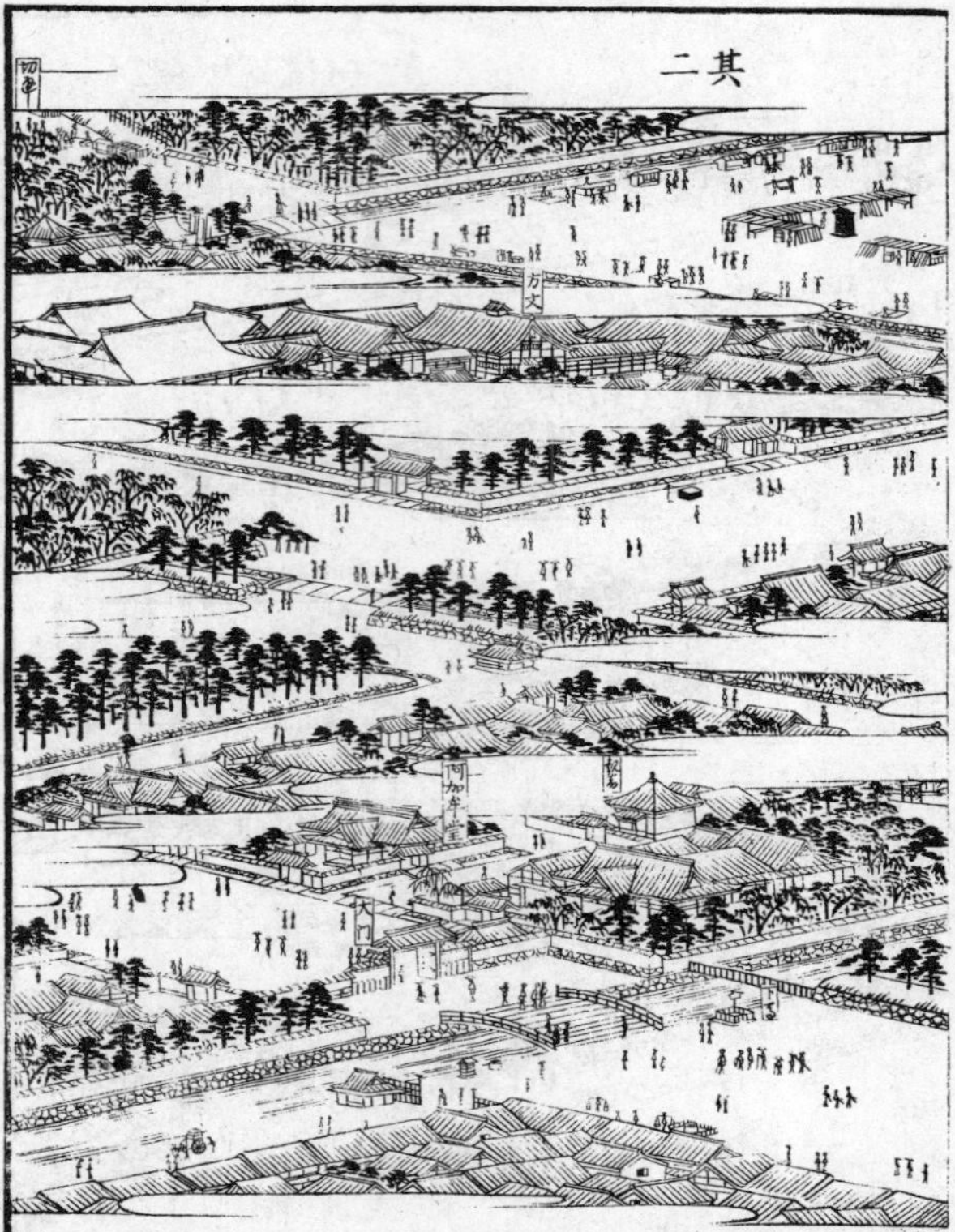
其二
方丈
大門

その二

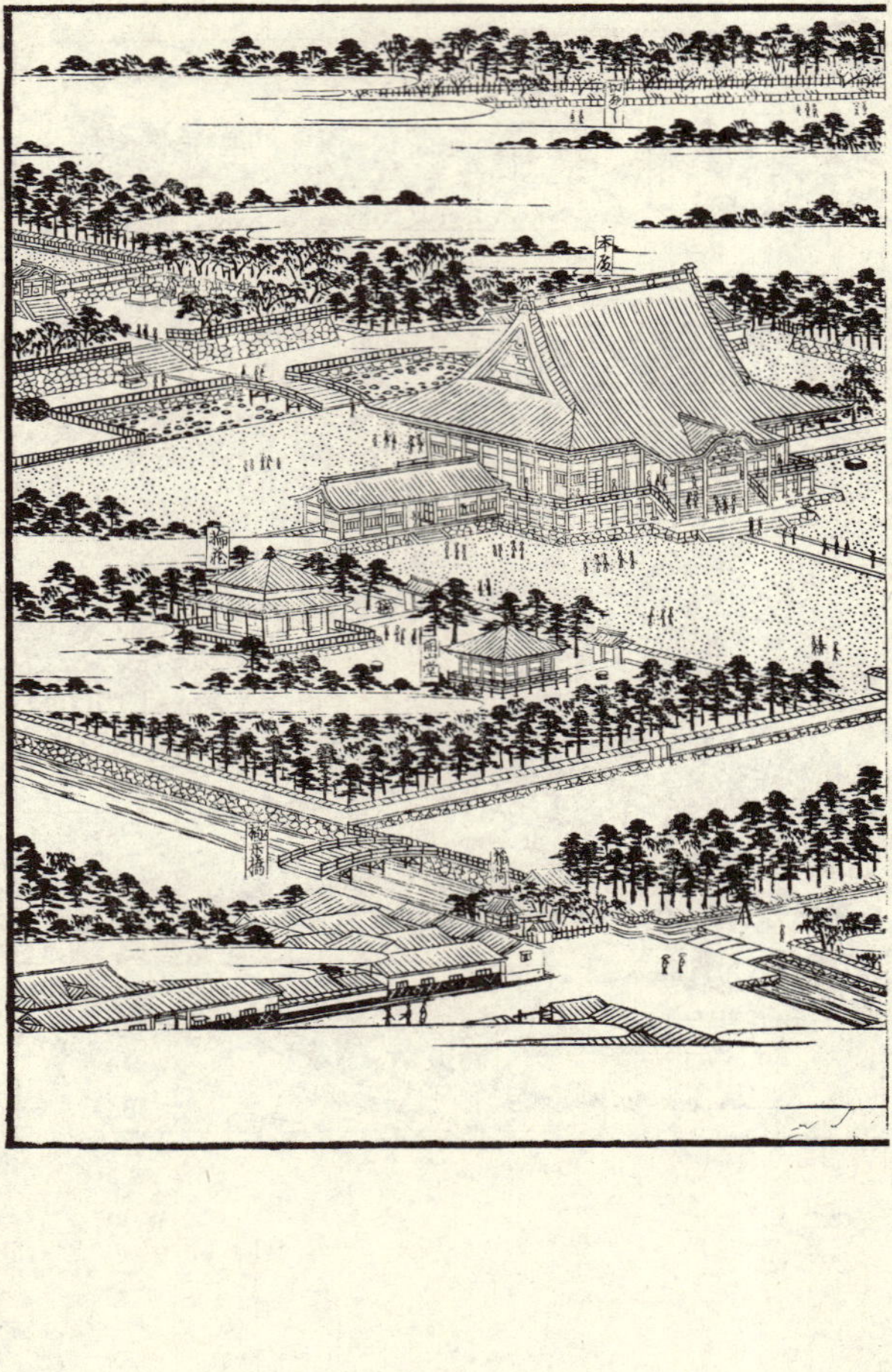
本堂
開山堂

その三

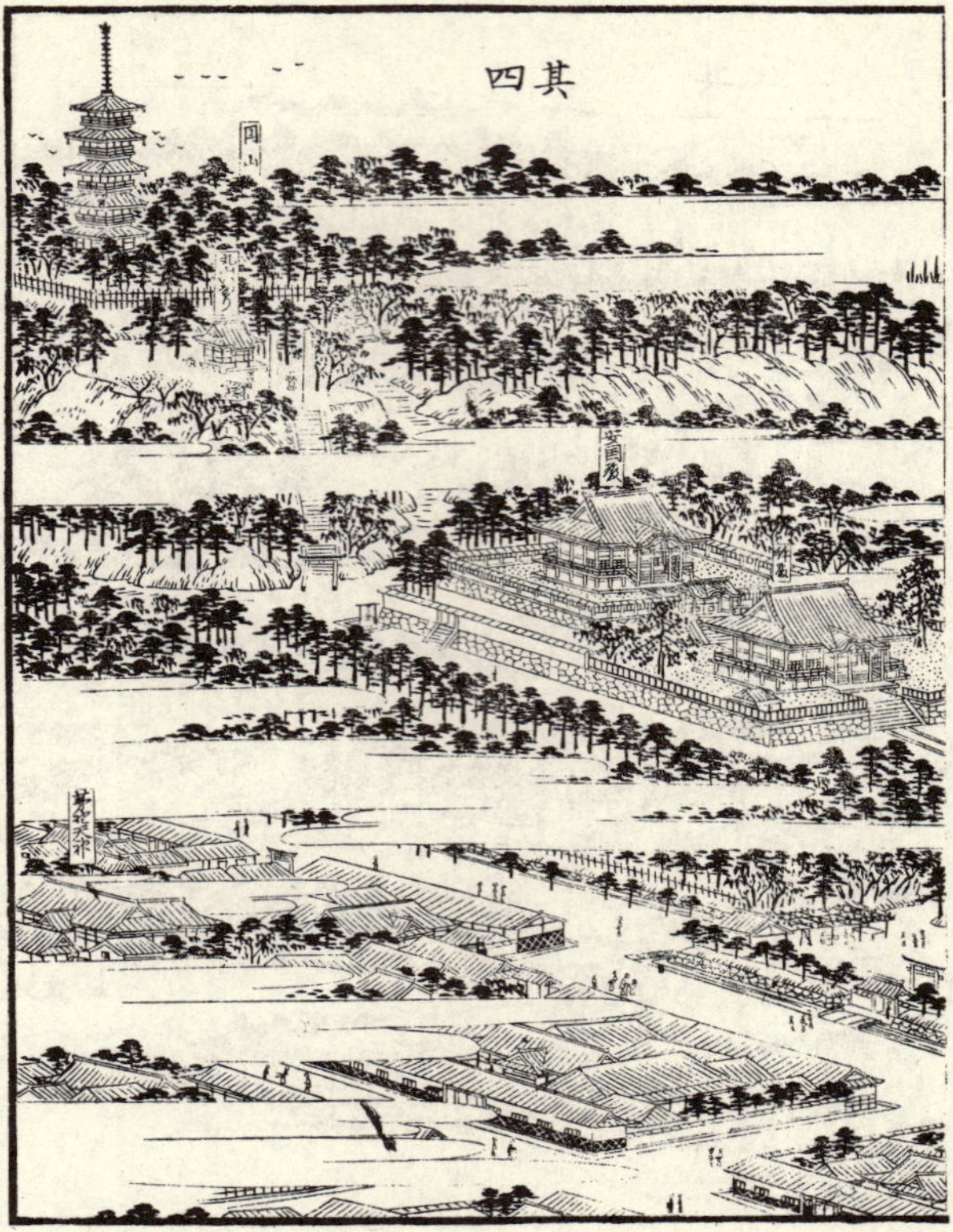

その四

して、高坂弾正《こうさかだんじょう》〔一五二六―七八〕の子なりといへり）。

御経蔵（本堂の前、左の方、塀のなかにあり。ある人いふ、ここに納むるところの一代蔵経は、宋板にして、その先《せん》、豆州修善寺《しゅぜんじ》にありて、平政子《たいらのまさこ》の寄附なりとぞ。後、彦坂九兵衛尉《ひこさかくひょうえのじょう》、台命を奉じ、当山にうつすとなり。菊岡沾涼《きくおかせんりょう》〔一六八〇―一七四七。俳人〕いふ、昔は方丈にありしを、寛永九年〔一六三二〕照誉上人了学大和尚《しょうよりょうがく》、経蔵を創立したるとなり。いまは官造に列す）。

開山堂（同所左にならぶ。当寺開山以下、累世大僧正の肖像、および霊牌等を置かれたり）。

開山西誉上人《ゆうよしょうにん》、諱《いみな》は聖聡《せいそう》、大蓮社《だいれんしゃ》と号す（鎮西正統《ちんぜいしょうとう》第八世の祖とす）。貞治五年〔一三六六〕七月十日（『千葉系図』貞治二年〔一三六三〕六月三日とあり）、北総の千葉に生まる。父は千葉陸奥守氏胤《むつのかみうじたね》、母は新田氏《にったうじ》なり。童名を徳寿丸《とくじゅまる》といふ（一書に、徳千代とあり）。加冠して胤明《たねあきら》と称す。出離《しゅつり》の志深く、釈典を慕ふ。九歳にして、つひに同国千葉寺に入りて落飾し、はじめて密教を学び、後、冏公《けいこう》〔西蓮社了誉聖冏〕に投帰して浄宗に入り、智道、ますます熾《さか》んなり。その後、武州豊島郡《としまごおり》江戸貝塚の光明寺《こうみょうじ》に住せらる（いまの増上寺これなり。『江戸名勝志』〔藤原之廉、一七三三〕にいふ、「増上寺の旧地は、糀町《こうじまち》一丁目越後やしきといふ辺なり」とあり）。この寺、始めは真言瑜伽《しんごんゆか》の道場なりしが、つひに光明寺を改めて、三縁山増上寺と号し、宗風をも転じて、浄業《じょうごう》の精舎《しょうじゃ》とす。永享十二年庚申〔一四四〇〕七月十八日寂《じゃく》す。歳《とし》七十五、臘《ろう》六十七（『東国高僧伝』〔高泉性潡、一六八八〕に、「応永二十四年〔一四一七〕に寂す。寿詳《じゅつまび》らかならず」とあり）。

中興開山、勅賜普光観智国師《ちょくしふこうかんちこくし》、諱《いみな》は存応《そんおう》、字《あざな》は慈昌《じしょう》、貞蓮社源誉《ていれんしゃげんよ》上人と号す（平山左衛門《ひらやまさえもんの》尉季重《じょうすえしげ》の後裔なり。『伝灯系図』にいふ、「姓は由木《ゆき》、または、金吾校尉《きんごこうい》源《みなもとの》利重《としげ》」云々）。天文十三年〔一五四四〕（『護国篇』十年に作る）武州《ぶしゅう》由木に生まる。始め、衣《ころも》を片山の宝台寺に摳《かいつくろ》ひ、十八歳感誉《かんよ》上人に帰して、登壇受戒す。天資聡悟《そうご》にして、顕密《けんみつ》の教を究《きわ》む。上人没後《もつご》、上簑に到りて長伝寺を創し、おほいに法席を開く。人呼んで、教海の義竜《ぎりょう》、蓮苑《れんえん》の祥《しょう》鳳《ほう》といふ。天正十三年〔一五八五〕雲誉《うんよ》上人〔?―一五八四〕の会下《えか》にあり。同十七年八月、璽《じ》書《しょ》を伝承して、増上寺第十二世となる（当寺第十二世たり）。同十八年、天下安靖《あんせい》なるに逮《およ》んで、おほいに大神君〔徳川家康、一五四二―一六一六〕の眷顧《けんこ》をたまひ、しばしば営中に請《しょう》ぜられて、法要を聴受《ちょうじゅ》したまひ、崇信《そうしん》他に異なり。つひに、増上寺を修営せられ、植福《しょくふく》の地となしたまへり。また、後陽成帝《ごようぜい》〔一五七一―一六一七〕、師を宮内《きゅうない》に徴《め》して、道を問ひたまふ。盛んに浄教の深旨を陳ず。叡感《えいかん》ありて褒章《ほうしょう》を加へ、新たに宸翰《しんかん》を染めたまひ、とくに、普光観智国師の号を賜ふ。ときに、慶長十五年〔一六一〇〕七月十九日なり。元和六年〔一六二〇〕、師微恙《びしつ》を示す。嗣君《しくん》大将軍みづから臨んで、忝《かたじけな》くも疾《やま》ひを問はせたまふ。十一月二日、諸徒に遺誡《ゆいかい》し、辞世の偈《げ》を書して曰く、「仏話提撕心頭《ぶつわだいせいしんとう》の塵《じん》、末後《まつご》の一句《いっく》ただ仏《ぶつ》と称す」と、筆を抛《なげう》ちて端座合掌し、仏号を唱へて化す。世寿《せいじゅ》七十有七、僧臘六十（『護国篇』世寿八十とあり。いづれか是《ぜ》なることをしらず）。門葉甡々《しんしん》として、学徒流れに浴す。撰述するところ『論義決択集《けつじやくしゅう》』『阿弥陀経直譚《じぎだん》』等、おほいに世に行はる（以上『浄土高僧伝』『浄宗護国篇』『伝灯系図』等に出でつ）。

大銅鐘《だいどうしょう》（本堂の右の方にあり。鐘の厚さ尺余、口の渡り五尺八寸ばかり、高さ一丈ほどあり。銘に曰く、「新たに洪鐘《こうしょう》を鋳《い》て、三縁山増上寺の楼に掛く。二十六世森誉《しんよ》上人歴天《れきてん》大和尚、延宝元癸丑年〔一六七三〕十一月十四日。神谷《かみや》長五郎《ちょうごろう》平《たいらの》直重《なおしげ》、須田《すだ》次郎太郎《じろうたろう》源《みなもとの》祇寛《ただひろ》、鋳工椎名《しいな》伊予《いよ》吉寛《よしひろ》」云々。その声洪大にして、遠く百里に聞こゆ。一撞《ひとつき》の間の響き、もっとも長くして、行人一里を歴《ふ》るとて、諺《ことわざ》に一里鐘と称す。風に従ひて、当国熊谷《くまがや》の辺に聞こゆることあり。かしこは江戸より十六里を隔つ。また、安房・上総へも聞こゆるといへり）。

熊野《くまの》三所権現《さんしょごんげん》祠（同所にあり。すなはち当寺の鎮守にして、護法の神と称す）。

黒本尊《くろほぞん》の堂（本堂の後、蓮池《はすいけ》より奥の方《かた》にあり。本尊阿弥陀如来の像は、恵心僧都〔源信、九四二―一〇一七〕の作なり。御長二尺六寸、相向《そうごう》円備にして、生身《しょうじん》の仏体に向かふがごとし。世人呼んで黒本尊と称せり。多くの星霜を歴《へ》て、金泥ことごとく変じて黒色となる。ゆゑに、この称ありとも、あるいは源九郎義経《げんくろうよしつね》〔一一五九―八九〕奉持するところ、ゆゑに九郎本尊といふの意なりとも。始め、参州〔三河国〕桑子《くわこ》の明眼寺《みょうげんじ》にありしを、某《それがし》の邑《むら》の調《ちょう》をもって寺産に充《あ》つ。この霊像を得たまひて、つねに御念持仏《ねんじぶつ》となしたまひしが、つひに当寺に遷したまふとなり。元禄八年〔一六九五〕、増上寺御修営《しゅえい》のとき、桂昌《けいしょう》一位尼公〔一六二七―一七〇五。徳川綱吉の生母〕、重ねて仏龕《ぶつがん》を新たにし、宝帳・玉扉、構飾精巧を極《きわ》むと。以上『浄宗護国篇』に載するところなり。毎歳《まいとし》正月十六日・四月八日・同十七日、諸人ここに参詣することをゆるさる）。

三門《さんもん》（元和九年癸亥〔一六二三〕御建立。あるいはいふ、八年なりと。楼上に釈迦《しゃか》・文殊《もんじゅ》・普賢《ふげん》、および十六阿羅漢《あらかん》等の木像を置く。正月・七月の十六日、二月・八月の彼岸の中日、また、二月十五日・四月八日等に登楼をゆるさる）。

安国殿《あんこくでん》（本堂構《かま》への外、南の方にあり。四月十七日は、御祭礼にて、参拝を許さるるゆゑに、詣《けい》する人多し。来由はその憚《はばか》りあるをもって、これを略す。御別当を安立院《あんりゅういん》と号す）。

五層の塔（同所御仏殿の地、蒼林のうちにあり。酒井雅楽《うた》侯の建立なりといへり）。

涅槃石《ねはんせき》（同所にあり。御彫物師吉岡豊前《よしおかぶぜん》作なりといへり。羅漢石《らかんせき》とも号《なづ》く）。

曼荼羅石《まんだらいし》（同所にあり。後藤祐乗《ごとうゆうじょう》・得乗《とくじょう》の作なりとぞ。来迎石《らいごういし》とも名づく）。

鷹門《たかもん》（同所にあり）。

極楽橋《ごくらくばし》（同所前の溝に架するところの石橋をいふ）。

宗廟《そうびよう》（御当家御代々の御霊屋《ごれいや》なり。当寺院中より御別当を務む）。

御常念仏堂《おんじようねんぶつどう》（涅槃門の方《かた》にあり。恵照律院《えしようりついん》と号す。浄土律にして、当山の別院たり。横蓮《おうれん》社縦誉心岩《しやじゆうよしんがん》上人開基す。同巻、赤羽心光院《あかばねしんこういん》の条下に詳《つまび》らかなり。当院に上人真筆の涅槃像の印板あり。有信《うしん》の輩《ともがら》に授与す。他の図に異なり）。

性寿庵《しようじゆあん》（方丈の後ろの方にあり。尾州清須《きよす》の城主、松平薩摩守忠吉《ただよし》の霊牌《れいはい》を置く。ゆゑに、俗に薩摩堂《さつまどう》とよべり。側《かたわら》に、小笠原監物《おがさわらけんもつ》を始めとして、殉死《じゆんし》五人の石塔あり。柳の井といふは、同所南の坂通りにある名泉なり）。

飯倉《いいくら》天満宮（天神谷《てんじんだに》にあり。当山の地主神《じしゆしん》なり、昔、飯倉の神明もこの地にありしとなり。社地に梅樹を多く栽ゑて、二月の頃、一時の荘観たり。

茅野《かやの》天満宮（同所南の方松林院にあり。神像は菅神〔菅原道真、八四五―九〇三〕の直作《じきさく》とぞ）。

円光東漸大師《えんこうとうぜんだいし》旧跡（山下谷明定院《やましただにみようじよういん》にあり。これも当山の別院なり。明定院、前《さきの》大僧正定月《じようげつ》大和尚、明和七年〔一七七〇〕に建立《こんりゆう》せらる。六間四面の堂にして、戒壇《かいだん》造りなり）。

円座《えんざ》の松《まつ》（同所にあり）。

円山《まるやま》（同所にあり）。

弁財天の祠《やしろ》（赤羽門の内、蓮池の中島にあり。本尊は智証《ちしよう》大師の作なり。右大将頼朝《よりとも》卿

〔源頼朝、一一四七―九九〕、鎌倉の法花堂《ほつけどう》に安置ありしが、星霜を経て後、観智国師感得ありて、当寺宝庫に納めありしを、貞享二年〔一六八五〕、生誉霊玄《しようよれいげん》上人、このところに一宇を建てて、一山の鎮守とあがめられ、宝珠院別当たり。中島を芙蓉洲《ふようしゆう》と号《なづ》く。このところ、門より外は赤羽にして、品川への街道なり）。

子聖《ねのひじり》権現の社（山下谷にあり。清林院別当す）。

産千代稲荷《うぶちよいなり》（観智院にあり。昔は普光院と号すとなり。当寺は合蓮社明誉檀通《みようよだんつう》上人の旧跡なりといへり）。

阿加牟堂《あかむどう》（東の大門の通り、常照院にあり。常念仏の道場なり）。

大門《だいもん》（東に向かふ。当山の総門なり。外に下馬札《げばふだ》を建てらる）。

御成門《おなりもん》（北の方、馬場に相対す。このところにも下馬札あり）。

涅槃門《ねはんもん》（切り通しの上にあり。恵照院《えしよういん》に涅槃像あるゆゑなるべし）。

柵門《やらいもん》（山下谷より赤羽へ出づるゆゑに、また赤羽門ともよべり）。

当寺、旧古は貝塚の地にありて、光明寺と号せし真言瑜伽《しんごんゆか》の密場《みつじよう》にして、後小松《ごこまつ》院〔一三七七―一四三三〕の御願によつて、草創ありし古刹《こせつ》なりしに、至徳二年〔一三八五〕、西誉《ゆうよ》上人移り住するの後、つひに了誉《りようよ》上人（伝通院三ケ月上人のことなり）の徳化に帰し、寺を改めて、三縁山増上寺と号し、宗風を転じて浄刹《じようせつ》とす（『事跡合考《じせきがつこう》』〔柏崎具元、一八世紀中頃〕に出だせる『三縁山歴代系譜』に云《いわ》く、「当寺草創の地は、貝塚今糀町《いまこうじまち》辺、中頃日比谷《ひびや》辺に移る。後慶長の初め芝に移る」云々。日比谷より芝へ移りしは慶長三年戊戌（一五九八）八月なり。『武徳編年集成』（木村高敦、一七四〇）に、「慶長三年戊戌、去《いぬ》る天正十八年辛卯（一五九〇）、平川口へ移されし増上寺を、芝の地にうつす」とあり。平川・日比谷、古《いにし》へ地を接す、ゆゑに混じていふか）。

東照大神君（徳川家康、一五四二―一六一六）、天正十八年（一五九〇）はじめて江戸の大城《おおしろ》に入らせたまふとき、州民鼓腹《こふく》し、老幼相携へて、道路に拝迎し奉る。幸ひに寺門の前路を通御《つうぎょ》あるにより、観智国師もこれを拝せんとし、出でて寺前にあり（これ、すなはち比々谷《ひびや》の地にありてのことなり）。ときに、師の道貌雄毅《どうぼうゆうき》、尋常《よのつね》ならざるを見そなはしたまひ、その名を問はせられ、すなはち、寺に入りて憩《いこ》ひたまひ、その後当寺をもつて植福の地となしたまひ、永く師檀の御契約あり（御崇敬あつく、しばしば師を営中に請ぜられ、法要を聴受なしたまひ、待《たい》するに礼を殊《こと》にし、これを親王に比せられ、師をして、乗輿《じょうよ》して殿階に昇ることを得せしむ。もつて永式とす。いまに至り、歴代の住持、みなこの栄をうく）。ときに寺境隘狭《あいきょう》にして、しかも大城に接近す（これ、すなはち比々谷にありしときのことなり）。よつて、いまの地に移され、おほいに資財を喜捨し、殿堂《でんどう》房室に至るまで、ことごとく営建したまひ、もつとも宏壮の大梵刹《だいぼんせつ》となる（『事跡合考』に、「慶長十年乙巳（一六〇五）、本堂・回

増上寺山内
芙《ふ》蓉《よう》洲弁《べん》天《てん》の社
池中之蓮
本社

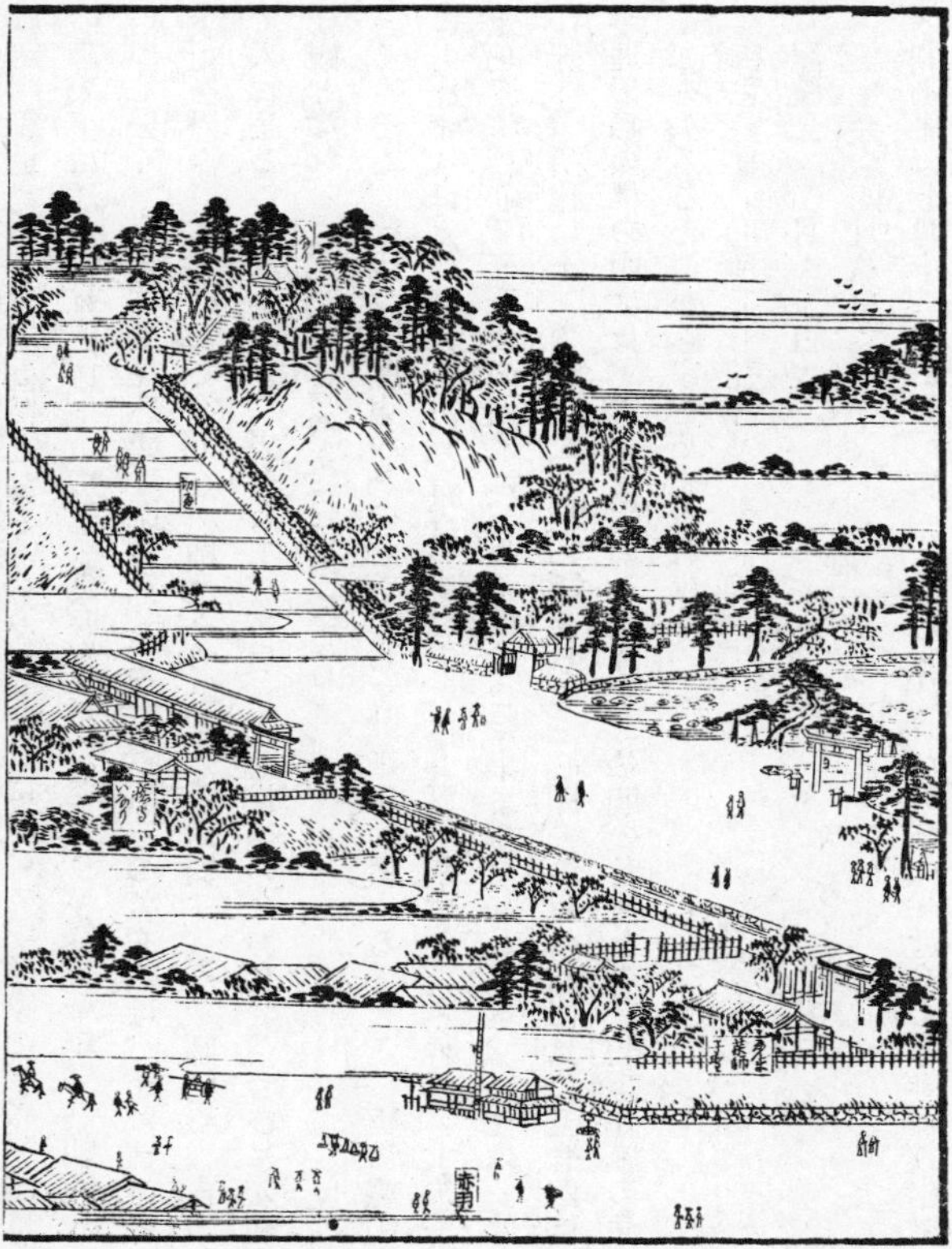

増上寺山内　芙蓉洲弁天の社　池中に蓮多し。

廊等、御造営ありて大伽藍《だいがらん》となる」云々）。これにおいて、浄家の宗教一時に勃興し、念仏の声天下に洋々《ようよう》たり（以上、『浄宗護国篇』に出でたり。慶長十年、一朝門前の老翁、師にいつて云《いわ》く、今夜祥夢を感ず。師微笑して云く、儞《なんじ》その夢を鬻《ひさ》げ、われ買はんとて、青銅二十疋を畀《あた》ふ。すでにして翁云く、増上寺の軒端の垂木《たるき》繁るらん。師曰く、吉徴《きっちょう》なり、慎しみて人に語ることなかれと。果たして、翌日、伽藍営復の命ありて、つひに宏構鉅材《こうこうきょざい》、天下の壮観となれる由《よし》、『浄土高僧伝』に出でたり）。

そもそも、当山は、関東浄刹の冠首《かんしゅ》にして、竜象《りゅうぞう》の聚《あつ》まるところ、実に霊山会上布金紺園《りょうせんえじょうふきんこんえん》にも比すべけん。数百戸の学寮は、畳々《じょうじょう》として軒端を輾《きし》り、支院は三十余宇、靡々《びび》として甍《いらか》を連ねたり。三千余の大衆は、つねにここに集まる。なかにも、能化《のうげ》は一代の法蔵を胸間に貯へ、所化《しょけ》は十二の教文《きょうもん》を眼裡《がんり》に晒《さら》せり。三心即一《そくいつ》の窓の前には、五念四《し》修《しゅ》の月を弄《もてあそ》び、事《じ》理《り》倶《ぐ》頓《とん》の林の中には、実報受用の花を詠ず。仏閣の荘麗たる、七宝荘厳《しっぽうしょうごん》の浄土も、また、ここを去ること遠からずとぞ思はれける。

御忌参《ぎょきまい》り（正月二十五日）。

涅槃会《ねはんえ》（二月十五日）。

誕生会《たんじょうえ》（四月八日）。

開山忌（七月十八日に修行す。一山惣出仕、ならびに、近在の末寺より出でて、大法会を修す)。

十夜法会《じゅうやほうえ》(十月六日より同十五日まで修行す)。

飯倉神明宮《いいくらしんめいぐう》 同東の方、神明町にあり(『江戸名所記』〔浅井了意、一六六二〕等に、日比谷《ひびや》神明とあり。いま、俗間、芝神明と称す)。その旧地は増上寺境内飯倉天神の社地なりと。あるいはいふ、赤羽《あかばね》の南、小山《こやま》神明宮の地なりとも。社司《しやし》は西東氏《さいとううじ》(『名所記』に、「往古、当社の神、託宣ありしにより、相州足柄郡《あしがらごおり》より斎藤氏なる人を招きて神主とす」と云々)、別当は金剛院と号す。その余、社家《しやけ》・巫女《ふじょ》等あり。

『神鳳抄《じんぽうしょう》』に云《いわ》く、「武蔵国飯倉御厨《みくりや》、当時四貫文」。

同書また曰く、「飯倉御厨、長日御幣五十丁」。

『東鑑《あずまかがみ》』に曰く、

寿永三年甲辰〔一一八四〕五月三日庚寅、武衛、両村を二所大神宮に寄附し奉らる。去《さん》ぬる永暦元年〔一一六〇〕二月、御出京の刻、霊夢を感ずるの後、当宮のこと御信仰他社に異なり。しかれば、平家の党類等伊勢国にあるの由《よし》、風聞せしむるによって、軍士を遣はすのときは、たとひ凶賊の在所たりといへども、事の由を祠官に相触れず、左右なく神明御鎮座の砌《みぎり》に乱入すべからざるの旨、度々仰せ含めらるるところなり。件《くだん》の両所といふは、

飯倉神明宮《いゐくらしんめいぐう》
世《よ》に芝《しば》の神明宮といふ
吹矢
茶

飯倉神明宮　世に芝の神明宮といふ。

住吉
楼門

内宮の御分は武蔵国飯倉御厨、当宮一禰宜《ねぎ》荒木田成長神主に仰せ付けらる。外宮の御分は安房国東条御厨、会賀次郎大夫生倫に付せられをはんぬ。一品房奉行として、両通の御寄進状を遣はす。下略

寄進す、伊勢皇太神宮御厨壱処。

武蔵国飯倉にあり。

右志は、朝家安〔「安穏」か〕の奉為《おんため》、私願を成就せんがために、ことに忠丹を抽《ぬき》んで、寄進の状件のごとし。

寿永三年〔一一八四〕五月三日　　正四位下前右兵衛佐源朝臣

按《あん》ずるに、当社を飯倉神明宮と称し奉るは、もと飯倉の地にありしゆゑに、しか称するなり。その地はまさに三縁山、いまの飯倉天満宮の社辺なり。飯倉といふは、往古、この地に伊勢太神宮の御厨《みくりや》ありしゆゑに、地名を飯倉と唱へ、また、伊勢の御神《おおんがみ》を斎《まつ》りしなるべし。なほ、飯倉の条下に詳《つまび》らかなり。また『東鑑』に、同年正月、武蔵国大河土の御厨を、豊受《とよけ》太神宮の御領に寄附のことなどあれば、一国のうちにも、ここかしこにありしなるべし。

社記に云《いわ》く、人皇六十六代一条《いちじょう》帝〔九八〇―一〇一一〕の寛弘二年乙巳〔一〇〇五〕九月十六日、伊勢皇太神宮を鎮座なし奉る（そのとき神幣《みてぐら》と、大牙《おおきば》一枚、この地に天降《あまくだ》る。また、こ

九月十六日
飯倉神明宮祭礼
梅門前
氏子中
屋
千客萬来

九月十六日、飯倉神明宮祭礼　世にしやうがまつりといふ。十一日より二十一日まで参詣群集す。

の地の童女に神託ありて、かの二種《ふたくさ》のしるしをあらはして、この地に跡をとどめたまはんとなり。よつて、当社を営み奉るとぞ）。その後、建久四年癸丑〔一一九三〕、右大将頼朝卿〔一一四七―九九〕、下野国《しもつけのくに》奈須野《なすの》の原狩猟のとき、当社の神殿に宝剣一振《ひとふり》を納め、一千三百余貫の美田を寄附ありて、その頃繁昌の宮居たりしに、遥かに後明応三年〔一四九四〕、伊勢新九郎氏茂《うじしげ》〔北条早雲、一四三二―一五一九〕、小田原の城主大森実頼《おおもりさねより》を亡ぼして後、威を逞《たくま》しうせし頃、これがために神領を掠《かす》めとらる。よつて宮社は、霧に朽ち風に破れ、奉祀《ほうし》の人もなく、おほいに荒廃したりしを、天正〔一五七三―九二〕に至り、四海昌平の御時《おんとき》、悉《かたじけな》くも台命によつて、当社の廃《すた》れたるを興したまひ、神領そこばくを附せられ、また、寛永十一年甲戌〔一六三四〕にいたり、神殿を修造なしたまひしより、社頭旧観に復す。よつて神灯の光は赫々《かくかく》として、和光の月になぞらへ、利物《りもつ》〔利益《りやく》〕の花ぶさは匂ひ深くして、神威、昔に倍せり（当社の祭例は、九月十六日なり。同じ十一日より二十一日に至るの間、参詣群集す。商ひ物多きが中にも、藤の花を画《えが》きたる檜《ひのき》の割籠《わりご》、および土生姜《つちしょうが》ことに夥《おびただ》し。ゆゑに、世俗、生姜市《しょうがいち》、また、生姜祭りとも唱へたり。『江戸名所ばなし』〔一六九四〕に、「臼杵《うすきね》・木鉢、鮓《すし》・菓物《くだもの》多し」とあれど、いまはこれを鬻《ひさ》がず。檜の割籠を、俗にちぎと名づく。また、生姜を売ることは、もつとも久しきよりのことにて、その拠《よりどころ》をしらず）。

宇田川橋《うだがわばし》 宇田川町《うだがわちよう》の大通りを横切りて、流るる小溝に架せり。いまは、上に土を覆ふ。ゆゑに、橋の形を失す（宇田、あるひは宇多に作る）。小田原北条家の臣、宇多川和泉守といへる人、架《わた》せしといひ伝ふ（『小田原記』に、大永四年〔一五二四〕、上杉修理太夫《しゆりのたいふ》朝興《ともおき》、北条氏綱《うじつな》に責められ、品川表にて戦ふといふ条下に「氏綱朝興を亡ぼし、首ども実検ありて後、品川の住人宇田川和泉守以下降参の者どもに申しつけ、普請ねんごろに沙汰す」とあり。『東海道駅路鈴《えきろのすず》』〔大曾根佐兵衛、一七〇九〕に、「長禄元年丁丑〔一四五七〕四月八日、太田道灌〔一四三二―八六〕江戸にうつる。その後、宇多川和泉守長清《ながきよ》は、品川の館《たち》に住む」とあり。また、元禄開板の『江戸鹿子《かのこ》』〔藤田理兵衛、一六八七〕といへる草紙に、「昔、このところへ宇田といふ刀を堕《おと》しけるゆゑにこの名あり」といへども、証とするにたらず）。

日比谷稲荷祠《ひびやいなり》 芝口《しばぐち》三丁目西の裏通りにあり（このところ、町幅《まちはば》至って狭《せば》し。ゆゑに、土人日蔭町《ひかげちよう》と字《あざな》す）。本山方《ほんざんがた》の修験寂静院《じやくしよういん》別当たり。万治〔一六五八―一六六一〕の頃、藍屋五《あいやご》兵衛《ひようえ》といへる者、託宣によって、花洛藤森《ふじのもり》の稲荷を勧請《かんじよう》なせしといへり（日比谷、昔は比々谷《ひびや》に作る。小田原北条家の『所領役帳』にも、比々谷に作り、この地を、大胡《おおご》宮内少輔《くないのしようゆう》〔大胡助五郎勝行〕所領のうちに加ふ）。

烏森稲荷《からすもりいなり》社 幸橋《さいわいばし》より二丁ばかり南の方、酒井《さかい》下野侯《しもつけこう》邸の北の横通りにあり。往古よりの鎮座といへども、年歴・来由ともに、詳《つまび》らかならず（元禄開板の『江戸鹿子《かのこ》』〔藤田理兵衛、一六八七〕といへる草紙に、「天慶年間〔九三八—四七〕、藤原秀郷《ふじわらのひでさと》〔俵藤太、一〇世紀中頃〕、将門《まさかど》〔平将門、？—九四〇〕退治のときの勧請《かんじょう》なり」といへども、信としがたし）。また、いかなるゆゑありてや、当社の神宝に、古き鰐口一口《わにぐちいっこう》を納む（表に「元暦元甲辰年〔一一八四〕正月、下河辺《しもこうべ》庄司《しょうじ》行平《ゆきひら》建立《こんりゅう》」と彫《え》り付けてあり。『江戸名所ばなし』〔一六九四〕に、日比谷稲荷の条下に云《いわ》く、「この宮地は借地にてありしに、すでに断絶におよぶべき頃、稲荷の神、宮守に告げて、古来よりの証拠なりとて、鰐口《わにぐち》ひとつを与へたまふ。宮守公《おおやけ》へ訴へ、この証によって、宮居《みやい》つつがなし」とあるは、当社のことを誤りていふならんか。ある人云く、明暦の回禄〔明暦大火、一六五七〕に、奇瑞《きずい》ありしかば、その後、社の辺除地《じょち》となるとぞ）。社司山田氏は、柳営御連歌の御連衆《れんじゅ》たり。別当は快長院《かいちょういん》と号して、本山方の修験なり。祭礼毎年二月初午に執行す（幸橋《さいわいばし》御門に、仮屋を補理《しつら》ひて、神輿《しんよ》を移す。参詣群集して賑《にぎ》はへり）。

古河《こが》御所 足利成氏《なりうじ》願書一通（当社に蔵す）。

稲荷大明神願書のこと。

今度の発向、願ふところことごとく成就するにおいては、当社修造を遂ぐべし。願書の

日比谷稲荷社　毎年初午祭には二日以前より源助町と芝口三丁目の間の横小路へ仮屋を補理《しつら》ひ、神輿御旅出ありてこの辺の蕃昌いふばかりなし。

烏森稲荷社

状件《くだん》のごとし。

享徳四年〔一四五五〕正月五日　　　　左兵衛督源朝臣　成　氏　判

藪小路《やぶこうじ》　愛宕《あたご》の下通り、加藤侯の邸《やしき》の北の通りをいふ。同町艮《うしとら》〔北東〕の隅、裏門の傍らに、少しばかりの竹叢《ちくそう》あり。ゆゑに、しかいへり。されど、その来由詳《つまび》らかならず。伝説あれども証としがたし（慶長より寛永〔一五九六―一六四四〕の頃に至り、細川三斎侯〔細川忠興、一五六三―一六四五。大名〕、この地に住せられ、その庭中の小池を三斎堀《さんさいぼり》と号《なづ》くといふ）。

桜川《さくらがわ》　同所愛宕《あたご》の麓を東南へ流るる溝川を、しか名《なづ》く。『新著聞集《しんちょもんじゅう》』〔神谷養勇軒編、一七四九〕に、「昔、虎の門の辺より、愛宕の辺まで、ことごとく田畑にして、畔《くろ》に桜の樹いく株ともなくありし、そのなかを流るるゆゑ、桜川といひし」とあり（下流は、宇田川橋の方《かた》へ流れ、また、三縁山《さんえんざん》に傍《そ》ふて、金杉の川へも落ち会へり）。

摩尼珠山真福寺《まにしゅざんしんぷくじ》　桜川《さくらがわ》の西岸に傍《そ》ひてあり。新義の真言宗にして、江戸四箇寺の一員、智《ち》積院《しゃくいん》の触頭《ふれがしら》なり。当寺本尊、薬師如来の霊像は、弘法大師の作なり。慶長〔一五九六―一六一五〕の頃、甲州の領主浅野《あさの》長政《ながまさ》〔一五四七―一六一一〕、当寺中興照海《しょうかい》上人をして、みづからの

藪小路

等身に薬師仏の像を手刻《しゅこく》せしめ、件《くだん》の霊仏をばその胎中に籠《こ》め奉るといへり（毎月八日・十二日は縁日にして、参詣多し）。

愛宕山権現《あたごさんごんげん》社 同南に並ぶ。世俗、城州愛宕《あたご》山《さん》に同じといへども、おのづから別なり。本地仏は勝軍地蔵尊《しょうぐんじぞうそん》にして、行基大士《ぎょうきだいし》の作なり。永く、火災を退けたまふの守護神なり。楼門の金剛力士《こうごうりきし》は運慶《うんけい》（?―一二二三）の作、同二階の軒に掲げし「愛宕山」の三字は、智積院権《ちしゃくいんごん》大僧正《だいそうじょう》（玄宥、一五二九―一六〇五）の筆なり。別当円福教寺《えんぷくきょうじ》は、石階の下にあり。新義の真言宗、江戸の触頭《ふれがしら》四箇寺の随一なり。開山を神証《しんしょう》上人と号す。二世俊賀《しゅんが》上人といふ（四箇寺とは、湯島根生院《ゆしまこんしょういん》・本所弥勒寺《ほんじよみろくじ》・当所真福寺《しんぷくじ》、ならびに当寺をいふ）。

神証上人、字を春音《しゅんおん》といひ、後《のち》あらためて春香《しゅんこう》と号す。下野《しもつけ》の人にして、姓は塩谷氏《えんやうじ》、母は皆川氏なり。元和五年（一六一九）、欽命によって金剛院に退居をゆるされ、天年を終ふ。春音の坊は遍照院《へんじょういん》と号す。いまの円福寺これなり。金剛院・普賢院・満蔵院・鏡照院・寿桂院等すべて六院あり。俊賀上人、字は円精《えんせい》と号す。野州西方邑《にしかたむら》の人、姓は越路《こしじ》氏にして、宇都宮弥三郎頼綱が後裔、父は伊勢守近律《ちかのり》、神祠《しんし》に祈りて産す。その始め下妻《しもつま》の円福寺に住す。しかるにその頃、下総結城《ゆうき》の元寿《げんじゅ》（一五七五―一六四八。智積院住職）、上州松井田秀算《まついだしゅうざん》（一五七二―一六四二。長谷寺四世）ら、一世の豪俊にして、俊賀上人をあはせて新義の三傑と称せらる。元和五年〔一六一九〕、俊賀上人、愛宕権現の別当に命ぜられ、ともに円福寺の号をもつて、一宇を闢《ひら》かしめたまひ、永く大法幢《だいほうとう》を樹《た》て、大法鼓を撃《う》ち、夏冬廃《す》つることなし。つひに檀林職となる。学徒業々として雲のごとく屯《むらが》り、川のごとく起こる。実に、江城檀林の権輿《はじめ》なり。

縁起に曰く、天平十年戊寅〔七三八〕、行基大士、江州〔近江国〕信楽《しがらき》の辺行化《ぎょうげ》のとき、当社の本地、将軍地蔵尊の像を彫刻したまひ、後、安部内親王《あべないしんのう》に奉る（第四十六代孝謙《こうけん》天皇〔七一八—七〇〕の御事なり）。親王、すなはち、かの地に宝祠《ほうし》を営みて、これを安置なしたまふ（その旧跡をも、いま、宮村と名づく）。しかるに、天正十年壬午〔一五八二〕の夏、台旗《たいき》〔将軍の旗。家康をさす〕泉州を発したまひ、大和路より宇治を経て、江州信楽に入らせたまふ。このとき多羅尾四郎右衛門《たらおしろうえもん》〔一五三四—一六〇九〕といへる者の宅に、舎《やど》らせられける頃、あるじこの像を献ず（『多羅尾家譜《かふ》』にいふ、「左京進光俊《さきょうのしんみつとし》はじめて多羅尾と号す。その子常陸《ひたちの》介綱知《すけつなとも》、三好若江《みよしわかえ》の三人衆といふ。その子四郎兵衛光綱《しろうひょうえみつつな》、江州信楽を領す」と云々。多羅尾は四郎左衛門《しろうざえもん》にあらず、四郎兵衛光綱入道道賀《どうが》のことなるべし）。その節、同国磯尾村《いそおむら》の沙門神証《しんしょう》といふを供《ぐ》せられ、この霊像を持《じ》して東国に赴きたまふ。しかりしより御出陣ごとに、神証をしてこの勝軍地蔵尊を祈念せしめらる。つひに、慶長八年癸卯〔一六〇三〕の夏、台命によつて同庚子年〔一六〇〇〕、石川六郎左衛門尉《いしかわろくろうざえもんのじょう》、当山を闢《ひら》き、仮に堂宇を造建したまひ、

愛宕下　真福寺　薬師堂　この次二丁の図、愛宕本社に至るまで続画《つづきえ》なり。

愛宕《あたこ》社 總門
其二
女坂
本地堂

愛宕山総門　その二　京洛より移遷して武州に座す／壇を築き閣を構へ山丘に陟る／誰か知らん幣帛神封の物／かへつて沙門活命の謀と作らんとは　羅山子

其三

山上《さんじやう》愛宕山権現《あたごさんごんげん》本社図《ほんしやのづ》

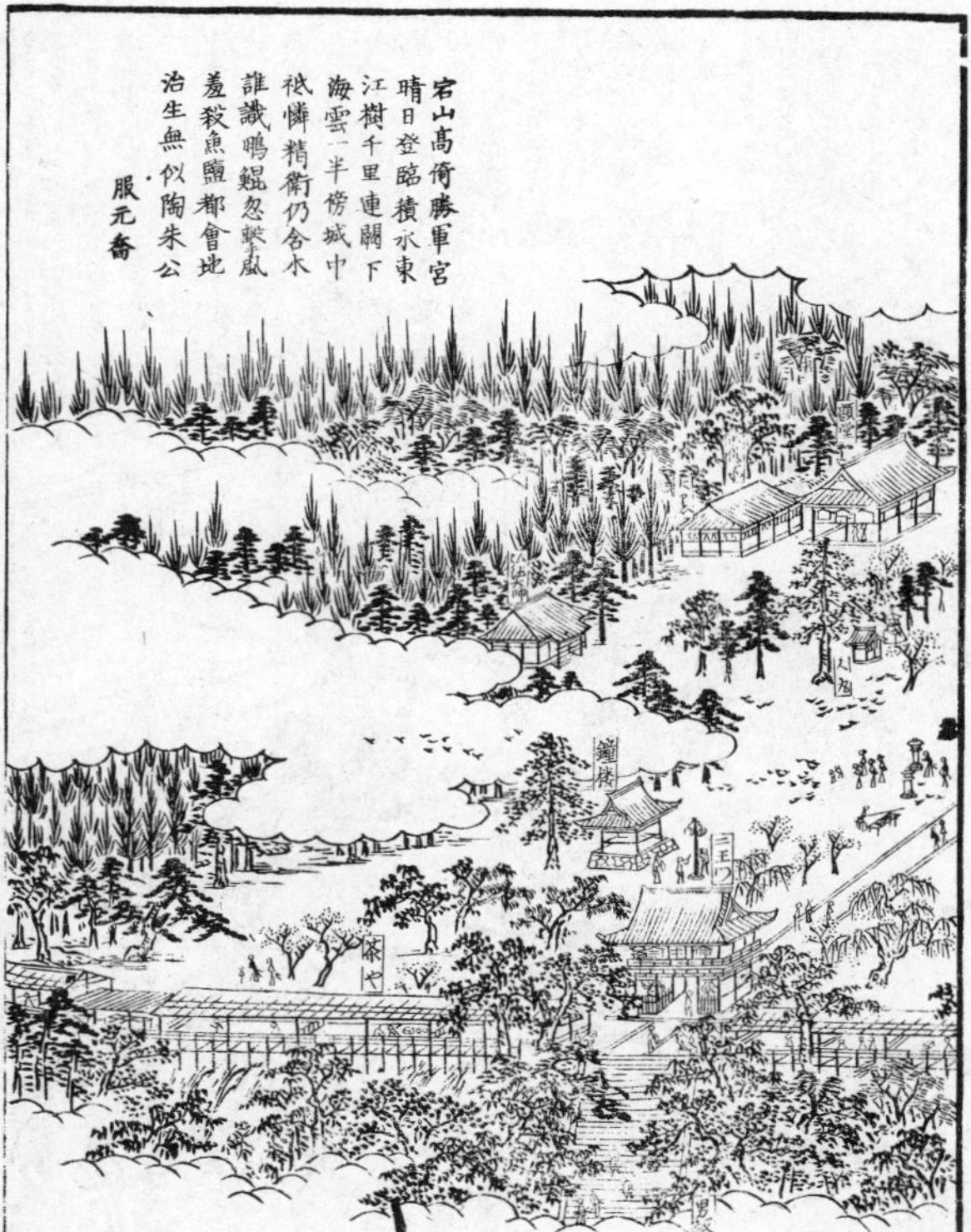

その三　山上、愛宕山権現本社の図　宕山高く倚る勝軍宮／晴日登臨す積水の東／江樹千里闕下に連なり／海雲一半城中に傍ふ／まさに憐れむ精衛なほ水を含むことを／誰か識らん鵬鯤たちまち風に撃つことを／羞殺す魚塩都会の地／生を治めて陶朱公に似《つ》ぐことなし　服元喬〔服部南郭〕

愛宕山円福寺毘沙門《あたごさんゑんふくじびしやもん》の使《つかひ》ハ毎歳《まいとし》正月
三日ニ修行ス女坂の上愛宕やといへる
茗肆のあるじ旧例にてこれを勤む
この日寺主を始とし支院よりも
出頭して其次第によりて座を儲け
強飯を祭りて半ニ至る頃毘沙門
の使と称せる者麻上下を着し
長き太刀を佩雷槌を差添又
大なる飯かひを杖ニ突初春の
飾り物にて兜を造り是を冠る
相随ふものゝ三人共ニ本殿より
男坂を下り円福寺
ニ入て此席ニ至り
俎机によりて行
飯かひをふりて三度
魚板をつきならし
して曰
まうりやる
者ハ毘沙門天の
御使院家役者
をはじめ寺中の
面々長屋の
所化ども勝手の

◀挿絵書き入れは次ページ

愛宕山円福寺毘沙門の使ひは、毎歳正月三日に修行す。女坂の上愛宕やといへる茗肆《みずちやや》のあるじ、旧例にてこれを勤む。この日寺主を始めとし支院よりも出頭して、その次第により座を儲け、強飯《こうはん》を饗す。半ばに至る頃、この毘沙門の使ひと称する者、麻上下を着し、長き太刀を佩《は》き、雷槌《すりき》を差し添へ、また大なる飯《いい》がいを杖に突き、初春の飾り物にて兜を造り、これを冠る。相随ふもの三人ともに本殿より男坂を下り、円福寺に入りてこの席に至り、俎机《まないた》によりて彳《たたず》み、飯がいをもて三度魚板《まないた》をつきならして曰く、「まかり出でたる者は、毘沙門天の御使ひ、院家役者をはじめ寺中の面々、長屋の所化ども、勝手の諸役人に至るまで、新参は九杯、古参は七杯御飲みやれ御のみやれ。おのみやらんによつては、この杓子をもつて御まねき申すが、返答はいかん」といふとき、その一臈《いちろう》たるもの答へて曰く、「吉礼の通りみなたべふずるにて候へ」と云々。「しからば毘沙門の使ひは罷《まか》り帰るで御座ある」といひて、本殿へ立ち帰る。

その後、同十五年庚戌〔一六一〇〕、本社を始めことごとく御建立《ごこんりゅう》あり。元和三年丁巳〔一六一七〕、同国豊島郡王子《としまごおりおうじ》邑《むら》において百石の社領を附したまふとなり（『惣鹿子《そうかのこ》』〔『江戸惣鹿子』立羽不角、一六八九〕といへる冊子に、「この地は元桜田の村民、内藤六郎といへる人の宅地なりしを、沙門春音、慶長庚子の御出陣〔関が原の合戦〕に、勝軍の法を修せし地にて、凶徒御征伐ありしによりて、当社を御建立ありし」と云々。また、同書に「慶長八年九月二十四日、貴賤の参詣を許さるる」とあり。『江戸名勝志』〔藤原之廉、一七三三〕、『同名所ばなし』〔一六九四〕等に、「始め、山城の愛宕を遠州鳴子《なるこ》坂《ざか》に勧請し、それより駿州宇《う》津屋《つのや》に移し、後また、ここに安置す。慶長〔一五九六―一六一五〕の頃、本多美《み》濃守《ののかみ》の家臣、都築某《つづきそれがし》といへる人の勧《かん》請《じよう》なり」とあり。この説、円福寺にいひ伝ふることなく、証とすべからず。按《あん》ずるに、この山の地主神は毘《び》沙門天《しやもんてん》なりとて、いまも本社の相殿《あいでん》に安置す。毎歳《まいさい》正月三日、毘沙門の使ひと称する旧礼の式あり。その式、画上に詳《つまび》らかなり。按ずるに、当寺開山俊賀師は始め野州にあり。野州辺ことごとくこの強飯《ごうはん》の式ありて、世にいはゆる日光の古式に准《なら》ふて、当寺に行ふものも、おそらくは俊賀上人より始まるならんか)。

そもそも、当山は懸岸壁立《けんがんへきりゆう》して空《くう》を凌ぎ、六十八級の石階は、畳々《じようじよう》として雲を挿《さしはさ》むがごとく聳然《しゆうぜん》たり。山頂は松柏鬱《うつ》茂し、夏日といへども、ここに登れば、涼風凜々《りんりん》として、さながら炎暑をわする。見《み》落《お》ろせば、三条九陌《きゆうはく》の万戸千門は、甍《いらか》をつらねて所せく、海水は渺焉《びようえん》とひらけて、千里の風光を貯へ、もっとも美景の地なり。月ごとの二十四日は、縁日と称して参詣多く、とりわき六月二十四日は、千日参《せんにちまい》りと号《なづ》けて、貴賤の群参稲麻《ぐんざんとうま》のごとし（縁日ごとに植木の市立ちて、四時の花木をここに出だす。もっとも壮観なり)。

万年山青松寺《まんねんざんせいしようじ》　同南に隣る。曹洞派の禅刹《ぜんせつ》にして、江戸三箇寺の一員たり。本尊は釈迦如来、開山を雲岡俊徳《うんこうしゆんとく》大和尚〔雲岡舜徳、一四三八―一五一六〕といふ。文明年間〔一四六九―八七〕、太田《おおた》左《さ》衛門佐持資《えもんのすけもちすけ》〔太田道灌、一四三二―八六〕草創す。はじめは貝塚の地にありしを、後（あるいはいふ、天正〔一五七三―九二〕、また慶長〔一五九六―一六一五〕とも）この地に遷さる

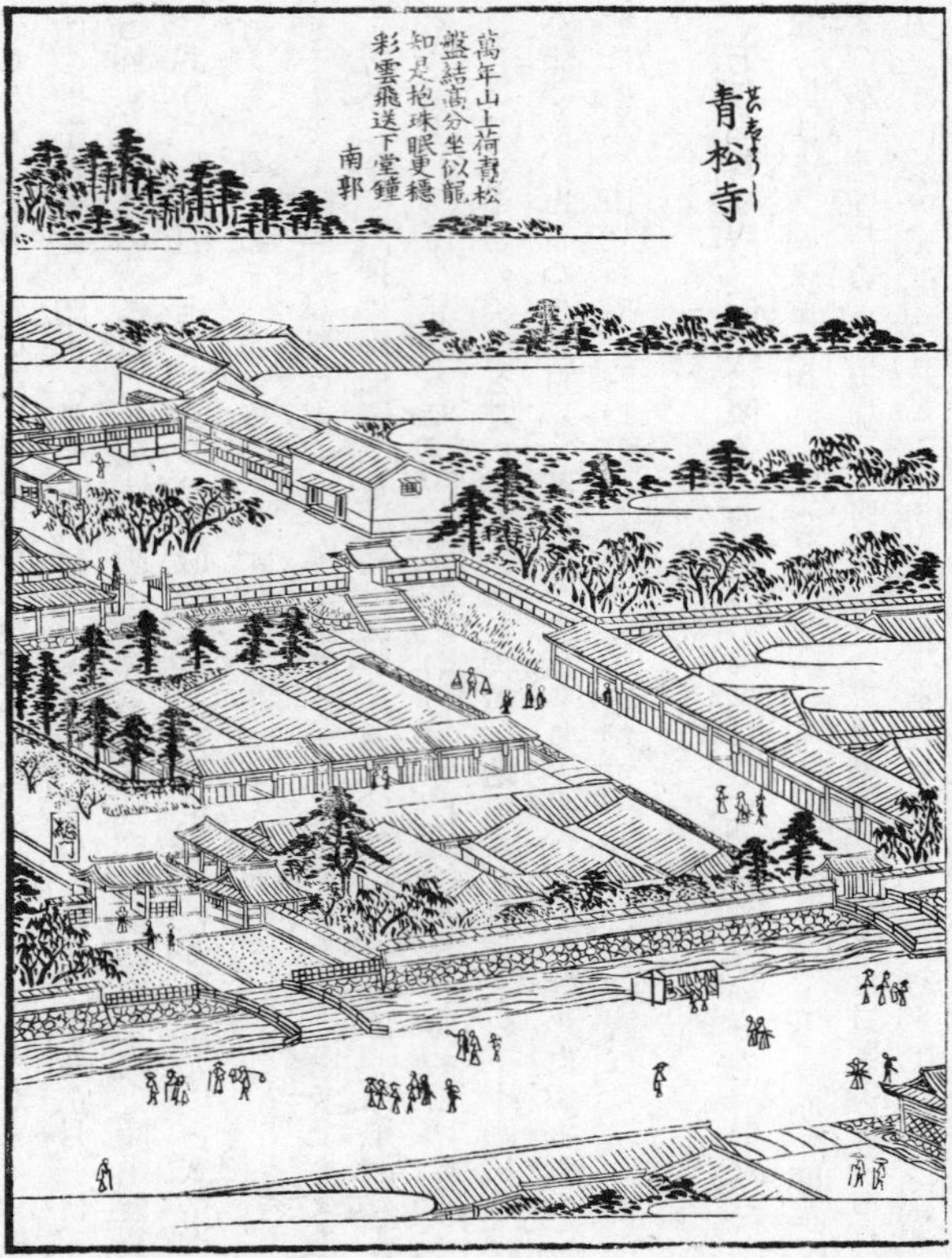
青松寺
萬年山上荷青松
盤結高分坐似龍
知是抱珠眠更穩
彩雲飛送下堂鐘
南郭

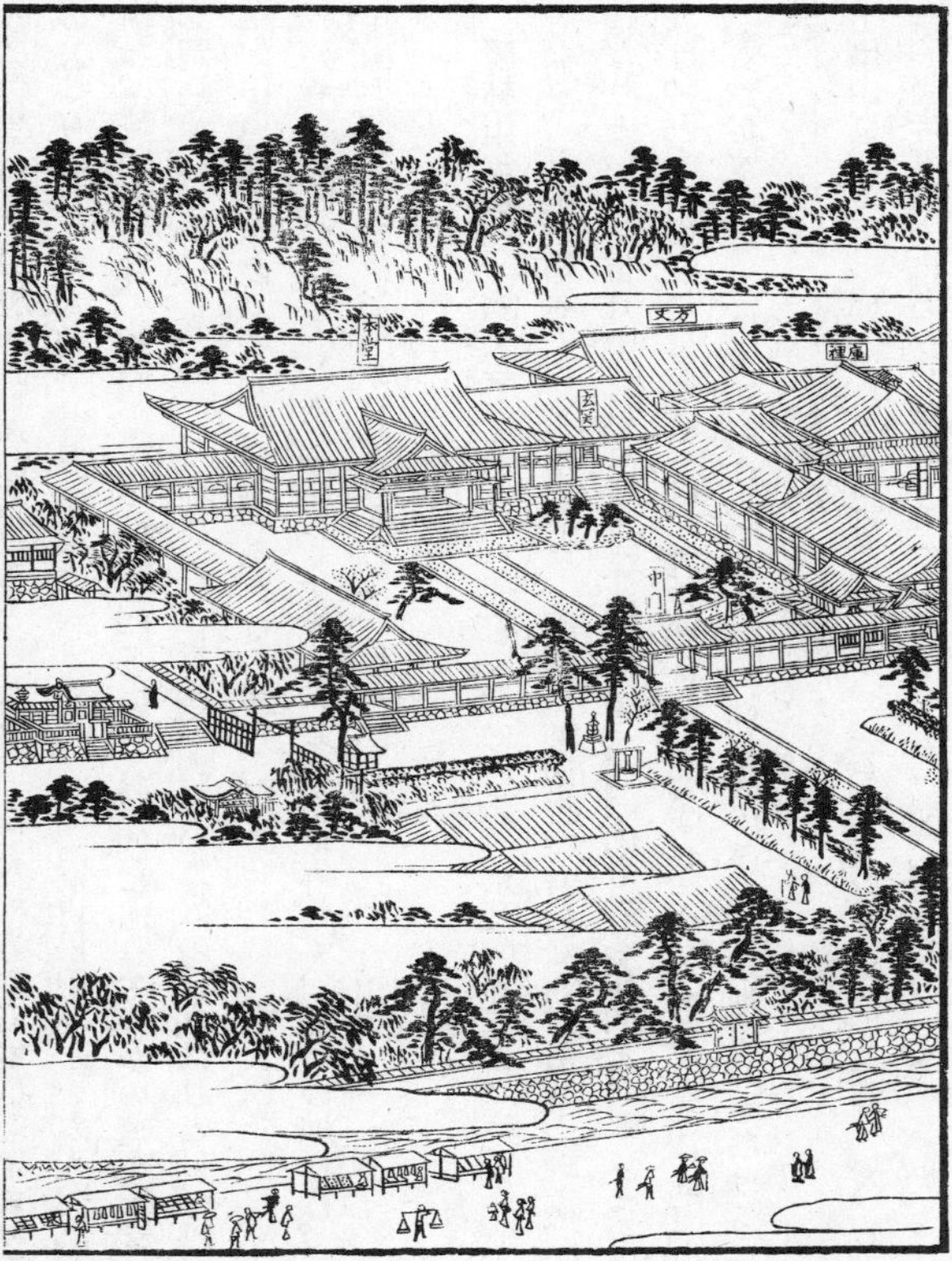

青松寺　万年山上青松を荷ふ／盤結高く分けて坐して竜に似たり／知りんぬこれ珠を抱きて眠りさらに穏やかなるを／彩雲飛び送る下堂の鐘　南郭

（ゆゑに、いまも俗に、貝塚の青松寺と称せり。一に青松寺の旧地は、いまの平川馬場《ひらかわばば》の南の方なりと云々。南向亭〔酒井忠昌、一八世紀中頃〕云《いわ》く、青松甲斐《あおまつかい》といふ人、草創す。その旧跡は、糀町《こうじまち》の貝塚、当時、玉虫八左衛門といへる屋舗《やしき》にありて、かの墓を甲斐塚といふと。菊岡沾涼《きくおかせんりょう》〔一六八〇―一七四七。俳人〕は、青松宮内《くない》といふ人の建立《こんりゅう》なりといへり。また、当寺に太田道灌の塚ありといへども詳《つまび》らかならず）。

当寺の後ろの山を、含海山《がんかいざん》と号《なづ》く。眺望、愛宕山《あたごさん》に等しく、美景の地なり。惣門《そうもん》の額「万《まん》年山《ねんざん》」の三大字は、閩《みん》の沙門道霈《どうはい》の筆《ふで》なり。

勝林山金地院《しょうりんざんこんちいん》　増上寺《ぞうじょうじ》の西、切り通しの上にあり。京師南禅寺《なんぜんじ》の塔頭《たっちゅう》にして、南禅寺の宿《しゅく》寺《じ》なり。五山の僧録《そうろく》と称す。本尊は、唐仏《とうぶつ》の聖観世音菩薩なり（ある人いふ、宋人陳和卿《ちんかけい》が作なりといふ。毎月十八日、観音懺法《せんぼう》修行す）。開山を大業《たいぎょう》和尚といふ（その頃碩学《せきがく》なりければ、五山の僧録司《そうろくじ》に命ぜられ、評定衆に加へたまひ、寺社の訴へを決断せしむ。『都留《つる》の毛衣』〔佐藤直方〕といふ草紙に、「古《いにし》へは寺社裁許のこと、金地院許らひけるが、寛永〔一六二四―四四〕中より、武家の職となる」云々）。

境内に、青葉《あおば》の楓《かえで》と称する古木ありしが、いまは、焼け亡《ほろ》びてなしといへり（この木も、昔、当寺御城内にありし頃のものにて、後、この地へ栽うるといへり）。

閻魔王《えんまおう》の石像は、塔中二玄庵《たつちゆうにげんあん》の前にあり。宝永（一七〇四—一一）の頃、南部の領主、霊示によつて、かの地より麻布《あざぶ》の別荘に遷され、再び威霊《いれい》あるによつて、またここに安《あん》ずといふ。「金地院」と書せし三大字の額は、「水雲写《すいうん》」とあり。方丈、同じく涬溟《こうめい》の筆《ふで》、薦福殿《せんふくでん》、岩元《がんげん》雄《ゆう》の書《しよ》、塔中二玄庵の額も同筆なり。本尊観世音の像は、大の月三月《みつき》続きたる中の月の十八日には開帳《かいちよう》あり。

光明山天徳寺《こうみようざんてんとくじ》 和合院《わごういん》と号す。西久保神谷町《にしのくぼかみやちよう》にあり。花洛智恩院《ちおんいん》に属す。浄家《じようけ》江戸四箇の一にして、紫衣《しえ》の地たり。支院十七宇あり。本尊阿弥陀如来は、行基《ぎようき》大士の作、開山は三蓮《さんれん》社縁誉称念《しやえんよしようねん》上人なり。師《し》、諱《いみな》は吟翁《ぎんおう》、武州品川の邑《むら》に生まる（父を藤田左衛門尉道昭《ふじたざえもんのじようみちあき》といひ、母は冨永氏《とみながうじ》、あるひはいふ冨田氏《とみたうじ》）。九歳《くさい》にして、はじめて増上寺第七世親誉《しんよ》上人に従つて薙染《ちぜん》す。聡明絶倫なり。師の遷化《せんげ》に及びて、北総飯沼《いいぬま》の弘経寺《ぐきようじ》に至り、鎮誉《ちんよ》和尚に謁《えつ》して、浄土一乗の大戒を受け、十六歳岩附《いわつき》の浄国寺に住し、おほいに法輪を転ず。志、なほ世塵を厭《いと》ふがゆゑに、後、古郷に帰りて、天智庵（知、あるひはまた、地《じ》に作る）を草創す。いまの天徳寺《てんとくじ》これなり（天文二年（一五三三）の草創といふ。先師親誉をもつて開山祖とし、みづから二世にをる。旧地は西の丸御城の辺なりしといへり）。師《し》いよいよ遁世の志深く、一包破《いつぽうは》笠《りつ》を携へ、錫《しやく》を荷《にな》ひて洛の知恩院に至り、傍《かたわ》らに一精舎《しようじや》を建てて住す。これを一心院

金地院 こんちゐん

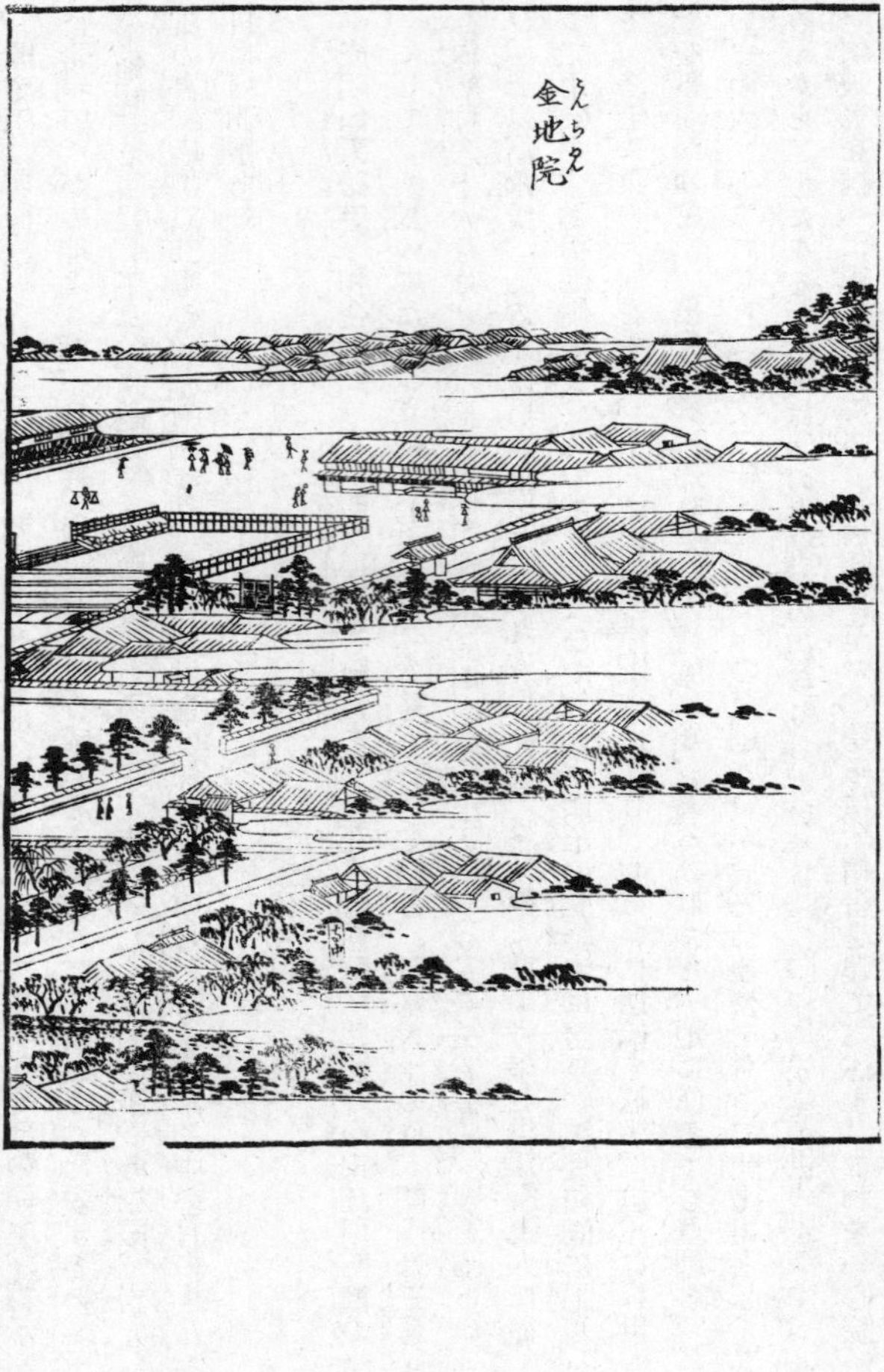

金地院

と号す（一心院は念仏三昧《ざんまい》の一本寺《いっぽんじ》なり）。昼夜不退《ちゅうやふたい》に、常行《じょうぎょう》念仏を修し、新たに念仏三昧の法則を製し、永世の標準とす。いま、諸国厭悠《えんたん》の道場、この法式をもって定矩《じょうく》とす（花洛市原野《いちはらの》の専称庵《せんしょうあん》、上嵯峨《かみさが》の称念寺《しょうねんじ》、下嵯峨の正定院《しょうじょういん》、桂《かつら》の極楽寺《ごくらくじ》、田井の会念寺《えねんじ》、淀の念仏寺《ぶつじ》等を草創すること少なからず。いづれも、不断念仏の道場とす）。天文二十三年〔一五五四〕の秋、一心院《いっしんいん》に寂《じゃく》す。実に七月十九日なり。化寿《けじゅ》四十一と聞こえし（いま、世間用ふるところの二連数珠《にれんずず》も、師の製するところにして、これを貫輪《かんりん》といふ。仏号を唱ふるの徒《ともがら》、この念珠を用ひざるはなし）。

城山《しろやま》　西窪土岐山城侯《にしのくぼときやましろ》の藩邸《やしき》の辺をいふ。土俗、熊谷次郎直実《くまがやのじろうなおざね》〔一一四一—一二〇八〕の城跡といひ伝ふるは、誤りなるべし。昔、熊谷氏の人の居宅などありし地ならんかし。同所神《かみ》谷町《やちょう》にかかるところの石橋を、熊谷橋《くまがやばし》と号《なづ》くるも、ゆゑあるべけれど、いま、伝説詳《つまび》らかならず（菊岡沾涼《きくおかせんりょう》〔一六八〇—一七四七。俳人〕いふ、このところは、昔、麻布殿《あざぶどの》とかやの出丸《でまる》の地なりしといふ）。

太田道灌《おおたどうかん》の城跡《しろあと》　あるいは、番神山《ばんしんざん》とも号す。西窪仙石家《にしのくぼせんごくけ》〔但馬出石藩主〕第宅《やしき》の地なりといふ（『紫の一本《ひともと》』〔戸田茂睡、一六八三〕にいふ、「ここも、太田道灌〔一四三二—一四八六〕取り立てし城地なり。いまや、土取場《つちとりば》となりて、ひたと掘り崩せし」と云々)。また、昔、この地に小堂ありて、土仏《どぶつ》の釈迦を安置し、法華堂《ほっけどう》と号《なづ》く。後、豆州玉沢《たまざわ》法華寺の、日朗上人《にちろうしょうにん》〔一二四五―一三二〇〕持念《じねん》するところの、墨画《すみえ》の三十番神の画影を携へ来《きた》りて、請人を結縁《けちえん》す。しかるに、小田原北条氏、後に社を建てて、かの番神を勧請《かんじょう》す。ゆゑに、番神山といふ。その画像は、後京師に移すとあり。

西窪八幡宮《にしのくぼはちまんぐう》　同所天徳寺《てんとくじ》裏門より、南の方《かた》三町ほど、飯倉《いいくら》町一丁目にあり。別当は天台宗にして、東叡山《とうえいざん》の末《まつ》、八幡山《やはたさん》普門院と号す。西窪の鎮守にして、旅所は小山《こやま》にあり。相伝ふ、当社八幡宮は、寛弘年間〔一〇〇四―一二〕の鎮座なりといへり。慶長五年〔一六〇〇〕、関が原御一戦のとき、崇源院殿《そうげんいんでん》〔一五七三―一六二六。秀忠の室〕より、その軍《いくさ》御勝利と御安全との御願書をこめられ、別当秀円《しゅうえん》、御祈禱修行す。はたして、その奇特ありければ、寛永十一年甲戌〔一六三四〕二月、つひに宮社御建立《ごこんりゅう》ありしといへり。祭礼は毎歳八月十五日なり。

飯倉《いいくら》　西窪《にしのくぼ》の南をいふ。この地は、往古《そのかみ》伊勢太神宮の神厨《みくりや》の地たりしゆゑに、その御饌《ごせん》料《りょう》の稲を収めし倉を飯倉と唱へ、いつしか地名に呼びけるなるべし(永禄〔一五五八―七〇〕の頃、小田原北条家の臣、大草左近太夫《おおくささこんのたいふ》・飯倉弾正忠《いいくらだんじょうのちゅう》・太田新六郎・島津孫四郎ら、この

西久保八幡宮

地を領せしよし、北条家の『所領役帳』に見えたり。同書に、「飯倉のうち桜田《さくらだ》」とあれば、往古、飯倉の地の広かりしことしるべし。また、駒込吉祥寺《こまごめきちじょうじ》に蔵するところの、北条の家人、遠山左衛門太夫《とおやまさえもんのたいふ》政景《まさかげ》、元亀二年〔一五七一〕、江戸にて五十五貫六百八十五文の地をかの寺に寄附する状に、飯倉の地名ありて、この中、「三貫三百文は、以前より箕輪《みのわ》大蔵《おおくら》が寄附せし地なり」とあり。なほ、前の芝神明宮《しばしんめいぐう》の条下にも『神鳳抄《じんぽうしょう》』『東鑑《あずまかがみ》』等の書を引き、拠《よりどころ》とす。照らし合はせて見るべし)。

熊野権現《くまのごんげん》宮　飯倉《いいくら》町にあり。ある人いふ、養老年間〔七一七―二四〕、芝《しば》の海浜に勧請《かんじょう》ありしを、遥かの後、いまの地に移さるとぞ。別当は三集山正宮寺《さんしゅうざんしょうぐうじ》といふ。天台宗にして、東叡《とうえい》山《ざん》に属せり（毎年六月朔日より三日まで、祭礼を修行す）。

勝手《かつて》が原《はら》　土器《かわらけ》町より赤羽《あかばね》へ出づる広小路《ひろこうじ》の辺をいふとぞ。昔は、三田《みた》の方へかけて、広《こう》寞《ばく》の原野なりしかば、太田道灌〔一四三二―八六〕、江戸の城より勢《せい》を出だすときは、このところにて人数を揃へられたりしとなり。

赤羽川《あかばねがわ》　渋谷川《しぶやがわ》の下流なり。新堀《しんぼり》と号《なづ》く（延宝〔一六七三―八一〕江戸図に、麻布《あざぶ》新堀《しんぼり》とあ

飯倉　熊野権現社

り。元禄開板の『江戸鹿子《かのこ》』（藤田理兵衛、一六八七）といへる草紙に、「この河の上に、赤羽の池といふあり」と云々）。元禄（一六八八―一七〇四）の始め、欽命《きんめい》によつて、これを掘らしめたまふとなり（『江戸名勝志』（藤原之廉、一七三三）に、溝口信濃守《みぞぐちしなののかみ》・伊達《だて》美作守《みまさかのかみ》の両侯、これを承られたりとあり）。

赤羽橋《あかばねばし》 同じ流れに架《か》す。按《あん》ずるに、赤羽は、赤埴《あかはに》の転じたるならんか。この辺茶店多く、河原の北には、毎朝、肴市《さかないち》立ちて、繁昌の地なり。

心光院《しんこういん》 同所、橋より北の河原道《かわらみち》より右にあり。増上寺《ぞうじょうじ》の別院にして、宝暦（一七五一―六四）の頃、縁山《えんざん》よりこの地に移さる（その旧地は、涅槃門《ねはんもん》の辺なりといふ）。当寺は、鎮西《ちんぜい》上人の古跡にして、常行《じょうぎょう》念仏の道場なり。

恵照律院《えしょうりついん》 光阿《こうあ》上人開基たり（光阿上人は、横蓮社縦誉心岩頑夢《おうれんしゃじゅうよしんがんがんむ》と号す。加州（加賀国）小松の人、姓は加波《かは》氏《うじ》、越前浄光院《じょうこういん》の随流に投じて剃染《ていせん》、流頓《りゅうとん》に嗣法す。宝永三年乙卯（一七〇六）八月晦日、当寺において寂《じゃく》する由《よし》、『伝灯系図』に見えたり。加州大日寺《だいにちじ》および当寺、ならびに恵照院《えしょういん》等を開基し、不断念仏の道場を刱《はじ》む）。

布引《ぬのびき》観世音菩薩（境内に安ず。本尊は馬頭観音にして、増上寺の行者文周《ぶんしゅう》、代々《よよ》これを

赤羽《あかばね》
赤羽橋
赤羽川
心光院

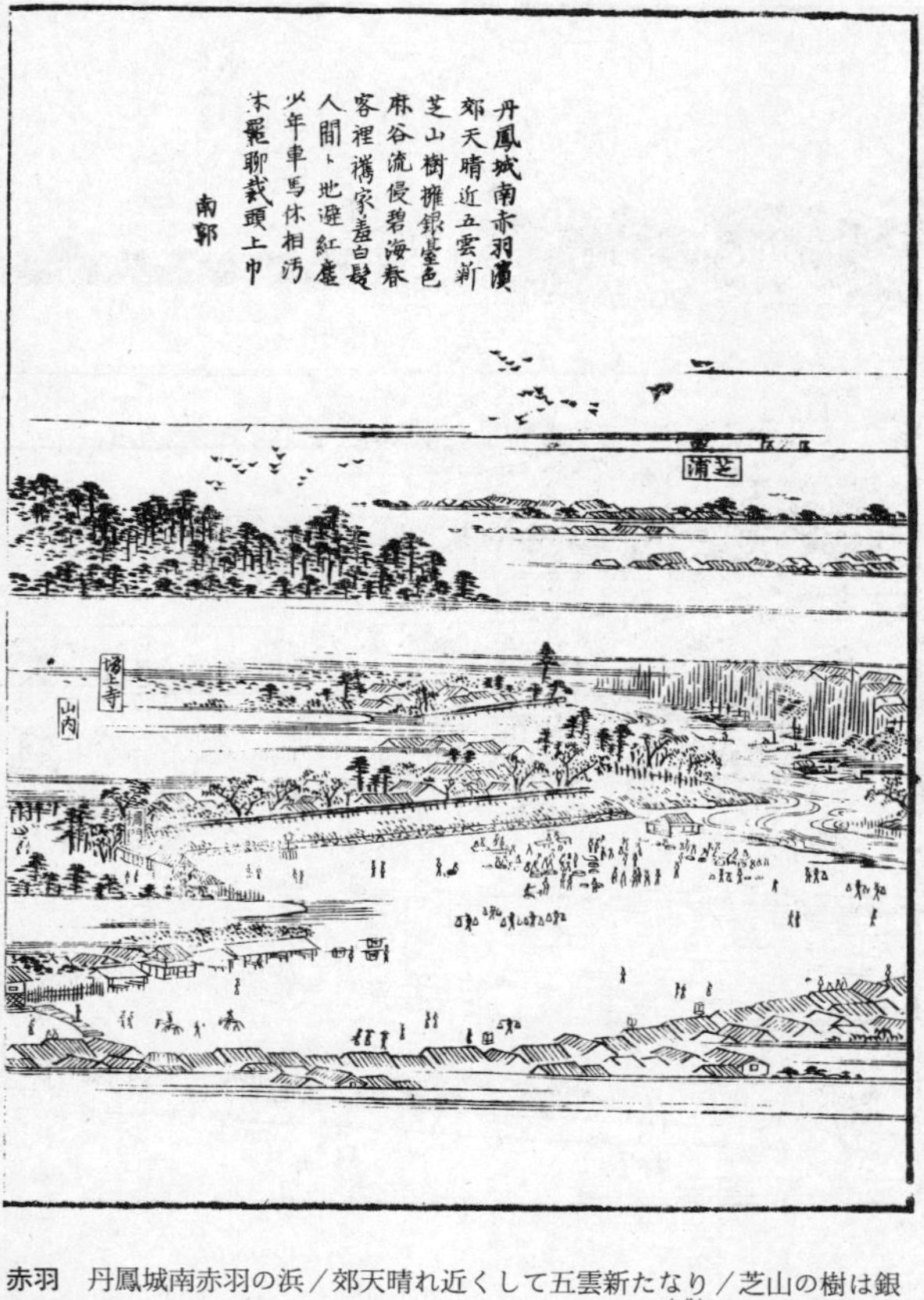
丹鳳城南赤羽濵
郊天晴近五雲新
芝山樹擁銀臺色
麻谷流侵碧海春
客裡攜家羞白髮
人間卜地避紅塵
少年車馬休相汚
沐罷聊裁頭上巾
南郭
芝浦
増上寺
山内

赤羽　丹鳳城南赤羽の浜／郊天晴れ近くして五雲新たなり／芝山の樹は銀台の色を擁し／麻谷の流は碧海の春を侵す／客裡家を攜《たずさ》へて白髪を羞ぢ／人間地を卜して紅塵を避く／少年車馬相汚すことを休め／沐し罷りて聊か裁す頭上の巾　南郭

あかばね
赤羽
しんこういん
心光院

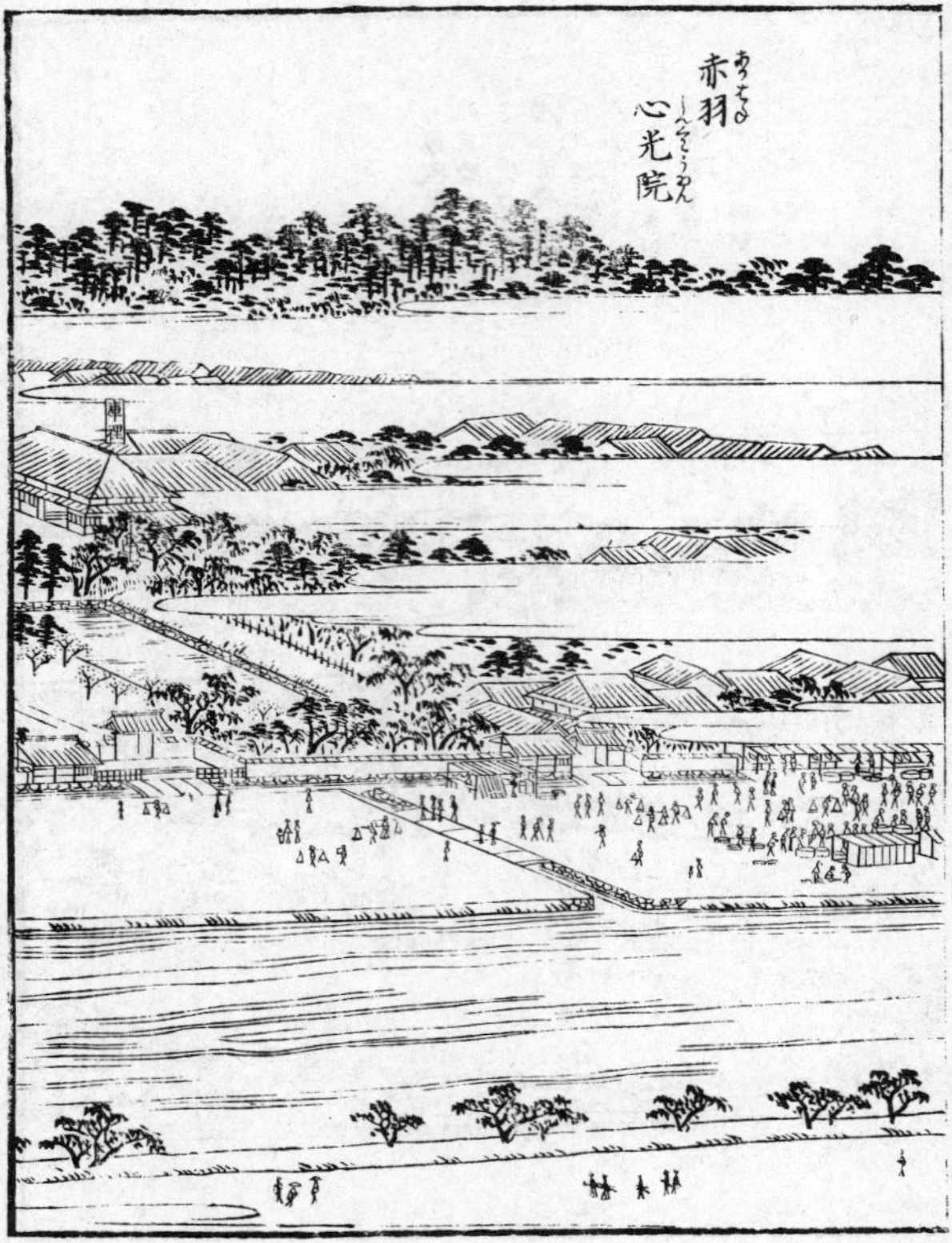

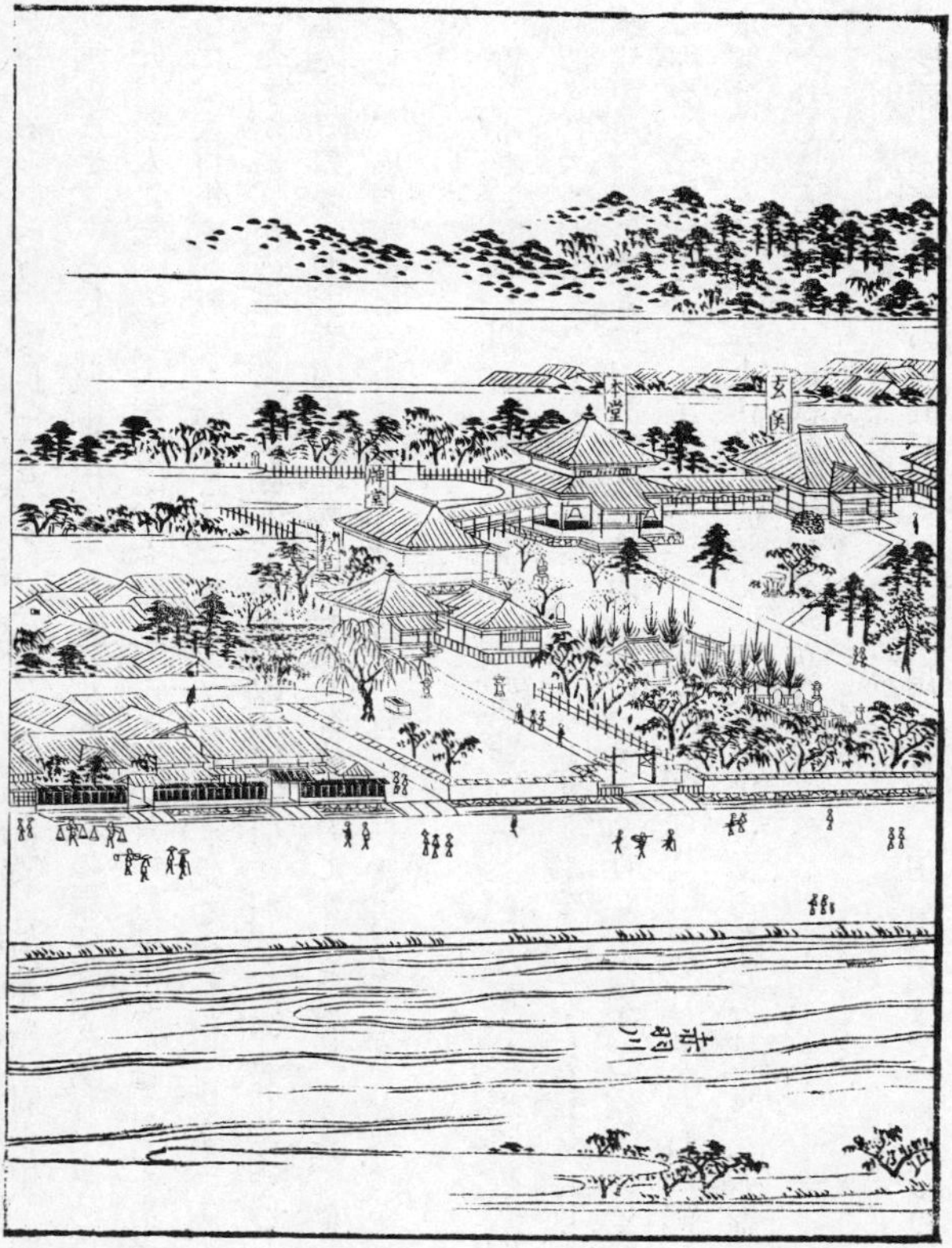

赤羽　心光院

奉持するといへり。慶長〔一五九六―一六一五〕の頃、丹羽《にわ》五郎左衛門尉《ごろうざえもんのじょう》長重《ながしげ》、奥州二本松に在国のとき、ある日、城下に出でられしに、熊野道者の馬に乗ずるあり。その馬駿足《しゅんそく》なりければ、農人に乞ふて長重乗り試むるに、実に名馬なりければ、すなはち名を道者《どうじゃ》と唱ふ。つひに、大将軍家へ献ず。駈《か》けを追はせたまふに、布一端《いったん》を後輪《うしろわ》の塩手《しおで》〔鞖《しおで》〕両方にむすび附けたまふに、かの布一文字に翻《ひるがえ》るゆゑに、改めて布引《ぬのびき》と命ぜられて愛したまひしかば、かの馬斃《へい》するの後、増上寺境内に埋《うず》めて、石塔を建てたりしが、その後、また、件《くだん》の石塔を本尊として、馬頭観音に崇むるとなり。宝暦〔一七五一―六四〕の頃、寺とともにかの地へ引かれたりしといへり）。

竹女水盤《たけじょすいばん》（『新著聞集《しんちょもんじゅう》』〔神谷養勇軒編、一七四九〕にいふ、「江戸大伝馬町佐久間勘解由《おおでんまちょうさくまかげゆ》が召《めし》仕《つか》ひの下女たけは、天性仁慈の志深く、朝夕の飯米、おのれが分は乞丐人《こつがいにん》に施し、その身は水盤の角《すみ》に網を置きて、洗ひ流しの飯をうけ、その溜《たま》りしものをみづからの食料とす。つねに称名《しょうみょう》怠ることなく、つひに大往生を遂げし」となり。かの竹女がつねに網をあて置きし水盤は、いま、増上寺念仏堂心光院《しんこういん》の門の天井に掛けてありとみゆ。件《くだん》の水盤より光明を放ちたりしことは、当寺の縁起の中に詳《つまび》らかなり）。

芝浦《しばうら》　本芝《ほんしば》町の東の海浜をいふ。芝口新橋《しばぐちしんばし》より南、田町《たまち》の辺までの惣名《そうみょう》なり。上古は、芝を竹柴《たけしば》の郷《ごう》といひしを、後世上略して、柴とのみ呼び来《きた》れり。また、文字も芝に書き改めたりとぞ（『更級《さらしな》日記』〔菅原孝標女、一一世紀〕に、竹柴の郷といふことを挙《あ》げたり。なほ、三田《みた》済海寺《さいかいじ》の条下に詳らかなり。南向亭〔酒井忠昌、一八世紀中頃〕云《いわ》く、芝といふは、かの地の古老の説に、海岸近きところに、柴を建て、海苔《のり》のかかるをとる。ゆゑに、木の小枝を柴といふより地名によびしが、後、芝に改め作るかと云々。按《あん》ずるに、この説是《ぜ》ならず。海苔をとるは、元浅草《もとあさくさ》の辺のみにて、昔は、いまのごとく、品川にはなかりしなれば、古《いにし》へにいはんは、ことわりなきに似たり）。この地を雑魚場《ざこば》と号《なづ》け、漁猟の地たり。この海より産するを芝肴《しばざかな》と称して、都下に賞せり。

『平安紀行』

文明十あまり二年〔一四八〇〕の頃、水無月《みなつき》のはじめつかた、土さへさけてとか、旅人《たびうど》のぬしのものせし避暑《ひしょ》の床《ゆか》をはなれて、都にまうのぼりぬ。中略　芝といふところを過ぐるとて、

露しげき道の芝生を踏みちらし駒に任するあけくれの空　　太田道灌

『回国雑記』〔一四八七〕

芝の浦といへるところに、いたりければ、塩屋《しおや》のけぶり、うちなびきても淋しきに、塩木はこぶ舟どもを見て、

やかぬより藻汐《もしお》の煙名にぞ立つ舟にこりつむ芝の浦人　　道興准后

竹女《たけぢよ》故事《こし》

竹女が故事

この浦を過ぎて、あら井といへるところにて云々。

江戸にて　　　梅翁〔宗因〕

芝といふものの候ふ夏ざしき

御穂《みほ》神社　同所本芝通《ほんしばどお》りより、西の横町にあり。本芝の産土神《うぶすながみ》にして、祭礼は三月十五日なり。別当は正福寺《しょうふくじ》と号す。天台宗にして、東叡山《とうえいざん》に属す。伝へいふ、往古《そのかみ》、駿河国三穂《みほ》の海人《あま》、この浦に来《きた》り住す。ゆゑに、古郷の御神なればとて、文明十一年庚子〔一四七〇〕のとし、ここに当社を勧請《かんじょう》せしとなり。祭神御穂津彦《みほつひこ》・御穂津媛《みほつひめ》等の二神《ふたはしらのかみ》なりといへり（土俗、当社をもつて、痘瘡《とうそう》の守護神とし、祈願するもの多し）。

鹿島《かしまの》神社　同所海浜にあり。別当は御穂《みほ》神社に相同じ。祭礼もまた同じく三月十五日なり。土人伝へいふ、寛永年間〔一六二四―四四〕、この浦に、一の小祠《ほこら》漂流して汀《みぎわ》に止《とど》まるあり。漁人これを揚げて、その本所を尋《たず》ぬるに、常州鹿島大神宮の社地にありし小祠《ほこら》なりけるよし。また、その頃、十一面観音の木像、同じ海汀《かいてい》に流れよりしかば、鹿島明神も、十一面観音をもつて本地仏とせしなれば、これにもとづきて、当社の御神を勧請せしとなり。

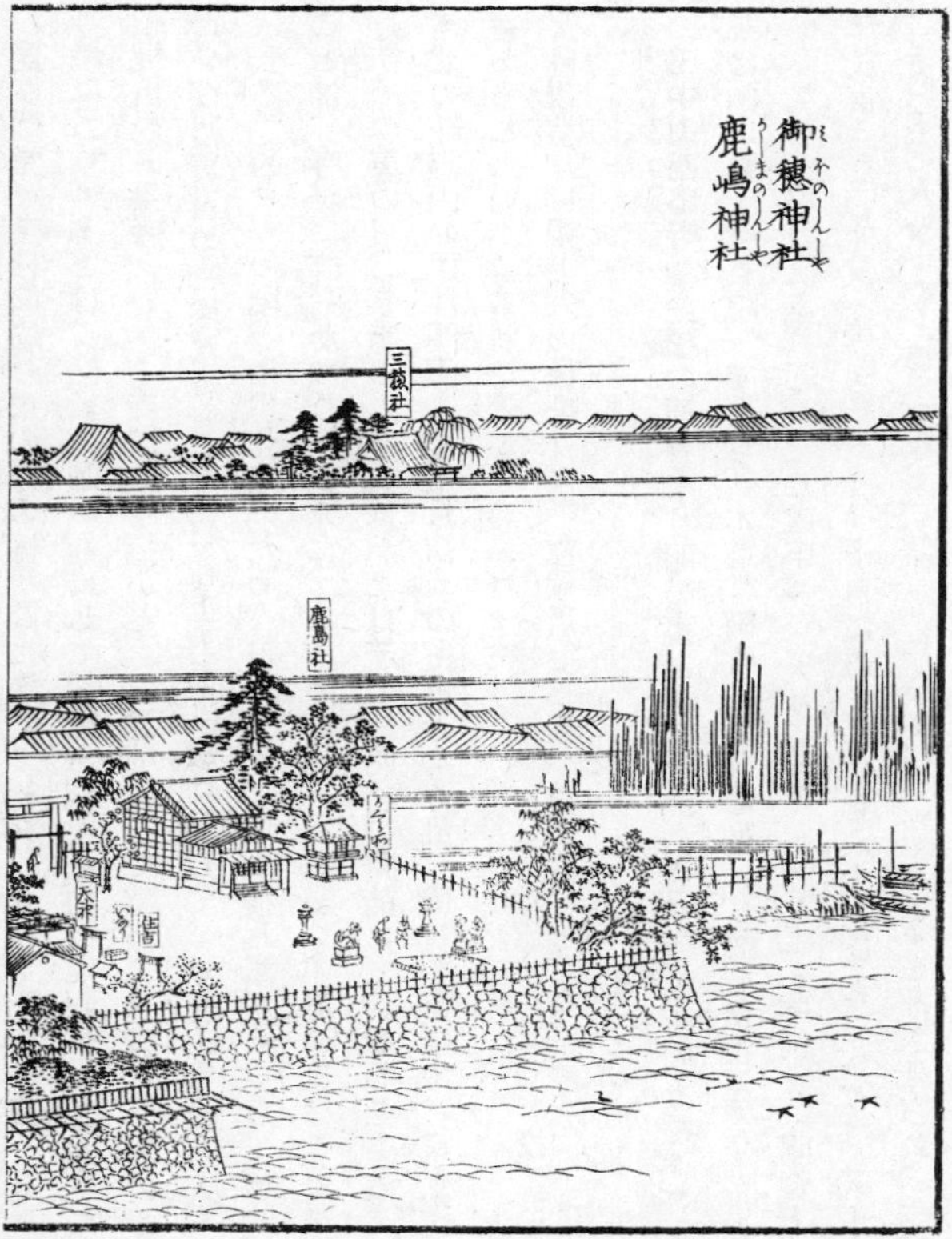

御穂神社　鹿島神社

毘沙門堂《びしゃもんどう》　金杉《かなすぎ》の通り東の方《かた》の横小路《よここうじ》にあり。松林山正伝寺《しょうりんざんしょうでんじ》といへる、中山派《なかやまは》の日蓮宗の寺境にあり。本尊は、伝教大師《でんぎょうだいし》の作にして、後日親《にっしん》上人再び点眼《てんげん》供養するとぞ。往古は、摂州梶折邑一乗寺《かじおりむらいちじょうじ》といへる寺にありしかども、僻地にして結縁《けちえん》の人少なし（一乗寺は、金仙寺《きんせんじ》といひし真言の密場なりしを、日親上人の弘教《ぐきょう》に帰して、本化《ほんけ》の宗に改む）。よって寛文〔一六六一―七三〕の頃、衆生化益《しゅじょうけやく》のため、日栄上人ここに移し奉るとなり。霊験感応の著しきことは、寺記に詳《つまび》らかなり。ゆゑに、参詣の貴賤日々に多く、寅《とら》の日はことに群集せり（正月初めの寅の日、参詣の人、おほかたは芝の神明宮の門前にて、燧石《ひうちいし》をもとめて帰る輩《ともがら》あり。洛北の鞍馬《くらま》山の毘沙門天へ、正月初めの寅日詣する輩、燧石を買ひて、家土産《いえづと》とす。これを畚《ふご》おろしといふ。これに準《なぞら》ふといふ）。

日親堂《にっしんどう》（日親上人の像を安ず。霊験著しといへり）。

田中山西応寺《でんちゅうざんさいおうじ》　金杉《かなすぎ》の通りより西の裏にあり（門前を、西応寺町《さいおうじまち》と呼ぶ）。浄土宗にして三縁山《さんえんざん》に属す。支院三宇あり。本尊、阿弥陀如来の像は、慧心《えしん》僧都〔源信、九四二―一〇一七〕の作なりといひ伝ふ。応安紀元戊申〔一三六八〕の年、明賢《みょうけん》上人草創す（明賢上人は、応永五年戊寅〔一三九八〕、黄鐘《おうしょう》〔十一月〕十日に遷化《せんげ》す。年八十六歳といへり）。天正〔一五七三―九二〕の頃、大将軍家〔徳川家康、一五四二―一六一六〕、当寺に駕《が》を枉《まげ》させられ、寺領御寄附あり

金杉毘沙門堂　毎月寅の日、貴賤群集して、賑はひおほかたならず。

しかば、学徒朝夕《ちょうせき》の助け寛《ゆた》かにして、学道盛んなり。また、当寺十六世存冏《ぞんけい》和尚、一宗の碩《せき》学《がく》にして、当時法門の竜象《りゅうぞう》、学道の麟鶴《りんかく》なりければ、大将軍家、深く崇敬ましましけるにより、台命によって、一夏《いちげ》の間法幢《ほうどう》を建て、一百余人の衆僧に宗風の注意を示す。すべて念仏三昧、他力往生のをしへ、日々におほいに弘まれり。

三田《みた》　あるいは、御田《みた》、および箕多《みた》に作ると（古《いにし》へ、神領に寄せられし地を、御田と書きたる由《よし》、古老の説なり）。

『和名類聚鈔《わみょうるいじゅしょう》』〔源順、一〇世紀〕に云《いわ》く、「荏原郡御田」云々。

『武蔵国風土記』残篇に云く、「荏原郡御田の郷、あるいは箕多《みた》。公穀三百六十七束、仮粟百三十九丸、貢松竹蕨□等、また諸禽あり、大膳あるひは木工寮に充《あ》つ」云々。

按《あん》ずるに、この地をもつて、渡辺の綱《つな》〔九五三—一〇二五。源頼光の臣〕が旧跡とするは誤りなるべし。ある人いふ、この地は三田家の旧領にして、三田氏、累世ここに居住す。『三田家譜』に、「三田三河守、その子駿河守綱勝《つなかつ》、武州三田に住す」。代々綱といふ字《じ》を名とす。よつて後人、渡辺の綱と混じ交《まじ》へて誤れるかと云々。『渡辺系図』にいふ、「源次充《げんじみつる》、武蔵国足立郡箕田郷《みたのごう》に配せらる」とありて、三田とすることなし。三田・箕田同訓なるゆゑに、混雑してかかる附会の説をばまうけたりしなるべし。『鵞峰《がほう》文集』

〔林鵞峰、一六八九〕に、「箕田園《みたえん》の記」と号するものありて、この地を渡辺綱が旧跡とせらる。その文は、ここに略せり。永禄二年〔一五五九〕小田原北条家の『所領役帳』に、「太田新六郎《おおたしんろくろう》知行のうちに、三田内寿楽寺《うちじゅらくじ》分、同箕輪寺屋《みのわてらや》分、また、島津弥七郎《しまずやしちろう》知行、三田坂間《さかま》分、および、中村平次左衛門《なかむらへいじざえもん》知行、三田高福寺《こうふくじ》分、本住坊寺領に、同所にて惣領分の地等を配す」と見えたり。

綱坂《つなさか》　同所松平隠岐《おき》侯と会津《あいづ》家との藩邸《やしき》の間を、寺町へ下る坂を号《なづ》く（『惣鹿子《そうかのこ》』〔『江戸惣鹿子』立羽不角、一六八九〕に、渡辺坂《わたなべざか》とあり。菊岡沾涼《きくおかせんりょう》〔一六八〇—一七四七。俳人〕いふ、このところは、箕田武蔵守《みたむさしのかみ》の居城跡なりと）。また、同所有馬《ありま》家の藩邸の南の坂を、綱《つな》が手引き坂と号く。綱が産湯《うぶゆ》の水といふは、同所肥後侯の園中、綱が駒繋《こまつな》ぎ松と称するは、隠岐侯の藩邸、綱塚《つなづか》は同所功雲寺《こううんじ》の境内にあり。

按《あん》ずるに、窪三田《くぼみた》に、綱生山当光寺《こうしょうざんとうこうじ》といへる一向派の寺あり。渡辺の綱が出生の地なり、といひ伝ふ。また、三田八幡宮の神体をも、渡辺の綱が守護神なりとし、すべて、この辺、綱に縁あることのみ多し。会津家の別荘にも、綱が塚と称するものありて、塚上の松を、懐古の松と号けられ、鵞峰《がほう》先生〔林鵞峰、一六一八—八〇。儒者〕の、「箕田園の記」を作らる、その略に云《いわ》く「武蔵国荏原郡渋谷荘箕田邑《えばらこおりしぶやのしょうみたむら》は、源綱が陳跡《じんせき》〔旧跡〕なり。

綱老いて仕《つか》へをかへし、このところに終はる。しかりしよりこのかた、数百の星霜を歴《ふ》るといへども、その塚なほ存す。塚上に松を栽《う》ゑて遺蹤《いしょう》を標す。すなはち、これ壮気いまだ散ぜず、千歳の余情あるものか。明暦四戊戌（一六五八）の夏、会津源公《げんこう》（保科正之、一六一一—七二。徳川秀忠三男、大名）、この地を賜ひ、別荘としたまふ。なほ、その塚を存することは、けだしその勇を取り、古《いにし》への士を尚《たっと》みたまふ儀か」と云々。かくのごとく記されたれど、この地は箕田にあらず。なほ、前の三田の条下に詳《つまび》らかなり。照らし合はせてみるべし。

小山神明宮《こやましんめいぐう》　同所有馬《ありま》家と黒田《くろだ》家の間、小高きところにあり。神体は雨宝童子《うほうどうじ》、別当は天台宗不動院と号す。このところを、飯倉《いいくら》神明宮の旧地とするは誤なり。

春日明神《かすがみょうじん》の社《やしろ》　三田《みた》一丁目にあり。別当を三笠山神宮寺《さんりゅうざんじんぐうじ》と号す。和州三笠山《さんりゅうざん》春日四所の御神を鎮座なし奉るとぞ。三田の産土神《うぶすながみ》にして、例祭は毎年九月九日に修行す。伝へいふ、当社は村上《むらかみ》天皇天徳年間（九五七—六一）、武蔵国司《むさしのこくし》藤原正房《ふじわらのまさふさ》任国の頃、藤原氏《うじ》の宗廟《そうびょう》たるゆゑに、この御神をこの地に勧請《かんじょう》せしむるとなり。その後、文明（一四六九—八七）の頃、法印《ほういん》慶賢《けいけん》、中興す。本地仏は、十一面観世音にして、弘法大師の彫造なりといふ。慶賢、瑞夢《ずいむ》に

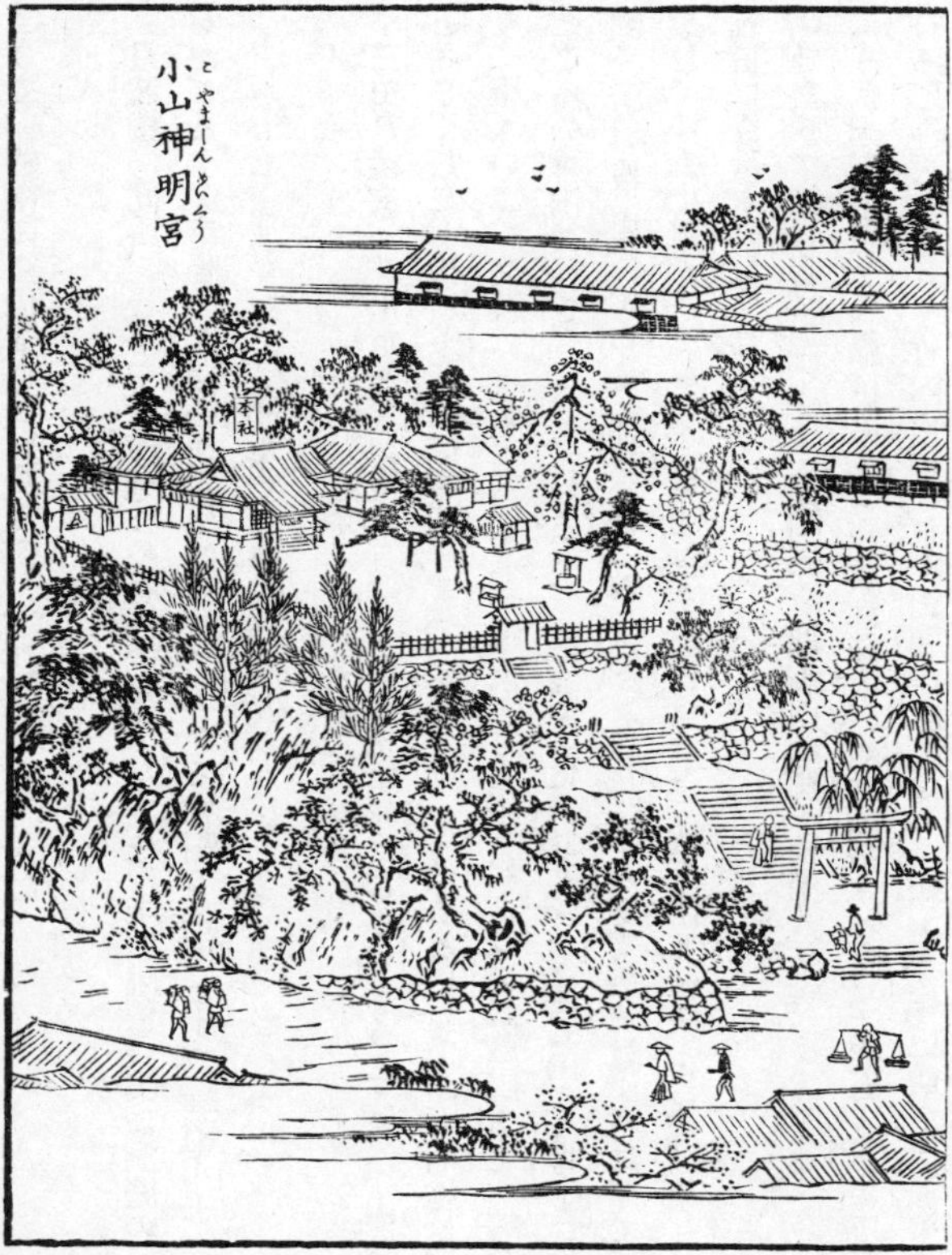

小山神明宮

よりて、感得の霊仏なりといひ伝ふ。

月波楼《げっぱろう》　同所、松平主殿侯《とのもこう》別荘の看楼《ものみ》の号なり。この地の眺望、実に洞庭《どうてい》の風景を縮めたるがごとく、岳陽《がくよう》の大観を摸《うつ》すに似たり。よって城南の勝地とす。羅山先生〔林羅山、一五八三―一六五七。儒者〕の『東明集《とうめいしゅう》』に詳《つまび》らかなり。

三田八幡宮《みたはちまんぐう》　芝田町《しばたまち》七丁目にあり。三田の惣鎮守にして、祭るところ、山城男山《おとこやま》八幡宮と同じくして、後一条《ごいちじょう》帝寛仁年間〔一〇一七―二一〕、草創すといひ伝ふ。旧地は、窪三田《くぼみた》にあり（土人いふ、当社は『延喜式《えんぎしき》』〔九二七〕の神名記、および『武蔵風土記』等の書に載するところの稗田《ひえたの》神社これなり。いまも、その旧地に一社あり。窪三田八幡宮と称す）。正保年間〔一六四四―四八〕、いまの地へ移し奉るといへり。この地、後ろは山林にして、前は東海に臨む。ゆゑに風光秀美なり。別当は天台宗にして、眺海山無量院《ちょうかいざんむりょういん》と号す。祭礼は隔年八月十五日に修行す。放生会《ほうじょうえ》あり。

『延喜式』神名帳に云《いわ》く、「武蔵国荏原郡御田の郷。稗田八幡」。

『武蔵国風土記』残篇に云く、「荏原郡御田の郷。稗田八幡。圭田五十八束三字田。祭るところ応神《おうじん》天皇なり。竹内宿禰《たけのうちのすくね》・荒木田襲津彦《あらきだそつひこ》等なり。和銅二年己酉〔七〇九〕八月十五日、

三田　春日明神社

三田八幡宮《みたはちまんぐう》
海辺

三田八幡宮

はじめて神礼を行ひ、神戸・巫戸等あり」。

竜谷山功運寺《りゅうこくざんこううんじ》 同所聖坂《ひじりざか》にあり（聖坂とは、むかし、この地に高野聖《こうやひじり》多く住みて、開きたりし坂なれば、かくいふとぞ）。曹洞派の禅窟《ぜんくつ》にして、三州竜門寺《りゅうもんじ》に属す。開山を黙室天周《もくしつてんしゅう》和尚といふ。支院三ケ寺あり。当時は定会地《じょうえち》にして、所化寮《しょけりょう》あり。当寺境内に、綱塚《つなづか》と称するものあり（綱〔渡辺綱、九五三―一〇二五〕がことは、前の三田、および綱坂《つなさか》の条下に詳《つまび》らかなり）。

周光山済海寺《しゅうこうざんさいかいじ》 聖坂《ひじりざか》の上、道より左側にあり。浄土宗にして、京師智恩院《けいしちおんいん》に属す。上古は、竹柴寺《たけしばでら》と号して、巍々《ぎぎ》たる真言の古刹《こせつ》なりしが、中古荒廃に逮《およ》ぶ。よって法誉《ほうよ》上人念無《ねんむ》和尚中興す（その庭、海岸に臨んで、沖より目当ての灯籠《とうろう》あり）。当寺庭中の眺望は、実に絶景なり。房総の群山、眼下にありて、雅趣すくなからず。朝夕に漂ふ釣舟《つりぶね》は、沖に小さく、暮れて数点の漁火、波を焼くかと疑はる。群芳《ぐんぽう》発して、緑陰深く、風露《ふうろ》爽《さわ》やかにして、氷霜《ひょうそう》潔し。四時《しいじ》に観をあらためて、風人《ふうじん》の眼《まなこ》を凝《こ》らしむる一勝地なり。月《つき》の岬《みさき》といふも、この辺の惣名《そうみょう》なり。

竹柴寺《たけしばでら》の旧址《きゅうし》 済海寺《さいかいじ》と、同じ隣の土岐侯《ときこう》の邸《やしき》の地、その旧跡なりといひ伝ふ（山岡明阿《みょうあ》

〔山岡浚明、一七二六—八〇。国学者〕いふ、按《あん》ずるに、いまの地は海辺にて、しかも岡の上なれば、『更級日記』にいへるところに、かなはず。もし、いよいよこの寺にてあらば、昔は外《ほか》にありしを、後にこのところへうつせしなるべしと云々）。

『更級日記』に云く、

いまは武蔵国になりぬ。ことにをかしきところも見えず、浜も砂子《すなご》白く、波もなく、こひぢのやうにて、紫生《お》ふと聞く野も、蘆荻《あしおぎ》のみ高く生ひて、馬に乗りて弓もたる末見えぬまで高く生ひ茂りて、なかを分け行くに、竹柴といふ寺あり。遥かに、いいさろうといふところの、楼の跡礎《あといしずえ》などあり。「いかなるところぞ」と問へば、「これは、いにしへ竹柴といふさかなり。国の人のありけるを、火焚家《ひたきや》の火焚衛士《ひたくえじ》にさし奉りたりけるに、御前《おまえ》の庭を掃くとて、『などや苦しきめをみるらん、わが国に、七つ三つ造り居《す》ゑたる酒壺《さかつぼ》にさし渡したる、ひたえの瓢《ひさご》の、南風吹けば北に靡《なび》き、北風吹けば南になびき、西吹けば東に靡き、東吹けば西になびくを見て、かくてあるよ』と独《ひと》りごちつぶやきけるを、そのときの帝《みかど》の御むすめ、いみじうかしづかれたまふ、ただ独り、御簾《みす》の際《きわ》に立ち出でたまひて、柱に寄りかかりて御覧ずるに、このをのこ、かく独りごつを、いと哀れに、いかなる瓢の、いかに靡くならんと、いみじう床《ゆか》しくおぼされければ、御簾《みす》を押し明《あ》けて、『あのをのこ、こちよれ』とめしければ、かしこまりて高欄《こうらん》のつらに参りたりければ、『いひつること、

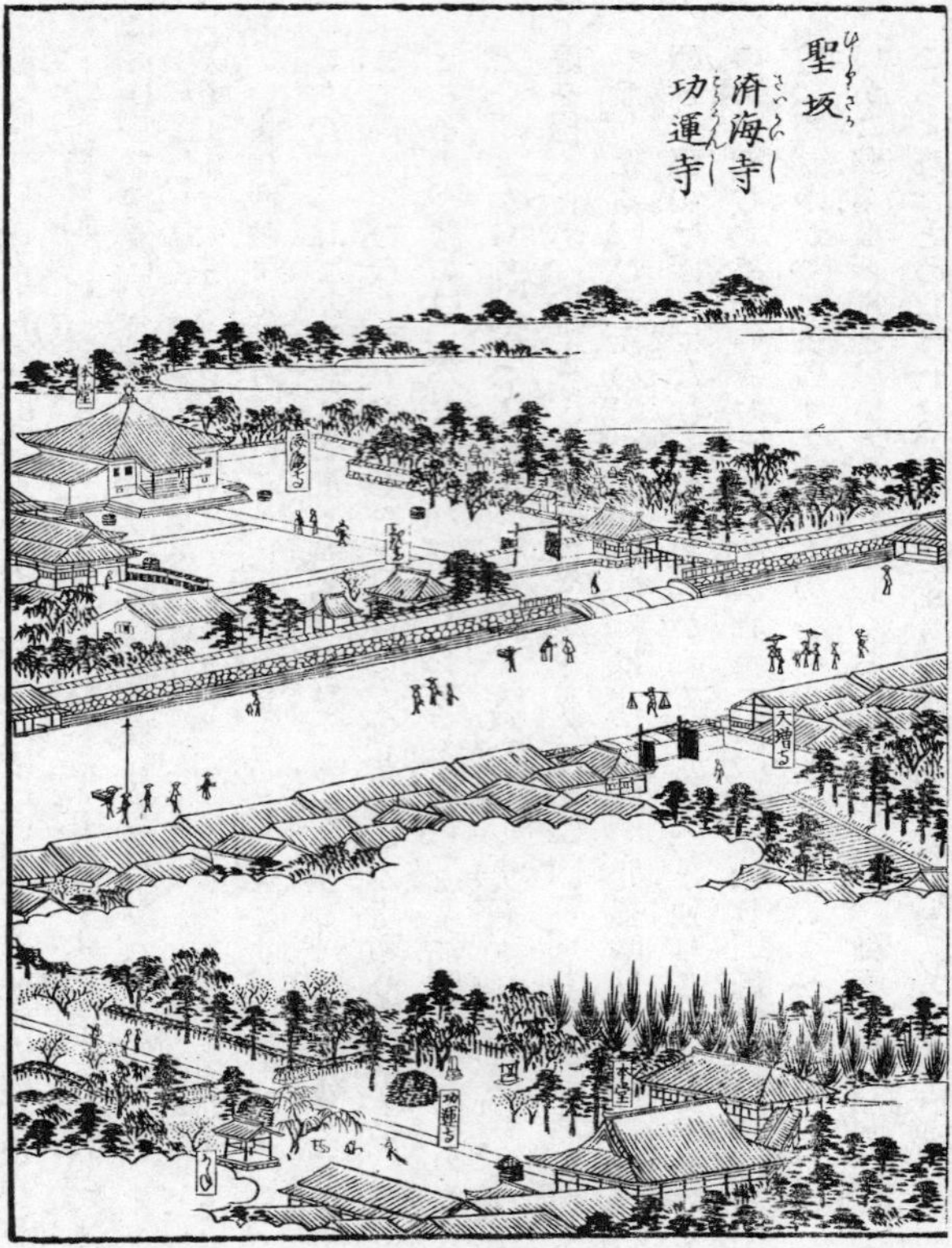
聖坂《ひじりさか》
済海寺《さいかいじ》
功運寺《こううんじ》

聖坂　済海寺・功運寺

竹柴寺の古事

いまひとかへり、われにいひて聞かせよ』と仰せられければ、酒壺《さかつぼ》のこと、いまひとかへり申しければ、『われゐて、いきて見せよ。さいふやうあり』と仰せられければ、かしこく恐ろしと思ひけれど、さるべきにやありけん、おひたてまつりて下るに、便《びん》なく人追ひ来《きた》らんと思ひて、その夜、勢多《せた》の橋のもとに、この宮を居《す》ゑたてまつりて、瀬田の橋をひとまばかりこぼちて、それを飛び越えて、この宮をかきおひ奉りて、七日七夜《なぬかななよ》といふに、武蔵国にいきつきにけり。帝后《みかどきさき》、御子《みこ》うせたまひぬとおぼしまどひ、もとめたまふに、『むさしの国の衛士《えじ》のをのこなん、いとかうばしきものを首に引きかけて、飛ぶやうに逃げたる』と申し出でて、この男を尋ぬるに、なかりけり。論なく、本《もと》の国にこそ行くらめ、と公《おおやけ》より使ひ下りて追ふに、勢田《せた》の橋こぼれて、え行《ゆ》きやらず。三月《みつき》といふに、むさしの国にいきつきて、このをのこを尋ぬるに、この御子《みこ》、公使《おおやけづか》ひをめして、『われさるべきにやありけん、この男の家ゆかしくて、ゐて行け、といひしかば、ゐて来《きた》り。いみじく、ここあかよく覚ゆ。この男罪しきうぜられれば、われは、いかであれと。これも前世《さきのよ》に、この国に跡をたるべきすくせごとありけめ。はや帰りて、公にこのよしを奏せよ』と仰せられければ、いはんかたなくて、のぼりて御門《みかど》に、『かくなんありつる』と奏しければ、『いふかひなし。その男を罪しても、いまは、この宮をとりかへし、都にかへし奉るべきにもあらず。竹柴《たけしば》のをのこに、いけらん世の限り、むさしの国を預けとらせて、公事《おおやけごと》もなさせじ、ただ宮にその国あづけ奉らせたまふ』よしの宣旨《せんじ》下りければ、この家を内裡《だいり》のごとく造りて住ませたてまつりける家を、宮などうせたまひにければ、寺になしたるを、竹柴寺《たけしばでら》といふなり」云々。

亀塚《かめつか》 済海寺《さいかいじ》の北に隣りて、隠岐家《おきけ》の別荘の地にあり（昔は、竹柴寺《たけしばでら》の境内なりしを、御開国の頃、地を割りて、隠岐家の別荘に賜ふ。ゆゑに、このとき亀塚は、隠岐家邸《やしき》のうちに入りたりとぞ。その塚のかたはらに、その主の建てられたる亀塚の碑と称するものあり）。相伝ふ、往古《そのかみ》、竹柴の衛士《えじ》の宅地に酒壺あり。そのもとに一つの霊亀《れいき》栖《す》めり。後、土人崇《あが》めて神に祀《まつ》れり。いつの頃にやありけん、あるとき、夜もすがら風雨あり、その翌日、かの酒壺、一堆《いったい》の石に化せりといふ。また、文明〔一四六九―八七〕中、太田道灌〔一四三二―八六〕この地に斥候《ものみ》を置き、その亀の霊あるをもつて、これを河図《かと》と号《なづ》くるといへり（済海寺の山号を、昔は、亀塚山《きちょうざん》と唱へしとなり。いまもなほ、土人は亀塚の済海寺と呼べり）。

徂徠《そらい》先生の墓 三田寺町《みたてらまち》長松寺《ちょうしょうじ》といへる浄家《じょうけ》の境内にあり。碑文は猗蘭侯《いらんこう》〔本多忠統、一六九一―一七五七。大名〕撰《せん》す。
ああ、それ東物先生の墓なり。ああ、先生学を古《いにし》へに復し、道を鄒魯《すうろ》〔孔子と孟子〕に帰す。

博《ひろ》く物理を究め、言を立てて辞を修め、徳崇く名垂る。不朽、これより大なるはなし。ああ、先生の出づる、日の升《のぼ》るがごとし。すなはち影の及ぶ、その朦を照らさざるところなし。ああ、実に先生を出だす、天意知るべきなり。その人となり、その行状、弟子識す。享保戊申〔一七二八〕正月十九日、六十有三にして卒す。姓は物部《もののべ》、茂卿《もけい》は字《あざな》をもつて行はる。銘に曰く、洋々たる聖謨《せいぼ》〔天子のはかりごと〕、世用ひて惑ふこと久し。天文運を降らし、この人いふに受く。すなはち化しすなはち弘む。徽猷《きゆう》〔よいはかりごと〕これ厚し。大業すでに成りて、日新富あるなり。なんぞそれ寿ならざる。天この人を奪ふ。天これ奪ふにあらず。列辰に司《つかさど》ることあり。ああわが小信、なんぞよく神に孚《ふ》せん。盛徳朽ちず、永くここに民を牖《みちび》く。

先生は荻生《おぎゆう》氏、本姓は物部《もののべ》、名は雙松《そうしょう》、字は茂卿《もけい》、字をもつて行はる。一号は蘐園《けんえん》、通称は惣右衛門《そうえもん》といふ。父は方庵《ほうあん》と号して官医たり。先生父に従つて南総に住す。五歳にして文字を識《し》る。十五歳よく文を属《しょく》す。家きはめて貧しく、東都に出でて力学す。業成りて柳沢《やなぎさわ》侯の挙《おこ》るに遇ひ、食禄五百石を賜はり、編修惣裁《へんしゅうそうさい》となる。享保十三年戊申〔一七二八〕正月十九日に卒す。著述の書八十余部といふ。

魚籃観音堂《ぎょらんかんおんどう》 同所浄閑寺《じょうかんじ》といへる浄刹《じょうせつ》に安置す。本尊は木像にして六寸ばかりあり（面相《めんそう》唐女のごとくにして、右の御手《みて》に魚籃を携へ、左の御手には、天衣《てんえ》を持したまへり）。

縁起曰く、唐の元和《げんか》年間〔八〇六―二〇〕（憲宗の年号なり）、金沙灘《きんしやだん》といへる地に、一人の美婦の籃《かご》を持して魚を鬻《ひさ》ぐあり。見る人、その容貌《ようぼう》の麗《うるわ》しきを競《きそ》ふ。女の云《いわ》く、「わが性、仏経を悦ぶ。もし、それに通ぜん人あらば、夫《おつと》とせん」といふ。そのうちに馬氏《ばし》なる人あり、これをよくす。よつて、この女をむかへけるに、ほどなく死せり。馬氏、悲しみに堪へず。日を経て後、異僧来《きた》りて、馬氏とともに塚を見るに、霊骨ことごとく金鎖《きんさ》となりて、光を放つ。これより、その国こぞりて、三宝を崇《たつと》ぶとなん（初め、金沙灘に応化《おうげ》まします妙相をあがめて、魚籃観音とは号《なづ》けたてまつる）。ここに、当寺の開山称誉《しょうよ》上人、みづからの師法誉《ほうよ》上人、肥州長崎に遊化《ゆうげ》の頃、一老婦よりこの霊像を感得《かんとく》し、元和三年丁巳〔一六一七〕、豊前国中津といふ地に、仮に浄舎を営み、御座を構へて魚籃院と号す。つひに寛永七年庚午〔一六三〇〕、三田の地に奉安せしを、称誉上人その地の所せきを歎き、承応元年壬辰〔一六五二〕、まさにいまの地に移し、当寺を建立《こんりゆう》す。しかりしより緇素《しそ》ますます渇仰《かつごう》し、衆人うち群れて、歩《あゆ》みを運ぶにより、霊応いやまし、香煙つねに風に靡《なび》き、梵唄《ぼんばい》うたた林にこたふ。

潮見坂《しおみざか》　聖坂《ひじりざか》の南、伊皿子《いさらご》台町《だいまち》より、田町《たまち》九丁目へ下る坂をいふ（ある人いふ、潮見坂、旧名は潮見崎と呼びたりしといふ。古《いにし》へは、すべてこの辺に七崎《ななさき》ありしといふ。按《あん》ずるに、潮見崎・月の岬・袖《そで》が崎《さき》・大崎・荒藺《あらい》崎《さき》・千代《ちよ》が崎《さき》・長南《ちようなん》が崎《さき》、これらを合はせて七崎とい

魚藍観音堂
ぎょらん　かんのんどう

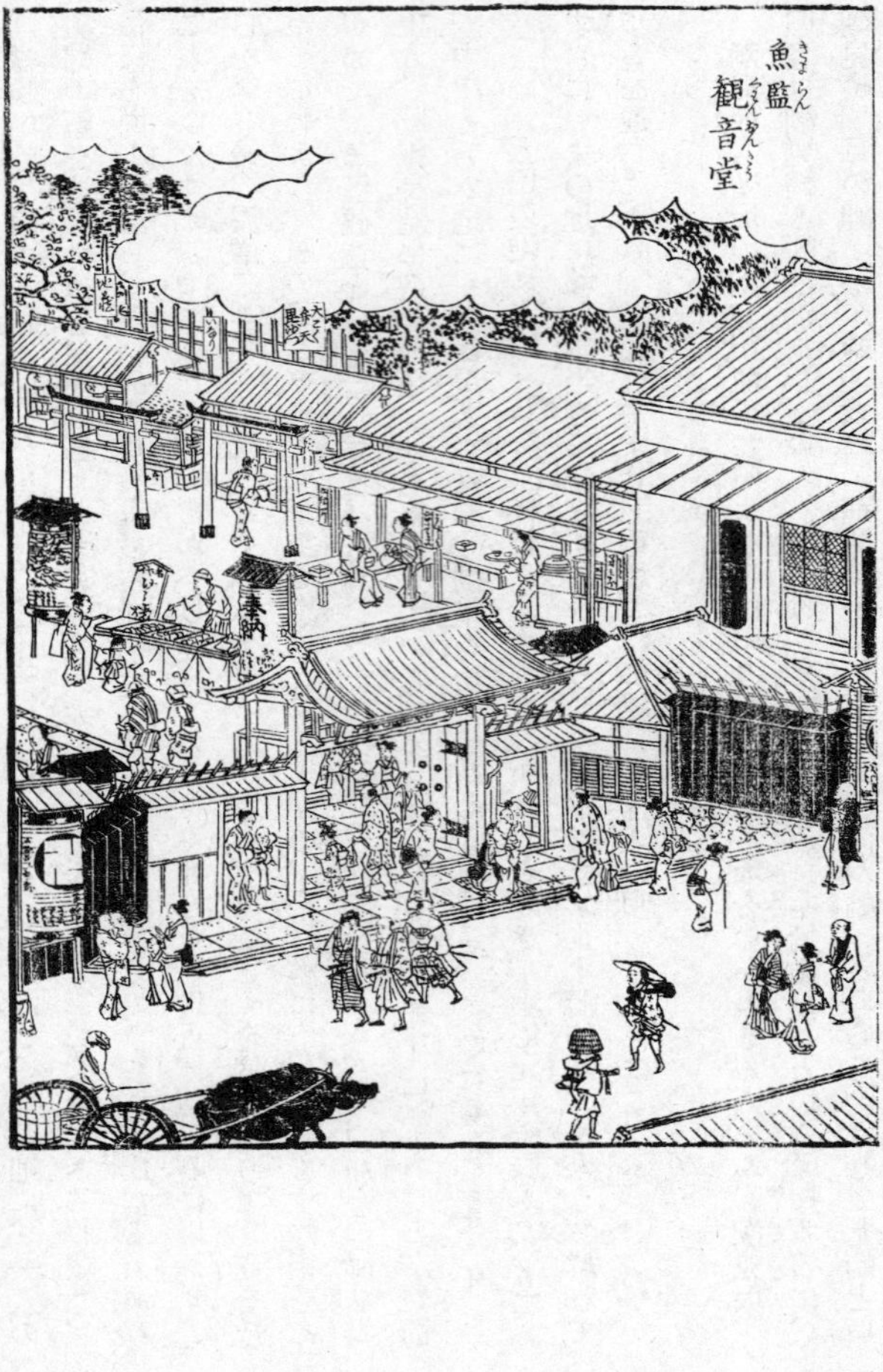

魚籃観音堂

潮見坂

ひしか)。

伊皿子薬師堂《いさらごやくしどう》　潮見坂《しおみざか》より高輪《たかなわ》へ下る坂の左側にあり。寺を医王山福昌寺《いおうざんふくしょうじ》と号す(天台宗城琳寺《じょうりんじ》に属す)。本尊薬師仏の像は、智証大師《ちしょうだいし》の作にして、右大将頼朝卿〔源頼朝、一一四七—九九〕の念持仏なりしといへり。往古《そのかみ》、相州鎌倉の佐介谷《さすけがやつ》にありて、薬師堂といふ。そののち、騒乱のとき、住僧護持して、当国品川の地に移し奉る(いまの御殿山《ごてんやま》の地なり)。つひに、寛永年間〔一六二四—四四〕、いまの地に安置すといふ(いま、鎌倉佐介谷に、薬師堂跡と字する地あり。その旧跡なり)。

『東鑑《あずまかがみ》』に曰く、

建保六年戊寅〔一二一八〕十二月二日庚子、右京兆《うけいちょう》霊夢によって草創せしめたまふところの大倉新御堂、薬師如来像を安置せられ(雲慶〔運慶、?—一二二三〕これを造り奉る)、今日供養を遂げらる。導師は荘厳房律師行勇、咒願は円如房阿闍梨遍曜、堂達は頓覚房良喜(若宮供僧)なり。施主ならびに室家等、簾中に坐す。

按《あん》ずるに『東鑑』には、この薬師仏を運慶の作とし、寺伝、智証大師とす。また、『東鑑』に右京兆とあるは、北条右京太夫義時《うきょうのたいふよしとき》〔一一六三—一二二四〕のことなり。

伊皿子薬師堂

牛小屋《うしごや》　牛町《うしまち》にあり（延宝〔一六七三―八一〕江戸図に、この地を牛の尻といふとあり）。牛を畜《きゅう》する家多く、牛の数一千疋に余れり。養ふところの牛、額小さく、その角《つの》後に靡《なび》きたるを藪覆《やぶくぐ》りと号《なづ》けて、上品なり。すべて牛は、行くこと正しく、ことに早し。形婉《たお》やかにして精気撓《たわ》まず、力量勝れたるに、軛《くびき》をかけ、重きを乗せて遠きに運ぶ。人の用を助くること、その功まことに少なからず。古《いにし》へは、淀《よど》・鳥羽《とば》にのみありて、都の外には牛車《うしぐるま》なかりしに、御入国の頃より許宥《きょゆう》ありて、江府にもこれを用ゆることとなれり。余は、駿河にあるのみにて、ただこの三ケ所に限れりとぞ。

高輪大木戸《たかなわおおきど》　宝永七年庚寅〔一七一〇〕、新たに海道の左右に石垣を築かせられ、高札場《こうさつば》となしたまふ（その初めは、同所、田町《たまち》四丁目の三辻にありしゆゑに、いまもかの地を元札《もとふだ》の辻と唱ふ）。この地は、江戸の喉口《こうこう》なればなり（田町より品川までの間にして、海岸なり）。七軒《しちけん》といふ辺は、酒旗・肉肆《にくし》・海亭をまうけたれば、京登り、東下《あずまくだ》り、伊勢参宮等の旅人《りょじん》を餞《おく》り迎ふるとて来ぬる輩《ともがら》、ここに宴を催し、つねに繁昌の地たり。後には、三田の丘綿々《めんめん》とし、前には、品川の海遥かに開け、渚《なぎさ》に寄する浦浪の真砂《まさご》を洗ふ光景《ありさま》など、いと興あり。

高輪が原《たかなわはら》　里老云《いわ》く、白金台《しろかねだい》、および二本榎《にほんえのき》・品川台《しながわだい》・大井村《おおいむら》などいふ辺りまでの惣称な

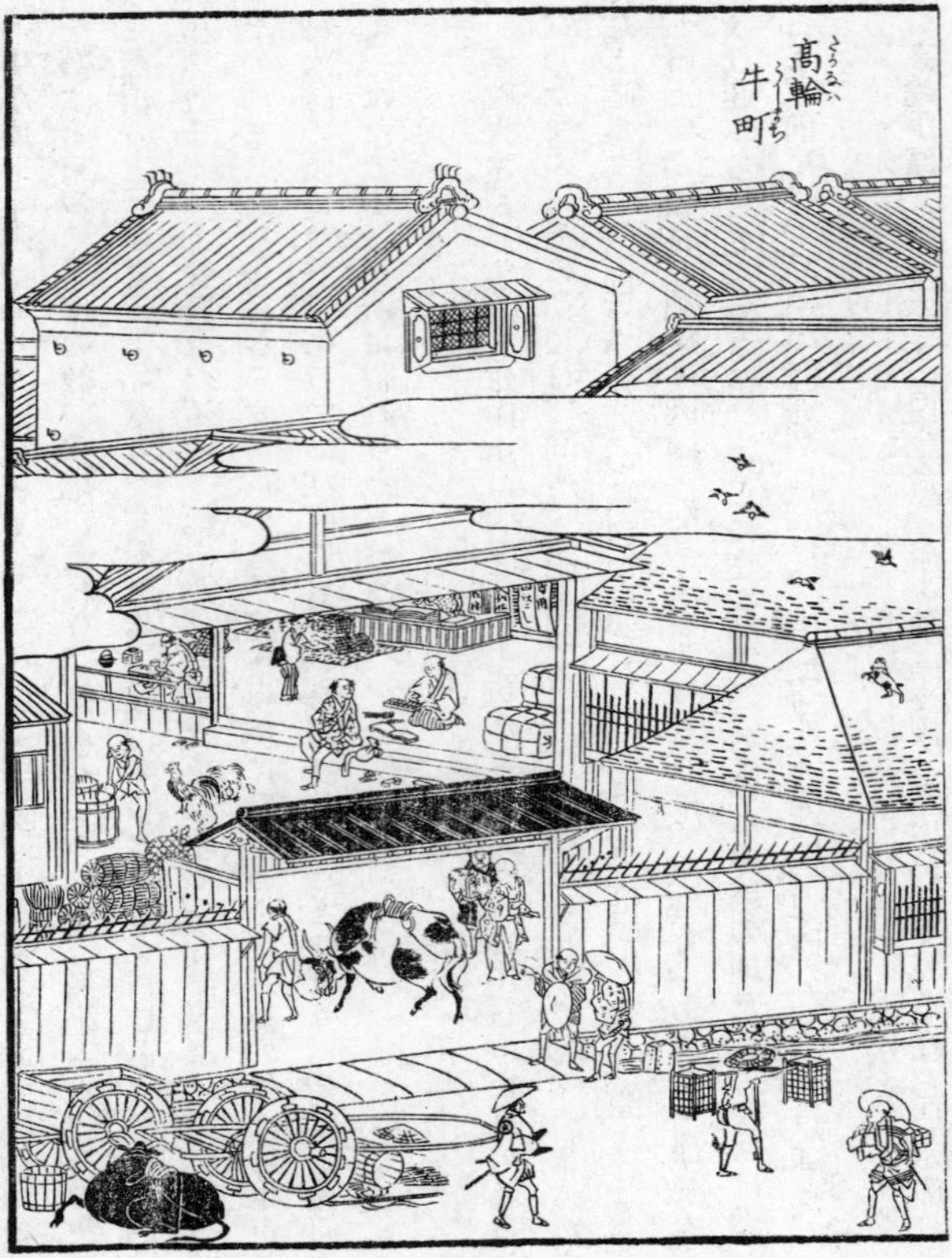
高輪《たかなハ》
牛町《うしまち》

高輪牛町

高輪《たかなハ》大木戸《おほきと》

高輪大木戸　緑海郊関を控く／高阡上路の間／早朝平らかにして日を吐き／残霧半ば山を含む／遠近征帆出で／東西駅馬班《わ》ける／長安これより去れば／万里幾ばく人か還る　南郭

高輪《たかなハ》、海邊《うみべ》
七月
二十六夜待《やまち》

高輪海辺　七月、二十六夜待ち。

りとぞ。異本『北条五代記』〔三浦浄心、一六四一〕に、「上杉修理太夫《しゆりのたいふ》頼興《ともおき》〔一四八八―一五三七〕、武州江戸の城に居住す。大永四年〔一五二四〕正月十三日、小田原北条家より二万余騎を引率し、朝興を攻めんために、かの地を発向《はつこう》す。よって稲毛《いなげ》・六郷《ろくごう》の上杉の家人《けにん》より、早馬をもて急を告ぐる。朝興はにはかのことにて、軍評定《いくさひようじよう》にも及ばず、中途に出迎ひて、勝負を決すべしと討って出で、小田原の先陣と、品川高輪が原にて渡り合ふ」とあり（『小田原記』に、永禄〔一五五八―七〇〕、信玄〔武田信玄、一五二一―七三〕、小田原を攻めんとする条下に、「一手《ひとて》は江戸品川の縄島《なわしま》の辺を焼きて、民屋を追捕《ついぶ》す」とあり。また、『江戸咄《えどばなし》』〔一六九四〕に、高縄手《たかなわて》とあり。しかるときは、高縄は高縄手なり。按《あん》ずるに、いまの海道は、後世に開けしものにて、古《いにし》へは、丘の上通りを通路せしなれば、さもありなんかし）。

万松山泉岳寺《まんしようざんせんがくじ》　海道の右にあり。野州富田《とんだ》の大中寺《だいちゆうじ》に属す。曹洞宗江戸三箇寺の一員たり（橋場《はしば》総泉寺《そうせんじ》・芝青松寺《しばせいしようじ》・当寺等なり）。坊舎三宇《う》、学寮九宇あり。当寺は、往古《そのかみ》慶長年間〔一五九六―一六一五〕、台命を奉じて、門庵宗関《もんあんそうかん》和尚、外桜田《そとさくらだ》の地に創建するところの禅刹《ぜんせつ》なり。後、寛永十八年辛巳〔一六四一〕、再び命ありて、寺をいまの地に移したりといふ。本尊釈迦如来は、座像二尺ばかりあり。脇士《きようじ》は文殊《もんじゆ》・普賢《ふげん》なり。総門の額「万松山」の三大字は、華僧閩《かそうみん》の沙門道霈《しやもんどうはい》の書にして、「康熙《こうき》辛酉〔一六八一〕孟冬上浣《もうとうじようかん》」と記せり。

当寺は、浅野家の香花院《こうげいん》にして、その家累代《るいだい》の兆域《ちよういき》あり。また、浅野内匠頭長矩《たくみのかみながのり》〔一六六七―一七〇一。大名〕、および義士四十七人の石塔あり。方丈より南の丘の半腹にあり。傍《かたわ》らに、当寺住僧建つるところの石碑あり、その旨趣を注す。二月・三月の四日、および正月・七月の十六日等には、英名を追慕して、ここに集《つど》ふ人少なからず。また、当寺に義士らの遺物《ゆいもつ》を収蔵すること多し。

元禄十四年〔一七〇一〕三月十四日、浅野内匠頭長矩、吉良上野介義央《きらこうずけのすけよしなか》〔一六四一―一七〇二。幕臣〕を刃傷《にんじよう》に及ぶにより、長矩に死を賜ふ。後、その家の長臣大石内蔵助良雄《おおいしくらのすけよしお》〔一六五九―一七〇三〕、本国播州赤穂《ばんしゆうあこう》にありて、君の讐《あだ》にはともに天を戴《いただ》くべからずといふの義により、血盟をもって同志の者をかたらひ、つひに元禄十五年〔一七〇二〕十二月十四日、讐家《しゆうか》に至り、義士四十七人、義央の所在を捜して、その首級《しゆきゆう》を得、当寺に至って亡君の墓前に祭るの後、誅《ちゆう》を待って、翌十六年〔一七〇三〕二月四日自殺せしことは、諸書に詳《つまび》らかなるをもって、これを省《はぶ》く。

帰命山如来寺《きみようざんによらいじ》　大日院《だいにちいん》と号す。泉岳寺《せんがくじ》の南に隣る。天台宗にして東叡山《とうえいざん》に属せり。本尊五智如来は、座像おのおの一丈あり（俗に、芝の大仏《おおぼとけ》と称す）。木食但唱師《もくじきたんしようし》の彫造なり（但唱は仏工にして、もとより仏体を作るに妙を得たり。ゆゑに、奇妙仏と号せり。京都鳴滝《なるたき》の五《ご》

泉岳寺《せんかくし》
本堂
方丈

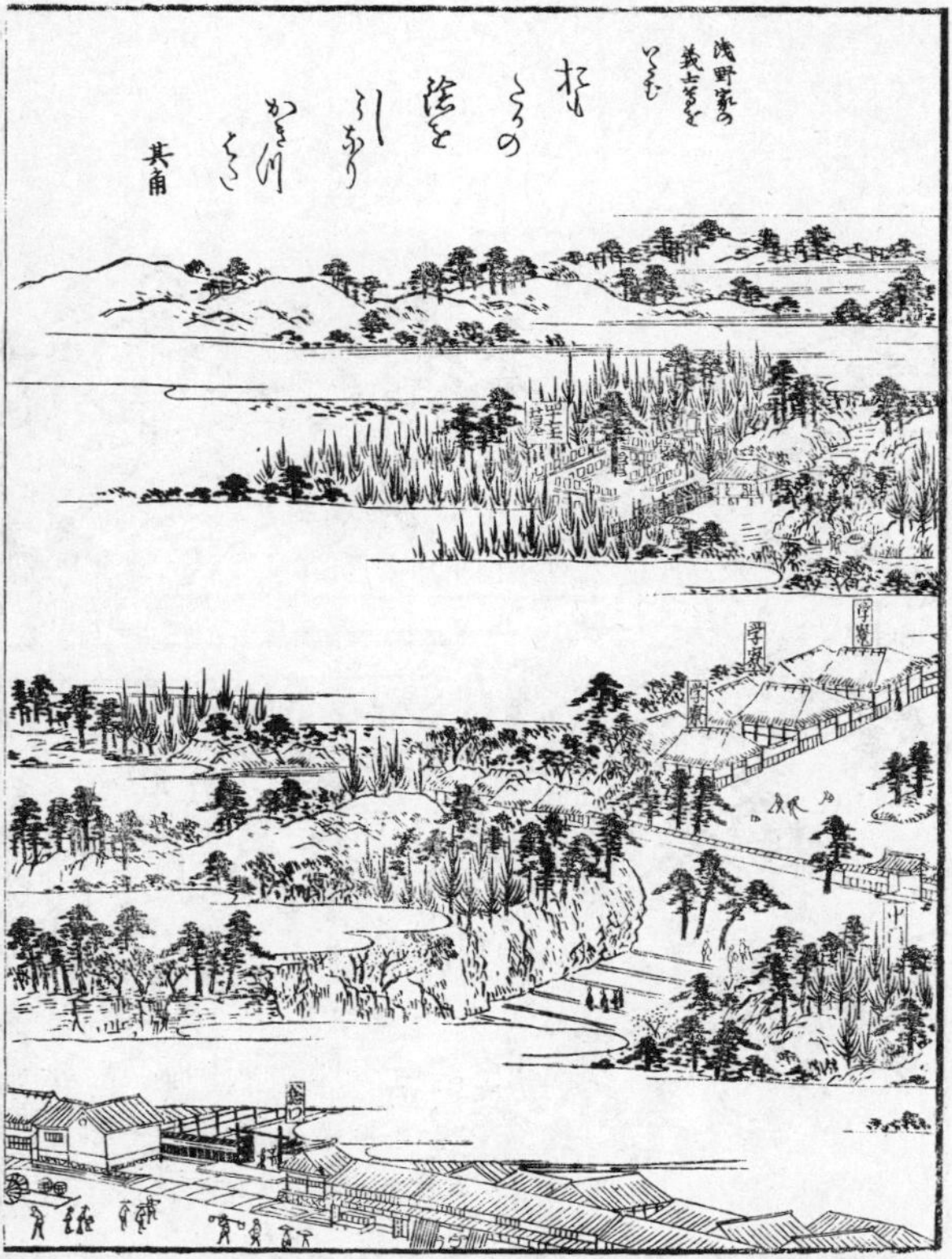

泉岳寺　浅野家の義士等をいたむ　おもだかの鎗を引くなりかきつばた
其角

如来寺
天神
大日

如来寺　世に大仏といふ。

智《ち》山《ざん》に安ずるところの石像の五智如来・十三仏等は、但唱の作にして、ならびにみづからの像をも作れり）。但唱は、摂州有馬郡高須《ありまごおりたかす》村《むら》の産なり（かしこに、霊亀《れいき》山興勝寺《ざんこうしょうじ》といふ古刹ありしを再興して、本尊に釈迦如来、およびみづからの像をも彫刻し、安置せり）。その母、有馬《ありま》薬師《やくし》に祈請《きしょう》して、これを設く。三歳にして魚肉を食せず、九歳はじめて出家す。年十五に至り、木食但善《もくじきたんぜん》の弟子となり、それより後、信州檀特山《だんとくせん》に籠《こも》り、百日のうちに念仏三昧を修得し、向かひの峰に三尊の影向《ようごう》を拝す。同国浅間嶽《あさまがたけ》、および南紀の那智山《なちさん》等に籠ること各百日づつ、また、南海北溟《ほくめい》の間を普《あまね》く回《めぐ》り、もろもろの奇特を見ること多し。つひに江戸に下り、寛永十二年（一六三五）、当寺を開創し、五智如来の像を作るといふ（三時念仏の勧めは、但善・但唱二代にして絶えたり）。

臥竜《がりょう》の岡　境内堂の前、北の岡をいふ。形状をもつて号とす。上に天満宮の祠《やしろ》あるゆゑに、天神山《てんじんやま》と呼べり。

太子《たいし》堂《どう》　同所旭曜山常照寺《きょくようざんじょうしょうじ》といへる天台宗の寺にあり。聖徳太子の像は、十六歳の尊容にして、みづから作りたまふといふ（元禄年間開板の『江戸鹿子』（藤田理兵衛、一六八七）といへるものに、「明暦年間（一六五五―五八）、越後守光長《みつなが》卿（松平光長、一六三五―一七〇七。大名）の陪臣、川木《かわき》八兵衛《はちひょうえ》某《それがし》、ゆゑありて、このところに安置したてまつる」とあり）。

稲荷《いなり》の祠《やしろ》　太子堂・庚申堂《こうしんどう》のなかに、並び立たせたまふ。高輪《たかなわ》の産土神《うぶすな》なり。

庚申堂《こうしんどう》　同じ境内にあり。本尊は青面金剛《せいめんこんごう》の木像なり。摂州四天王寺《してんのうじ》の住侶《じゅうりょ》、民部卿僧都《みんぶきょうそうず》豪範《ごうはん》の作といふ。縁起にいふ、「大宝元年辛丑〔七〇一〕正月、庚申《かのえさる》の日は、一年の間、六度ありて、八専《はっせん》の間日《まび》に中《あた》れり。人間に三尸《さんし》といふ三《みつ》の悪虫《あくちゅう》ありて、災ひを招く。しかるに、庚申を祭るときは、この虫退散し、身に幸《さいわ》ひを来《きた》らしめ、もし不信の輩《ともがら》あるときは、命根《めいこん》を吸ひ、悪業《あくごう》を天帝に訴ふ。いま、帝釈天王《たいしゃくてんのう》、衆生《しゅじょう》をあはれみたまふゆゑに、汝にこの法を附属す。われはすなはち、青面金剛なりと。また、十二の誓願を示したまへり。僧都、信心肝に命じ、すぐに感見し奉るところの尊容を彫刻し、普《あまね》く衆生に庚申の法を授く」となり。

光照山常光寺《こうしょうざんじょうこうじ》　同所北町《きたまち》にあり。浄土宗にして、芝増上寺《しばぞうじょうじ》に属す。開山を大誉《たいよ》上人と号す。本尊は金像《こんぞう》の阿弥陀如来なり（世に、信州善光寺《ぜんこうじ》分身の弥陀如来と称す）。縁起に云《いわ》く、「この霊像は、聖徳太子、難波《なにわ》の堀江の水面にして、尊容を拝したまひ、その像を鋳《い》さしむ。後元暦《げんりゃく》元年〔一一八四〕、播州一の谷合戦のとき、武蔵国の住人岡部六弥太忠澄《おかべのろくやたただすみ》、摂州蘆屋《あしや》の里に陣しけるとき、ある翁《おきな》この像を忠澄に授与す。忠澄おほいに歓喜し、鎧櫃《よろいびつ》に収め出陣す。しかるに、霊威のことありて危難を除《のが》れ、あまつさへ忠度《ただのり》〔平忠度、一一四四―八四〕を討

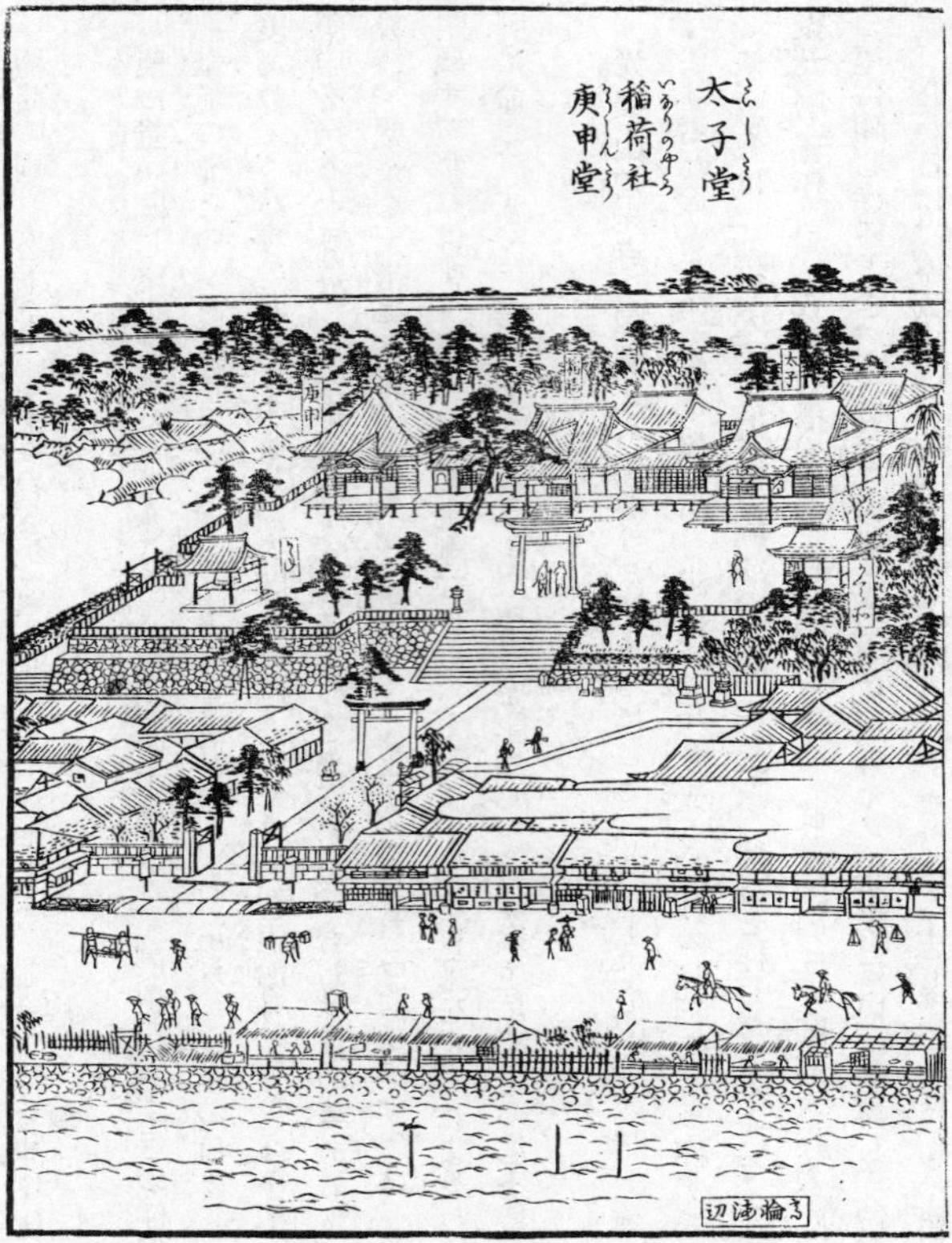
太子堂《たいしだう》
稲荷社《いなりのやしろ》
庚申堂《かうしんだう》
高輪海辺

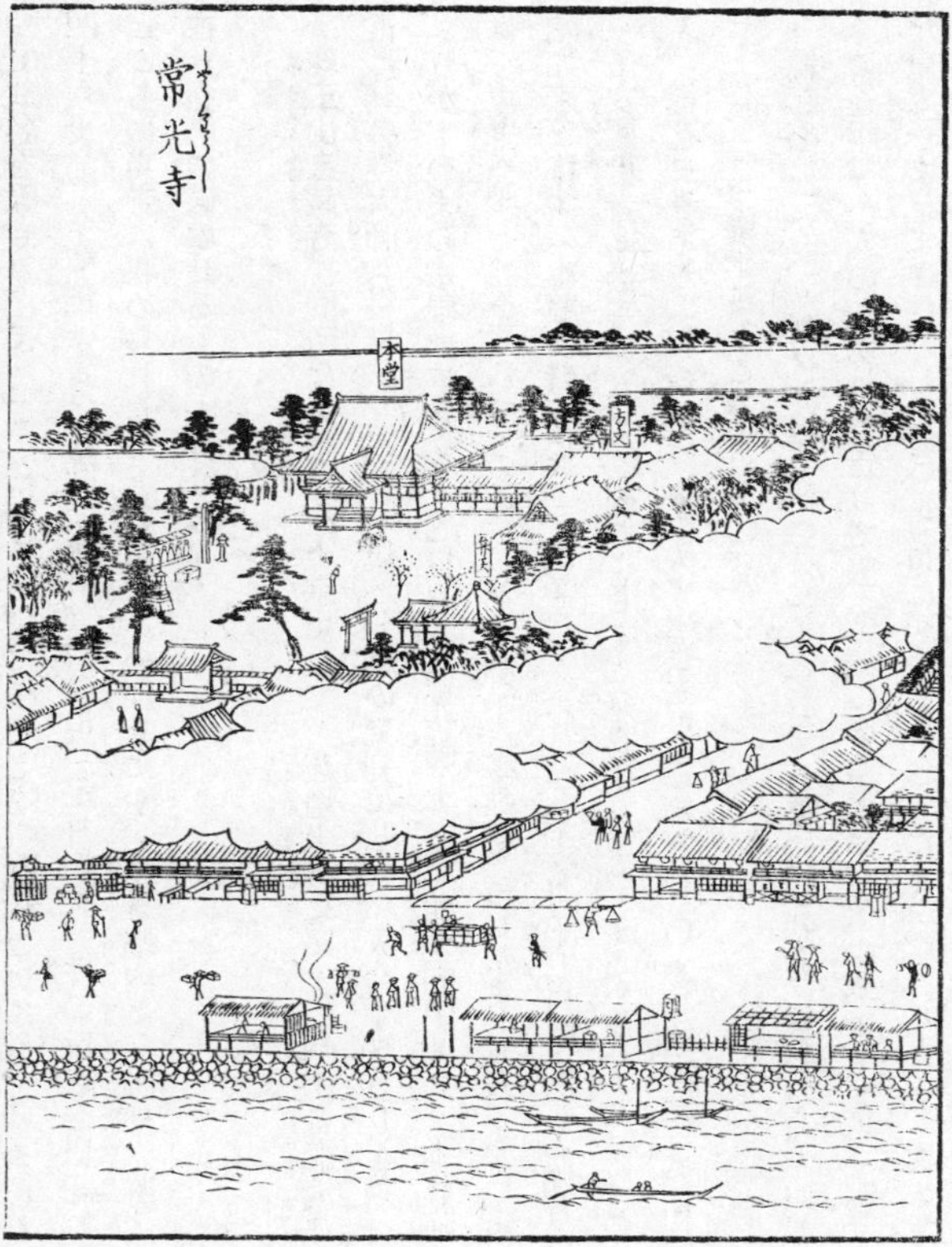

太子堂　稲荷社　庚申堂　常光寺

って武名を顕《あらわ》せり。よって、代々その家に伝へしを、独夜《どくや》といふ僧、ゆゑありて、増上寺第四十六世前大僧正定月《さきのだいそうじょうじょうげつ》和尚へ奉る。つひに、定月和尚、件《くだん》の旨趣を自記したまひ、本尊とともに当寺に収められし」といふ。このゆゑにや、当寺境内に、岡部六弥太《おかべのろくやた》が墓と呼ぶ、古き石塔の破壊《はえ》せるものを存せり。

珠玉山宝蔵寺《しゅぎょくさんほうぞうじ》　同所にあり。浄土宗にして、芝増上寺《しばぞうじょうじ》に属す。開山は順清法印《じゅんせいほういん》と号す。往古は、慈覚大師《じかくだいし》〔円仁、七九四―八六四〕開創の梵刹《ぼんせつ》にして、天台宗なりしといへり。いつの頃よりか、いまの宗風に転じて、七世忍空甚光勅《にんくうじんこうちょく》上人慧順《えじゅん》和尚中興す。本尊阿弥陀如来の像は、善導大師《ぜんどうだいし》〔六一三―八一〕の作にして、御手《おんて》に宝珠《ほうじゅ》を持したまふ。ゆゑに、世俗、宝珠阿弥陀如来と称す（本尊の背面に、「永隆元年〔六八〇〕十一月十七日彫刻」と鐫《え》り付けてあり）。

子安観世音《こやすかんぜおん》　当寺に安《あん》ず。画像にして、延喜《えんぎ》帝〔醍醐天皇、八八五―九三〇〕の宸筆《しんぴつ》なりといふ。縁起一巻あり（画縁起は、土佐光信《みつのぶ》〔室町期の絵師〕といふ。略縁起は、和田義盛《よしもり》〔一一四七―一二一三〕撰するところといふ）。

縁起略に云《いわ》く、「建久元年〔一一九〇〕十一月、右大将頼朝卿〔源頼朝、一一四七―九九〕上洛す。その途中、一人の婦ありて告げて云く、『この霊像は、梁の武帝〔在位、五〇二―四九〕、いまだ皇太子ましまさざりしとき、つねに観音を祈念したまふ。あるとき、この霊像を感得なし

石神社　縁遠き婦人、当社に詣で良縁を祈れば必ず験《しるし》ありといふ。報賽には社地に何に限らず樹木を栽ゆるを習俗《ならい》とせり。相伝ふ、石剣を祭るといふ。

たまひしに、ほどなく太子降誕ましませり。昭明太子《しようめいたいし》これなり。その後、この霊像本朝に渡りしに、欽明《きんめい》天皇〔?―五七一〕御崇敬あり。また、醍醐《だいご》天皇も尊信なしたまひ、宸翰《しんかん》を注《そそ》ぎ、縁起を作らせたまふて、これを将軍に賜ふ』となり。頼朝卿これを得たまひ、鎌倉に安置し、尊信浅からざるにより、その頃、和田左衛門尉義盛《わださえもんのじようよしもり》、再び縁起を書き添へたりしとなり。この霊像、鎌倉兵乱の後、当寺に遷しまゐらす」といへり。

弁財天《べんざいてん》　慈覚大師、江州竹生島《ちくぶしま》に詣《もう》でたまひし頃、海中波間に影現《ようげん》ありし宇賀神《うがしん》の形を摸《も》擬《ぎ》し、御長《おんたけ》七寸三分に彫刻なしたまひしを、当寺に安置し奉る、となり。

石神《しやくじん》の社《やしろ》　同所高輪南町《たかなわみなみまち》、鹿児島《かごしま》・久留米《くるめ》両侯の間の小路《こうじ》を入りて、西の方《かた》二丁ばかりにあり。祭神詳《つまび》らかならず。同所天台宗安泰寺《あんたいじ》の持ちなり。昔は、遮軍神《しやぐんじん》に作るとなり。寄願ある者、成就の後は、必ず何によらず樹木を携へ来《きた》り、社地に栽ゑて、賽《かえりもうし》すといふ。この地を石神横町《しやくじんよこちよう》と字《あざな》するは、この社《やしろ》あるゆゑなり。土人誤りて、おしやもじ横町《よこちよう》と唱ふ。

仏日山東禅寺《ぶつにちざんとうぜんじ》　同所高輪中町《たかなわなかまち》にあり。妙心派《みようしんは》の禅宗、江戸四箇寺の一なり。本尊は釈迦如来、開山は嶺南《れいなん》和尚と号す（宝鑑国師《ほうかんこくし》と諡《おくりな》す）。和尚は日向国飫肥《ひゆうがのくにおび》の人、守永氏《もりながうじ》、肥前守祐《ひぜんのかみすけ》良《よし》の五男なり。幼《いとけな》きより仏門に入つて、後、宗門の大徳《だいとこ》たり（寛永二十年癸未〔一六四三〕七

高山稲荷社　薩州侯御藩の南にあり。

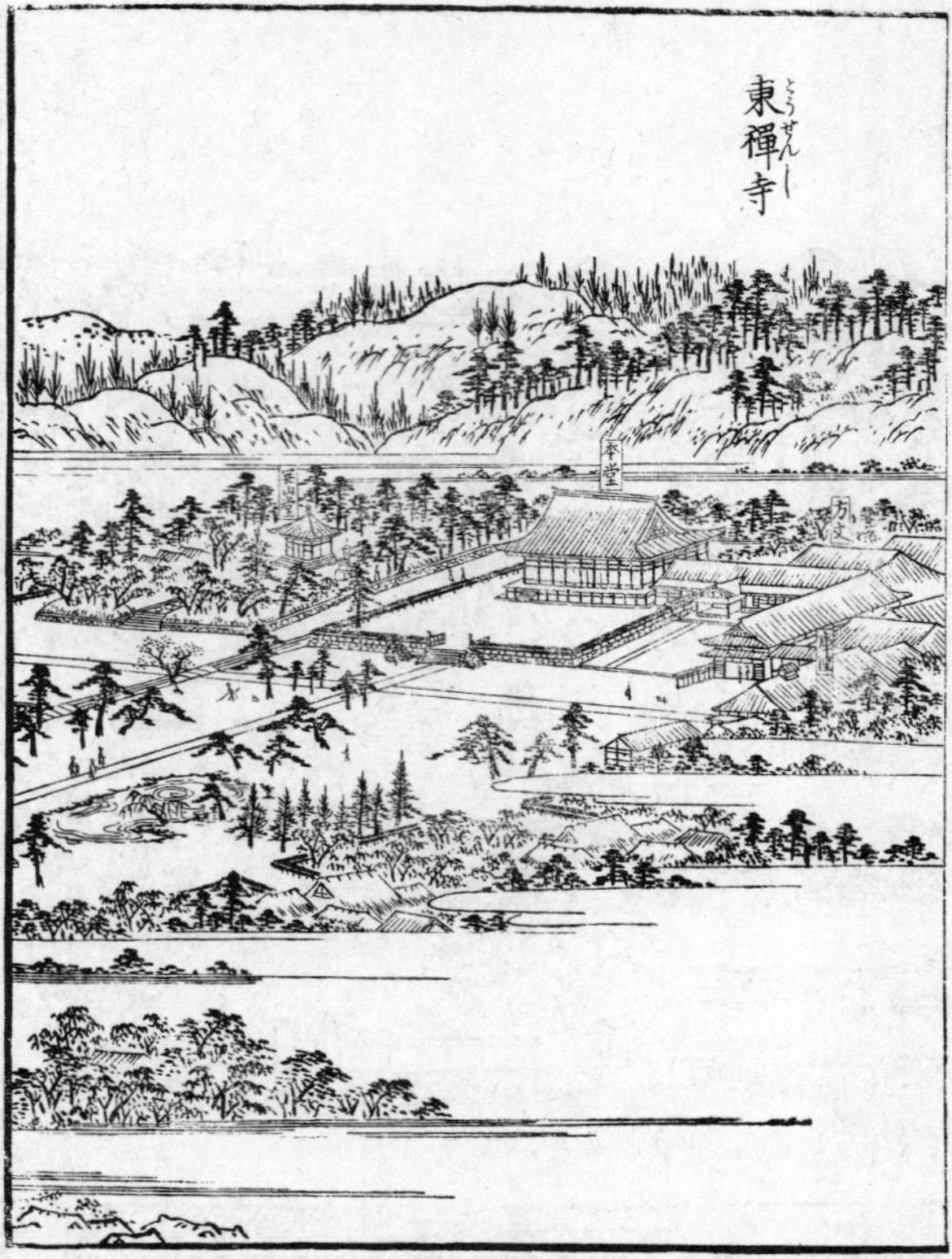
東禅寺《とうぜんし》
本堂
開山堂
方丈